시대를 초월한 리더

세종

대한민국 천년의 미래를 묻다

시대를 초월한 리더

세종

양형일

모든 게
내 탓이라던
책임감

오직
백성뿐이었던
애민정신

신분보다
능력을 본
용인술

쉼 없이
배우고 쌓은
지식과 실력

나라의
미래를 내다본
통찰력

차별하지 않는
포용력과
관대함

밥북
B·OO·K

세종에게서 찾는 사람과 나라의 길

인류사에 수많은 군주가 명멸해갔다. 그 가운데는 훌륭한 업적을 남긴 뛰어난 위인도 있었고, 온갖 패악을 저지르고 간 형편없는 인간도 있었다. 우리 역사에서도 마찬가지다. 한반도에 있었던 역대 왕조를 보면, 훌륭한 치세를 남긴 군주도 있고, 차라리 태어나지 않았더라면 좋았을 군주도 많았다.

우리 역사에서 등장한 군주 가운데 인간적 면모나 치세에서 단연 압권은 세종대왕이다. 이제까지 누구와도 견줄 수 없을 정도의 훌륭한 군주다. 그래서 우리 역사상 가장 존경받는 인물이다. 이를 부인할 한국인은 없다.

그러나 우리 가운데 세종의 다양한 면모와 업적을 두루 알고 있는 사람들은 생각보다 많지 않다. 유감이다. 그저 우리글, 한글을 창제한 임금으로 기억하는 것이 보통이다. 물론 세종대왕의 가장 큰 업적은 한글 창제다. 세종대왕 하면 한글이고, 한글은 곧 세종대왕의 대표적 브랜드다.

한글은 세계언어학계에서 가장 과학적인 문자로 공인받고 있다. 24개의 자음과 모음이 어우러지면 표현하지 못할 말이 없다. 한글의 우수성은 어문학자 모두가 인정한다. 지구상에 존재하는 그 어떤 문자보다도 과학적이고 배우기 쉽다. 우리나라의 문맹률이 거의 제로에 가까운 이유도 여기에 연유한다.

우리글, 한글이 없었다면 우리의 처지는 지금 어떤 모습일지 상상만으로도 끔찍하다. 왜냐하면 한글은 우리 민족의 단일성, 자주성, 창조성, 문화성, 과학성을 모두 상징하고 있기 때문이다. 따라서 한글은 곧 우리 민족 정체성의 상징이라고 할 수 있다. 한글보다 우리 민족의 정체성을 더 잘 설명해 줄 수 있는 것은 없다. 그래서 세종은 한글 창제만으로도 충분히 그 위업을 인정받을 만한 민족의 상징적 인물이다.

한글 창제가 가장 훌륭한 업적이라고 해도 세종의 다른 업적들이 묻히는 것은 유감이다. 세종은 출중한 군주였을 뿐만 아니라, 인문과 과학, 천문과 지리, 농업과 국방, 의약과 음악 등 여러 분야에서 탁월한 업적을 남긴 민족의 영원한 지도자이자 스승이다.

세종은 왕의 위치에서 편한 삶을 추구하지 않았다. 군주는 어떤 삶을 살아야 하는가 또는 어떤 길을 걸어야 하는가를 가장 완벽하게 보여주었다. 가난한 백성과 약소국 조선을 위해 고뇌하며 모든 열정과 의지를 불태운 군주였다.

세종이 백성과 나라를 위해 자신이 지닌 모든 열정과 의지를 불태우도록 만든 것은 무엇이었을까? 무엇 때문에 세종은 안락한 삶을 일찍 내던지고 힘든 고뇌의 길을 택했던 것일까? 깨어 있는 백성과 부강한 자주독립국 조선의 건설에 대한 염원이 그의 가슴 한가운데에 뜨겁게 자리하고 있었기 때문이 아닐까. 그렇지 않고는 군주의 자리에서 세종이 보인 고뇌, 열정, 의지를 달리 설명할 길이 없다.

세종은 연례행사처럼 찾아오는 장마나 가뭄으로 흉작이 들고 그로 인해 배고픈 백성을 보면서 한숨으로 고뇌했다. 중국 명나라로부터 받는 수많은 요구와 간섭에 시달릴 때마다 분노로 추웠다. '어떻게 하면 백성이 배불리 먹고 잘 사는 나라, 외세에 시달리지 않는 자주독립 국가를 건설할 것인가?' 고뇌와 분노는 밤을 하얗게 만들었다.

국가지도자이건, 평범한 보통 사람이건 우리는 날마다 세종을 만나야 한다. 그리고 길을 물어야 한다. 국가지도자로서 어떻게 나라와 국민을 이끌 것인지도 묻고, 나라의 나아갈 방향에 대해서도 물어야 한다. 한 인간으로 어떻게 살아야 하는가도 물어야 한다. 깊이 닦은 내면에서, 수많은 고뇌와 분노에서, 잠 못 이룬 밤의 뒤척임에서 잉태된 세종의 덕목과 경륜은 여러 교훈으로 그 답을 줄 것이다.

문화와 문명의 진화 속에서도 사회는 갈수록 거칠어지고 천박해져 가고 있다. 물질의 풍요 속에서도 인간의 탐욕과 이기는 멈출 줄 모르고, 민주와 대의의 이름 위에서 정치의 위선은 더 커지고 있다. 우리는 과연 어떤 미래를 지향하고 있는 것인가? 백성은 누구이고 나라는 또 무엇인가?

세종을 만나야 한다. 한 인간으로서, 아들로서, 남편으로서, 아버지로서, 학자로서, 군주로서 살았던 삶을 통해 세종은 우리가 부딪힌 많은 문제에 답을 줄 수 있기 때문이다. 세종을 만나면 길이 보인다. 사람의 길도 보이고 국가의 길도 보인다. 우리는 모두 세종을 만나야 한다.

제3장

사람을 키우다

제4장

통치의 길

제5장

위대한 유산, 한글

제6장

넘볼 수 없는 나라

제7장

인간 세종

제1장

군주의 길

때가 오다

    태종이 충녕을 불러 당분간 궐에서 지내도록 한 태종 18년 4월, 봄기운이 한창 무르익는 때였다.

    충녕은 그날도 사저에서와 마찬가지로 새벽에 일어나자마자 책을 잡고 그 속에 푹 빠져 있었다. 한 달 전에 서연관의 사빈으로 있는 좌의정 박은이 읽어 보도록 건네준 『설원』의 제5권 「귀덕」 편을 읽고 있었다. 기원전 중국 한나라의 유향이라는 사람이 편찬한 책이다. 어떤 사안이나 현상에 대한 여러 주장을 옳다 그르다 판단하지 않고 그 내용과 논리를 있는 그대로 소개하고 있다.

    충녕의 얼굴에 흡족한 미소가 번졌다. 책에 빠져 조반을 들면서도 책장을 넘겼다. 조반 시간이 길어질 수밖에 없다. 조반이 미처 끝나지 않았는데, 대전내관 노희봉이 충녕을 찾았다. 부왕인 태종이 부른다는 전갈을 가지고 온 것이다. 노희봉은 요령이 좋은 환관이다. 이런저런 요령을 피우고, 뇌물을 받아 수차 볼기도 맞고 감옥에 갇히기도 했다. 그러나 태종은 그를 늘 곁에 두고 부렸다. 태종의 심기를 살피고 비위를 맞추는 데는 그를 따를 사람이 없었기 때문이다.

"그런데 무슨 일로 이렇게 일찍 찾으신다오?"

"저도 잘 모르겠습니다. 심기가 편치 않으시고… 어젯밤에도 통 잠을 이루지 못하셨다고 합니다."

충녕은 급히 겉옷과 두건을 갖추고 대전내관 노희봉의 뒤를 따랐다. 그의 걸음이 빨랐다. 그의 빠른 걸음에서 부왕 태종의 성화가 있었음을 알 수 있었다.

충녕은 부왕이 요즘 부쩍 심기가 불편한 이유를 잘 알고 있었다. 바로 큰형인 세자 양녕 때문이다. 얼마 전, 양녕이 충녕의 간곡한 만류에도 불구하고 매우 불손한 글을 부왕에게 올렸다. 미인박복의 상징적 여인, 어리로 인한 일이었다.

어리는 세종실록 5년 2월 16일 기록을 보면, 종2품직인 중추원부사 곽선의 첩으로 미색이 뛰어났다. 양녕이 그녀를 납치하다시피 빼앗아 동궁으로 데리고 와서 간음하고 첩으로 삼았으며, 양녕의 아이까지 낳았다. 어리는 후일 양녕이 폐세자되고 양녕의 비행이 자신에게 책임이 있는 것처럼 몰리자 억울함을 참지 못하고 목을 맸다. 미모가 부른 비운이었다.

태종이 세자궁에 있던 어리를 밖으로 내쳤다. 그런데도 다시 궁으로 몰래 데리고 들어왔다가 들통이 나서 양녕은 태종으로부터 크게 질책을 받았다. 양녕은 분을 삭이지 못하고 그만 큰 실수를 하고 말았다. 그렇지 않아도 양녕의 잘못된 행실 때문에 화가 잔뜩 오른 부왕에게 대드는 글을 썼기 때문이다. 불난 집에 기름을 부은 격이었다. 이 일로 요 며칠 태종은 잠을 이루지 못했다.

대전에 이르자 대전내관 노희봉이 충녕이 왔음을 고했다. 충녕은 부왕 앞으로 나가 큰 절로 인사를 하고 부복했다.

"편히 앉거라."

"예. 아바마마!"

평소와 달리 부왕의 음성에는 힘이 없었다. 충녕은 무릎을 꿇은 채, 자세를 고쳐 앉았다. 얼른 말을 꺼내지 않고 잠시 허공을 응시하는 부왕의 얼굴을 살폈다. 나흘 전, 잠시 보았을 때보다 더 수척해 보였다. 그런 부왕의 모습에 충녕은 마음이 아팠다.

"양녕을 어찌하면 좋겠냐?"

"무슨 말씀이시온지요?"

"몰라서 묻느냐? 도저히 이대로는 두고 볼 수가 없어서 묻는 말이다."

"아바마마 심기를 편히 하시옵소서."

"내가 지금 그럴 형편이더냐!"

"형님도 생각이 깊고, 어마마마께서도 타이르시니 조금 시간을 주시면 좋을 듯하옵니다."

"생각이 깊어? 생각이 있는 놈이 그따위로 체통이고 나발이고 다 팽개친 게냐? 이제는 이 애비한테 대들기까지 해! 못된 놈 같으니라고. 어쩌다 그런 놈이 나왔단 말이냐!"

태종의 음성이 노기를 띠고 올라갔다.

"이제는 더 이상 두고 볼 수가 없다. 때가 된 거 같다."

"아바마마! 고정하시옵소서."

"됐다. 물러가거라!"

부왕 태종 앞을 물러 나오면서 충녕은 머리가 어지러웠다. '때가 된 거

같다니 무슨 의미란 말인가? 결국 형님은 폐위되는 것인가? 무슨 말씀을 하시려고 나를 찾으신 것일까? 나를 찾으신 것은 결심이 섰으니 준비하라는 말씀인가? 충녕의 가슴이 쿵쿵거리기 시작했다.

두세 달 전부터 충녕은 양녕이 빨리 자신을 추스르지 않으면 세자에서 폐위될 수도 있을 것 같은 예감을 느끼기 시작했다. 그럴 때마다 머리를 흔들었다. 그래서는 안 된다고 생각을 떨쳐 내곤 했다. 충녕은 양녕이 세자에서 폐위되면 형인 효녕대군이 있지만, 자신이 세자 자리를 물려받는다는 것을 알고 있었다. 사저에 기거하던 충녕을 궐에서 지내도록 한 것도 그런 일과 무관하지 않음을 느꼈다.

효녕이 순서로는 형이지만, 학식이나 성품 등 여러 면에서 충녕과 비교가 되지 않았다. 두 사람은 어린 시절부터 큰 차이가 있었다. 효녕은 말수가 적었을 뿐만 아니라, 어눌하기까지 했다. 사람과 만나 얘기하는 것을 좋아하지도 않았다. 학문에 게으르지는 않았지만, 이해가 늦은 편이었다. 술도 한 잔을 마시지 못했다. 한마디로 샌님이었다.

충녕은 머리가 혼란스럽고 가슴은 뛸 수밖에 없었다. 위로 형님이 둘이나 있었기에 용상은 꿈에도 생각해 본 적이 없었다. 평생 책을 벗 삼아 조용히 살 팔자로 생각했다. 그래서 더욱 책 속에 묻혀 지냈다. 그러나 용상에 앉을 수도 있다는 생각이 머리에 떠오를 때마다 밤에 잠을 설쳤다. 꿈자리까지 사나웠다.

왕이 되기 위해 아버지를 거역하고 형제들을 죽여야 했던 부왕 태종의 어두운 그림자들이 늘 머릿속을 채웠다. 왕권을 지키기 위해서 형제도 죽이고, 장인과 처남들까지도 죽였다. 수많은 사람을 죽인 부왕의 경우를 생각하면 소름이 끼치기도 하고 두렵기도 했다. 근래에는 산발한 사람들이 피를 흘리면서 우는 꿈을 꾸다 소스라치게 놀라 잠에서 깬 적도 있었다. 왕의 자리가 도대체 무엇이며, 권력이 무엇이기에 그처럼 잔혹한 일들이 벌어졌는지 충녕은 이해할 수 없었다.

대전을 나와 자신의 거처로 오다가 충녕은 발길을 동궁 쪽으로 돌렸다. 알 수 없는 뜨거운 것이 가슴을 가득 채웠다. 이상한 슬픔이자 분노이기도 했다. 양녕을 찾아가 마지막으로 충언을 할 생각이었다. 머리가 복잡하고 무거웠다. 양녕의 탈선을 두어 차례 부왕과 모후에게 얘기한 것도 괴로운 기억으로 되살아났다. 정상이라면 도저히 생각할 수 없는 일탈을 양녕은 반복했다. 고자질이 아니었다. 부왕이나 모후 외에는 세자인 양녕에게 훈계하고 근신을 명할 수 있는 사람은 아무도 없었기 때문이다.

대신들도 수군거리기만 할 뿐, 누구 하나 나서지 않았다. 양녕이 무서워서가 아니라, 불같은 성품의 태종이 어찌 나올지 두려웠기 때문이다. 그래서 도저히 묵과할 수 없는 일탈이 있을 때, 충녕은 부왕이나 모후에게 얘기하지 않을 수 없었다. 양녕이 밉기도 했지만, 제자리로 돌아오기를 바라는 충정의 발로였다.

동궁으로 가는 동안 양녕이 마음을 돌려 부왕을 찾아 사죄하고 세자의 본분에 충실해 주길 충녕은 진심으로 바랐다. 다행히 양녕은 동궁에 있었다. 동궁 내시가 충녕이 왔음을 알렸다. 세자에서 내쳐지게 되었는데도 양녕은 태평이었다. 두 팔로 머리 베개를 하고 두 다리를 꼬고 누운 채 시인지 창인지를 흥얼거리고 있었다. 간밤에 먹은 술로 눈은 충혈되어 있었다.

"아이고! 충녕 저하께서 어인 일로 여길… 또 제가 무엇을 잘못했나요? 좀 봐주사이다그려."

"형님, 지금 무슨 망발이십니까?"

양녕이 여전히 장난기 있는 얼굴로 말했다.

"아우님, 난 지금 오늘 밤에 품을 여색을 생각 중이었는데. 세상에 그 것같이 오묘한 것이 없거든. 으하하하!"

"형님! 지금 농담할 때가 아니란 것을 누구보다 잘 아시면서 그러십니까?"

양녕이 천장을 한참 쳐다보더니 말했다.

"이미 날아갔어. 아니지, 진즉 날아갔지. 나도 오래전에 포기했고. 빛 좋은 개살구 자리란 것을 똑똑하신 아바마마가 잘 보여주지 않나. 그 영감에 대해서는 충녕보다 내가 더 잘 알거든. 크흐흐…!"

"형님, 왜 그렇게만 생각하십니까? 제발 정신 좀 차리십시오. 지금도 늦지 않았습니다. 잘 아시잖습니까?"

아버지 태종을 영감이라고까지 표현하는 양녕의 태도가 더욱 충녕의 마음을 무겁게 했다. 양녕을 쳐다보는 충녕의 눈에 눈물이 고였다. 어느 새 눈물은 두 줄기로 흘러내리고 있었다. 양녕이 앉은 채로 다가와 충녕 의 손을 잡았다. 눈물을 흘리고 있는 충녕을 보면서도 여전히 얼굴에는 웃음기가 남아 있었다.

"동생, 용상에 오르거든 나 좀 잘 봐줘. 세자 딱지 떼는 날부터 날 죽이라고 하는 놈들이 분명 있을 게야. 다른 사람보다 영감이 날 죽이려고 할지도 몰라. 피를 나눈 형제들도 죽였잖아. 그럼 안 되지. 아암! 안 되고 말고. 이 나이에 죽기는 싫거든. 알지, 무슨 말인지?"

양녕의 얼굴에 웃음기가 사라졌다. 그리고 눈에서는 이상한 빛이 발했다. 마치 광기처럼 보였다. 그 눈빛을 보자 충녕의 눈에서는 더 뜨거운 눈물이 흘렀다. 마음 깊은 곳에서 솟구쳐 오른 연민이었다.

준비된 자리

1418년, 태종 18년 6월 3일, 스물다섯의 양녕은 세자에서 폐위된다. 세자로 책봉된 지 14년 만이다. 의정부와 육조를 비롯한 각급 기관의 대소 신료들이 세자폐위를 건의하는 상소를 올렸다. 세자를 폐위하라는 상소는 누구도 감히 할 수 없는 일이었다. 왕권과 관련해서 여차하면 사람을 죽이던 태종에게 쉬 할 수 있는 상소가 아니다. 또 양녕이 보위를 잇게 될 경우를 생각하더라도 세자를 폐위하라는 얘기는 절대 입 밖에 내선 안 될 말이었다.

대소신료들이 이구동성으로 양녕을 세자에서 내치라고 얘기할 수 있었던 건 태종의 결심을 사전에 알았기 때문이다. 태종이 결심하고 모양새를 갖추기 위해 대신들에게 상소를 올리도록 한 것이다. 태종의 폐세자 결심은 사실 상당 시간 전에 이루어졌다.

석 달 전, 3월 6일 밤이었다. 태종이 병조판서인 조말생과 마주 앉았다. 조 판서에 대한 태종의 신임은 매우 두터웠다.

"풍채도 당당하고 영리한 편이어서 학문만 이루어지면 종묘사직을 능히 감당할 만하다고 여겼는데… 어쩌다 이 지경이 되었는고?"

말을 끊고 태종이 깊은 한숨을 내쉬었다. 조말생은 태종의 얼굴에 스치는 어두운 그림자를 읽고 있었다. 태종이 탄식 조로 다시 말을 이었다.

"자식까지 둔 놈이 할 일은 하지 않고, 황음하기가 갈수록 심하니 이 일을 어찌해야 좋은가? 내가 옛일을 거울삼아 세자를 폐하는 일은 절대 하지 않겠다고 스스로 맹세하였는데… 세자가 이 지경이니 어찌해야 좋단 말인가?"

태종의 눈에 눈물이 맺히더니 주르륵 떨어졌다. 태종은 입을 꾹 다물며 참아 보려고 했다. 그러나 한 번 터진 눈물은 계속 흘러내렸다. 조말생은 머릿속이 어지러웠다. 세자가 폐위될 수 있다는 생각에 몸이 굳어졌다. 앞에서 눈물을 흘리고 있는 태종에게 무슨 말을 해야 할지도 전혀 생각이 나지 않았다.

"전하! 고정하시옵소서."

하얗게 된 머릿속에서 겨우 이 말 밖에는 생각이 나지 않았다. 조말생의 혀와 입술은 바싹 마른 채 떨리고 있었다.

"태조께서 나라를 세우신 지가 불과 얼마 전인데, 겨우 그 손자에 와서 나라가 흔들릴 지경이니 참으로 기가 막힐 일이로세. 세자로 인해 죄를 받은 자가 한둘이 아니니 그것도 부끄럽기 짝이 없고… 좀 기다리고 더 타이르면 좋아질 것인가?"

한참 동안 무거운 침묵이 흘렀다. 조 판서는 머릿속이 온통 멍할 뿐 어떤 생각도 분명하게 잡히질 않았다. 다만, 무언가 피를 부를 엄청난 일이 다가오고 있다는 느낌뿐이었다.

"경만 알고 이 일은 아무에게도 발설하지 말게."

어전을 물러난 조말생의 발걸음이 휘청거렸다. 말의 전후를 생각하면 세자폐위를 매우 강하게 암시하는 얘기였다. 세자를 폐위하는 일은 실로 엄청난 일이다. 폐위된 세자는 어찌 될 것이며, 누가 세자가 될 것이며, 또 그에 따른 역모 소동은 없을지… 자칫 잘못되면 피바람을 부를 수 있는 일이었다.

부왕이 어떤 생각을 하는지를 아는지 모르는지 양녕은 날마다 오로지 어리 생각뿐이었다. 세자 빈객인 변계량이 서연에 나오도록 몇 차례나 얘기해도 몸이 좋지 않다는 핑계를 대면서 나가지 않았다. 변계량은 얼마 전, 태종에게 올리도록 세자의 반성문을 대신 써주기도 했다.

세자의 교육을 책임진 변계량은 세자 양녕에게 때로는 부드러운 말로 또 때로는 강직한 말로 엄하게 경연에 충실할 것을 얘기했다. 그럴 때마다 양녕은 엉뚱한 말을 하거나 몸이 좋지 않다는 핑계를 둘러댔다.

양녕에 대한 소문이나 태종의 양녕에 대한 분노를 직간접으로 들은 변계량은 초조했다. 양녕의 신변문제는 세자의 훈육을 책임진 자신과도 무관한 문제가 아니기 때문이다. 얼마 전, 태종이 변계량을 불렀다.

"양녕에게 빈객들은 도대체 무엇을 가르치고 있는가? 왜 갈수록 꼬락서니가 저 모양인가?"

태종의 질책을 받고도 양녕의 태도와 행실을 사실 그대로 말을 할 수가 없어 변계량은 답답했다. 변계량은 모두가 인정하는 당대의 대학자였다. 천재 문장가에다 당시의 사대적 환경에서 조선의 자주론을 주장했던 배포 큰 학자였다. 그런 변계량도 양녕에 대해서는 어찌할 바를 몰랐다.

양녕의 아내 숙빈 김씨는 품행이 단정하고 순종형이었다. 양녕은 숙빈 김씨를 졸랐다. 장모가 입궁할 때 어리를 몸종으로 가장시켜 데려오라는 것이었다. 참으로 뻔뻔한 인간이었다. 숙빈 김씨의 부탁을 그녀의 어머니는 뿌리치지 못하고 어리를 종으로 가장시켜 궁으로 데리고 들어왔다. 화를 부르는 일이었다.

얼마 후, 어리를 궁으로 몰래 데리고 들어온 일은 들통이 나고 태종에게 보고되었다. 태종은 다른 사람의 첩을 위장시켜 궁으로 데리고 와서 음행을 저지른 양녕에게 분노가 머리끝까지 치밀었다. 이 일로 양녕의 문안 인사와 알현을 금지했다. 사실상 궁내의 유폐 조치나 다름이 없었다.

이 일로 숙빈 김씨는 사가로 내쳐졌다. 그 아버지 김한로와 오라버니 김경재가 유배를 떠났다. 숙빈 집안이 쑥대밭이 되고 말았다. 태종이 그동안 양녕에게 쌓인 화를 숙빈 집안에 화풀이한 셈이었다.

양녕도 분을 참지 못하고 태종에게 항의를 했다. 양녕은 부왕의 잔혹성과 여성 편력을 지적하면서 태종이 거느린 후궁의 수까지 적시했다. 그런 태종이 어리를 취한 자신을 힐난하고 벌할 수 있느냐고 따졌다. 참으로 불손한 내용이었다. 넘어서는 안 될 선을 넘고 말았다. 양녕의 글을 읽은 태종은 노기로 몸을 부들부들 떨었다.

"내가 세사의 글을 보니 몸이 송연하여 도저히 가르치기 어렵겠다. 비록 세자가 마음을 일시로 고친다고 하더라도 그 언사의 기세를 보면 장차 어떤 일을 벌일지 예측하기 어렵다. 후일 생살여탈의 권력을 마음대로 행한다면, 그 형세가 어찌 되겠는가. 대신들은 이를 자세히 살펴서 나라의 앞날을 잘 도모해야 할 일이다."

태종의 이 말은 사실상 양녕을 세자에서 폐위하는 상소를 올리도록 지시한 말이다. 이에 의정부, 육조, 삼군도총제부, 각 사의 신료들이 세자를 폐하도록 상소를 올렸다.

"…세자는 오로지 허물을 뉘우치지 아니할 뿐만 아니라, 도리어 원망하고 노여운 마음을 일으켜 오만하게 상서하여 그 사연이 패만하고 조금도 신자의 뜻이 없으니… 세자를 폐위함이 마땅하옵니다."

태종 18년 6월 2일의 일이다. 그 상소 바로 다음 날, 태종은 양녕을 세자에서 폐하고 충녕대군을 세자로 삼았다. 사실 오래전부터 태종과 대신들의 심중에는 충녕이 왕재로 자리하고 있었다. 그래서 누구를 세자로 할 것인지는 논의할 필요조차 없었다.

양녕은 조선이 건국된 2년 후인 1394년 당시 이방원과 부인 민씨의 장남으로 태어났다. 이름은 '제'이고 자를 '후백'이라고 했다. 태종이 계유정난으로 정권을 잡고 왕에 오른 후, 1404년 열 한 살이 되었을 때 세자로 책봉되었다.

양녕이 태어나기 전, 대군 시절 태종은 부인 민씨와 세 명의 아들을 낳았다. 그러나 태어나서 얼마 되지 않아 모두 죽고 말았다. 태종 부부의 상심이 말할 수 없이 컸다. 그런 상황에서 양녕이 태어났으니 큰 귀염을 받을 수밖에 없었다.

'품에서 큰 자식이 아비 뺨 때리고 수염 뽑는다'는 옛말이 있다. 양녕이 그랬다. 너무 귀염을 받고 큰 탓인지 양녕은 어려서부터 버릇이 없었고 놀기를 좋아했다. 잡기에 능했고, 학문에는 관심이 없었다. 나이가 들면서는 열심히 학문을 닦는 충녕을 시기하기도 했다.

태종 16년 2월 9일의 실록에 나온 얘기다. 이날로 된 기록이지만, 훨씬 이전에 태종과 양녕 사이에 있었던 대화임을 밝히고 있다. 태종이 책과 학문에 별 관심이 없는 세자 양녕에게 충녕을 칭찬했다.

"충녕이 학문에 정진하는 것처럼 세자 너도 책을 가까이해야 하지 않겠느냐?"

"충녕이 학문에는 열심일지언정 남아로서 용맹하지는 못합니다."

"그렇게 보느냐? 충녕이 비록 용맹하지 못한 듯하나, 큰일을 두고 결단하는 데에는 견줄 사람이 없을 정도다."

양녕은 때로는 충녕이 미웠다. 충녕을 보면 화가 오르기도 했고, 시기도 했다. 충녕에 대한 열등의식의 발로였다. 주색잡기를 빼고 충녕보다 더 잘할 수 있는 것이 없었다. 특히, 학문에서는 비교가 되지 않았다. 매번 양녕이 모르는 것을 충녕은 정확히 그 출처까지 알고 있었다. 충녕의 실력은 조정의 많은 신료가 인정하는 바였다. 신진 학자들 사이에서도 소문이 나기 시작했다. 양녕은 세자로서 자존심이 상할 때가 한두 번이 아니었다.

한번은 서연관에서 병풍을 만들었다. 고려 시대 문신 권준이 고려와 중국의 이름난 효자 62명의 효에 관한 전기를 모아 엮은 책인 『효행록』에서 그림과 글을 가져와 만든 것이다. 학업과는 거리가 먼 세자 양녕이 그 출전을 알 리가 없었다. 양녕이 옆에 있던 충녕에게 물었다. 충녕이 즉석에서 그 배경과 의미를 정확하게 풀어 설명했다. 옆에 있던 서연관의 신료들이 모두 감탄할 수밖에 없었다.

양녕이 충녕을 미워하는 이유가 또 있었다. 양녕이 잘못을 저질렀을 때 효녕은 알아도 모른 척 아무 내색을 하지 않았다. 그러나 양녕이 큰 잘못을 범했을 때, 충녕은 반드시 짚고 넘어갔다. 양녕에 대한 충정이었지만, 양녕은 그렇게 받아들이지 않았다. 그런 연유로 양녕은 충녕을 보면 때로 빈정거리면서 시비를 걸기도 했다.

공부는 하지 않고 놀기만 좋아하는 양녕을 태종은 몇 차례 꾸중한 적이 있다. 꾸중을 들은 양녕이 세자 자리를 떠나고 싶다는 얘기를 두어 번 태종에게 했다. 진심이었는지 화가 나서 한 얘기인지는 분명하지 않다.

폐세자 조치가 있고 사흘 후인 태종 18년 6월 6일의 하교에서 양녕이 세자를 그만두고 싶다는 얘기를 지적하는 내용이 들어있다.

"…이제 너의 자리를 사양하는 것은 네가 평소에 바라던 바이다…."

양녕이 폐세자가 되고, 충녕이 세자가 되어 왕위에 오른 것은 할아버지 이성계의 역성혁명에 의한 조선 개국과 아버지 이방원의 왕위계승을 위한 잔혹한 왕자의 난을 사후적으로 정당화시켜주는 의미도 있다. 세종에 의해 놀라운 새 시대가 열렸기 때문이다.

고려의 충신이었던 최영과 정몽주의 처지에서 보면 이성계는 군사 쿠데타를 일으킨 역신이다. 시공을 함께할 수 없는 천하의 난적이고, 결코 용서할 수 없는 배신자임이 틀림없다. 그러나 이성계의 쿠데타가 없었다면, 세종에 의한 새 시대는 결코 열릴 수 없었다.

태종 이방원도 개국공신인 정도전과 남은, 그리고 이복동생인 방석과 방번을 죽이고 왕좌를 강탈했다. 누가 보아도 패륜이다. 그러나 이런 이방원의 패륜적 살상이 없었다면, 역시 세종의 등장은 역사에 있을 수 없었다.

역사에서 가정은 무의미하다. 그러나 때론 상상으로라도 가정을 해보면 의미가 있을 때도 있다. 만약 양녕이 폐위되지 않고 왕위에 올랐다면 조선의 역사는 어떠했을까? 당연히 세종이란 천고일제의 걸출한 왕이 등장하지 못했을 테니 상상만으로도 끔찍한 일이다.

충녕의 세자책봉으로 역성혁명과 왕자의 난에 따른 어둠이 모두 걷히고 새 세상이 열리고 있었다. 조선 개국으로 잉태된 위대한 성군, 세종이 한반도의 억조창생을 위한 새 태양으로 서서히 떠오르고 있었다.

양녕대군의 참모습

양녕에 대해서는 실록에 기록된 내용이 그의 진짜 모습이라는 주장과 실록의 기록은 양녕의 본심을 읽기에 부족하다는 야사의 주장이 있다.

조선 중기의 문신 김시양의 『자해필담』에는 "양녕이 부왕 태종의 의중이 자신보다 충녕에게 향해 있음을 알고 일부러 미친 척 기행을 일삼았다."는 내용이 나온다. 김시양은 "양녕은 머리가 좋아 문장이나 서예에도 능했고 학식도 크게 뒤처지지 않았다. 잔혹한 성품의 부왕을 잘 알고 있던 양녕은 충녕이 보위에 오른 후, 태종이 자신에게 어떤 조치를 할지 몰라 일부러 술과 기생으로 방자하게 굴었다."고 적고 있다. 또 "훗날 태종과 세종이 양녕을 극진히 대접한 것은 양녕이 자신을 보호하기 위해 일부러 그런 처신을 했다는 것을 알았기 때문"이라고 했다.

조선 후기 학자 이긍익이 저술한 『연려실기술』에는 양녕과 관련한 이런 내용이 나온다.

"양녕의 폐세자가 점차 굳어져 가던 어느 날, 효녕은 양녕이 폐위되면 둘째인 자신이 세자 자리를 이어받을 수도 있겠다고 생각했다. 그래서 효녕은 자세를 가다듬고 날마다 책과 더불어 학문에 정진하는 모습을 보였다. 양녕은 이런 효녕에게 '너는 세상이 어찌 돌아가는 줄을 모르는구나. 헛수고하지 말아라. 천하대세는 이미 충녕에게 기울었다'고 말했다. 이 말을 들은 효녕은 크게 실망하고 절에 들어가 하루 종일 북을 두드렸다. 종일토록 두드렸으니 가죽이 성할 리가 없어 축 늘어졌다. 훗날 패기가 없고 우유부단한 사람을 두고 '효녕대군의 북가죽 같은 사람'이라는 얘기가 나오게 된 배경이다."

태종이 외척의 발호를 견제하기 위해 처남인 민무질과 민무구를 죽이자 양녕은 모후인 원경왕후와 함께 엄청난 충격을 받았고, 외숙들과 관계가 돈독했던 양녕으로서는 부왕의 처사를 그대로 받아들일 수가 없어, 그에 대한 반발로 비행을 시작했다는 내용의 야설도 있다.

어느 얘기가 사실인지는 알 수가 없다. 부왕에 대한 반발이건, 세자 자리가 싫어서였건 어느 시점에서 그런 비행이 멈추었다면 의미가 있는 얘기들이라고 할 수 있을 것이다. 그러나 그의 비행은 그가 늙어 죽을 때까지 멈추지 않았다.

실력과 수신으로 쌓은 내공

범인으로서는 갈 수 없는 길이 있다. 실력과 수신으로 내공이 갖추어지지 않으면 갈 수 없는 길, 바로 군주의 길이다. 실력과 내공의 다른 표현은 학식과 덕이다. 학식과 덕을 겸비한 이상적 인간상을 유교에서는 '군자'라고 한다.

군자와 대칭 관계에 있는 사람을 소인이라고 했다. 소인도 군주가 된 경우는 많다. 조선의 군주 가운데 군자는 과연 몇이나 되는지 알 수 없다. 소인이 군주가 되었다고 해서 군주의 길을 갔다고는 할 수 없다. 군주 자리에 있을지라도 소인은 그 길을 갈 수 없기 때문이다.

『논어』는 군자가 가져야 할 덕성으로 지·인·용을 들고 이는 인으로 집약된다고 설명한다. 그리고 군자는 천명에 순응하고 의를 행하며, 널리 학문을 닦아 그 안의 가르침을 자신의 규범으로 삼아야 한다고 강조한다.

군자의 길은 쉽지 않다. 군자는 스스로 태어나지 않고 오직 학식과 덕성을 기르는 수신으로 만들어질 뿐이다. 참된 군주가 되기 위해서는 수신이 전제되어야 한다. 갈고 닦지 않으면 군자가 되지 못하고, 군자가 되지 못한 사람이 군주가 되면 그 나라와 백성은 고단해질 뿐이다. '수신제

가치국평천하'란 말도 있다. 유교의 사서 가운데 한 권인 『대학』에서 8개 조목으로 나온 글을 줄여서 만든 말이다. 나라와 백성을 책임질 군주가 되기 위해서는 수신을 통해 군자의 면모를 먼저 갖추어야 한다.

세종은 어려서부터 책을 좋아했고, 배움을 좋아했다. 수많은 책을 읽었다. 책이 일상의 시작이었고 마침이었다. 몸이 아플 때도 책을 놓지 않았다. 오죽했으면 태종이 충녕의 방에서 책을 모두 치우라고 명했을 정도였다. 책을 통해서 세종은 자신의 규범을 만들고 그 규범이 수신의 틀이었다. 각 분야에 대한 해박한 지식을 얻었음도 물론이다.

당시 왕세자의 교육을 위해 서연관을 설치하고 교육을 담당할 문신들을 배치했다. 세자의 교육을 책임지고 감독하는 원로들은 당대 최고의 학자로 이름을 떨친 사람들이었다. 이들의 지휘를 받아 강론을 담당하는 보덕, 필선, 문학, 사서, 그리고 정7품의 설서에 이르기까지 소장 학자들은 당하관일지라도 모두 문과 급제자로 학식과 인품이 뛰어난 쟁쟁한 신진들이었다.

서연관은 세자 한 사람을 위한 교육기관이었을 뿐, 다른 왕자들에 대한 교육은 허용되지 않았다. 충녕이 양녕을 부러워한 단 한 가지는 서연관 교육이었다. 당대의 최고 학자들이 빈객과 강관으로 포진하고 있었기 때문이다. 세자가 아닌 충녕에게 서연관 교육은 강 건너 등불이었다.

충녕은 서연관 빈객이나 강관들을 마주치면 결코 그냥 보내지를 않았다. 그간 책을 읽으면서 품었던 의문을 질문했고, 읽어야 할 책을 추천받기도 했다. 세자 양녕은 빈객들을 피하기가 일쑤였지만, 충녕은 그들을 찾아다니면서 배웠다.

특히 충녕은 변계량, 권맹손, 탁신 등을 좋아했다. 문신들의 경우 학문이 높지 않으면 벼슬을 할 수 없었던 시절이다. 대부분이 학자라고 해도 과언이 아니었다. 그 가운데서도 그들은 뛰어난 학자들로 서연관의 빈객이었다.

변계량은 4살에 글을 읽고 6살에 문장을 지었을 정도로 소문난 신동이었다. 13살에 진사시, 14살에 생원시, 15살에 문과에 급제했으니 그의 실력이 어느 정도였는지를 짐작할 수 있다. 태종 7년에 문신들을 대상으로 실시된 문과중시에서도 장원을 하여 당상관으로 승진하기도 했다.

변계량은 세종 2년 집현전이 새롭게 설치되면서는 집현전 대제학이 되었다. 명나라를 상대로 만든 외교문서는 그의 머리와 손을 빌리지 않으면 안 될 정도의 문장가였다. 당시 비가 오지 않으면 기우제를 지냈다. 변계량이 제문을 지으면 비가 왔다는 얘기가 있을 정도로 문장의 대가였다.

권맹손은 18세에 식년문과에 급제한 후 세종 9년 문과중시에 역시 급제한 수재였다. 탁신은 21세에 문과에 급제했다. 이들 모두 사서오경 등 경학에 매우 밝았고, 음률에도 조예가 깊었다. 세종의 명을 받들어 박연과 악장 연구를 함께하기도 했다.

충녕에게도 스승이 있었다. 이수라는 학자였는데 성품이 단정하고 경서에 매우 밝았다. 태조 5년 6월 실시된 생원시에서 99명을 뽑았는데 거기서 장원을 했던 사람이다. 초야에 묻혀 지낼 때, 대사성 유백순이 그를 태종에게 추천해서 충녕과 효령의 스승으로 삼았다. 학문에 출중했음에도 그는 문과 과거에 세 번이나 낙방했다.

이수는 태종 12년 8월부터 15년 4월까지 충녕을 가르쳤고, 충녕이 세자에 오르자 서연관의 문학으로 임명되어 다시 충녕과 학문으로 만났다. 충녕이 태종의 뒤를 이어 왕위에 오르면서 이수는 출세의 길을 달리게 된다. 여러 벼슬을 거쳐 학문의 최고봉이라고 할 수 있는 예문관 대제학에 올랐고 이조와 병조의 판서를 지냈다.

충녕의 학문에 대한 갈망은 일찍부터 남달랐다. 열 살이 채 되기 전부터 충녕의 배움에 대한 열성이나 행실은 부왕인 태종과 모후인 원경왕후의 눈길을 끌었다. 커갈수록 두 형인 양녕과 효녕에 비해 군주의 자질이 돋보였다. 태종과 원경왕후는 그 점을 매우 안타까워했다.

태종 13년 12월 30일의 일이다. 한 해를 보내면서 태종과 원경왕후는 왕자와 공주들을 모아 놓고 함께 하는 시간을 가졌다. 모처럼 화기가 도는 자리였다. 충녕을 바라보는 태종의 얼굴에 그림자가 스쳤다. 충녕의 처지가 마음에 걸렸기 때문이다. 군자로서의 학식과 덕성이 양녕이나 효녕과는 비교가 되지 않음을 잘 알고 있었다.

태종이 한숨을 쉬면서 옆의 원경왕후를 쳐다보았다. 원경왕후가 왕자와 공주들의 놀이를 보고 웃다가 태종을 마주 보았다.

"후유! 순서가 잘못되었어."

원경왕후는 그 의미가 무엇인지 바로 알았다.

"하늘이 그렇게 정해준 것을 어찌하겠어요. 나도 간혹 그런 생각을 하지만…"

대가 센 원경왕후는 공식적인 자리가 아니면, 태종에게 왕위에 오르기

전의 말투를 쓰곤 했다.

　태종과 충녕의 눈길이 마주쳤다. 태종이 충녕에게 가까이 오도록 손짓을 했다. 다가온 충녕에게 태종이 조용히 일렀다.

　"너는 나라에서 특별히 할 일이 없을 것이다. 그러니 편안하게 너 좋아하는 책을 읽으면서 하고 싶은 것을 하면서 살아라."

　"아바마마! 그리할 것이옵니다. 심려 마시옵소서. 신도 잘 알고 있사옵니다. 학문에 더 열심히 매진할 것이옵니다."

　태종은 다시 한숨을 깊게 쉬었다. 충녕의 나이 열일곱이었다. 이때 이미 충녕은 학문에서 상당한 경지에 올라 있었다. 경서나 역사서 등에 관해 누구와 토론해도 밀리지 않을 실력이었다. 출중한 대신들도 충녕의 실력에 경탄을 금치 못하는 수준이었다. 경서는 물론이고 서예나 그림, 거문고나 비파와 같은 악기에도 재능이 있었다.

책에서 길을 찾다

태종은 충녕과 얘기할 때마다 그의 학문에 감탄하곤 했다. 태종 16년 2월 9일의 일이다. 태종과 충녕이 마주 앉았다.

"오래전에 읽었는데 기억이 나질 않는구나. 비가 오면 집에 있는 사람은 길 떠난 사람을 생각해야 한다는 얘기가 있는데…"

"시경에 나오는 얘기이옵니다. '황새가 언덕에서 우니 부인이 집에서 탄식한다'고 하였사옵니다."

황새는 두루미다. 비가 오려고 하면 우는 습성이 있다. 현명한 부인은 황새가 울면 비가 올 것을 생각해서 밖에 나간 낭군이나 자녀들을 걱정한다. 군주는 궁에서 편하게 있을지라도 어려움에 있는 백성의 처지를 잊으면 안 된다는 교훈을 담고 있는 말이다. 태종은 충녕의 총명함에 크게 감탄하지 않을 수 없었다.

수신은 아름다운 인품, 즉 덕성으로 나타난다. 내면의 가치와 외부로 나타난 행실이 일치한다. 군주의 수신은 매우 중요한 문제다. 군주 자신의 문제가 아니라 나라와 백성 전체의 문제이기 때문이다. 이런 수신의 과정을 거치지 못한 왕들이 많아서 조선은 불행했다. 수신은 완성형이 아니라

진행형이다. 날마다 갈고 닦아야 한다. 교만과 욕심, 육체의 욕망은 인간의 마음속에서 자르고 또 잘라내도 결코 죽지 않고 자라나는 탓이다.

'날마다 갈고 닦으면 얻기 어려운 훌륭한 스승을 만나게 되고, 그렇지 않으면 도적을 만난다'란 말이 있다. 석가모니의 금언을 모아 엮은 법구경에 있는 말이다. 수신이나 수양 여하에 따라 자기 자신이 훌륭한 스승이 될 수도 있고 도적이 될 수도 있다는 말이다. 수신이나 수양의 덕목을 지니지 못한 군주들이 얼마나 많았던가. 그래서 백성이 고달팠고 나라가 망가진 불행이 얼마나 많았는지는 동서고금의 역사가 증명한다.

즉위한 이후에도 세종은 손에서 책을 놓지 않았다. 심지어는 식사를 하면서도 책을 펼쳐 좌우에 놓고 보았다. 대신들에게 말한 내용이다. 세종 5년 12월 23일의 기록이다.

"내가 궁중에 있으면서 손을 거두고 한가롭게 앉아 있을 때는 없었소. 진서산이 말하기를, 『통감강목』은 권질이 많아서 다 보기가 쉽지 않다고 하였는데 내가 경자년부터 읽기 시작하여 지금까지 읽고 있소. 그 사이에 권에 따라서 30여 번을 읽은 것도 있고, 혹은 20여 번을 읽은 것도 있소. 참으로 다 보기는 어려운 책이라는 생각을 하오."

경자년은 세종 2년이다. 『통감강목』은 송나라 주희가 쓴 역사서로 59권이나 된다. 사마광이 BC 403년부터 960년까지 중국 역사를 기술한 『자치통감』 294권을 요약한 것이다. 주희가 그 제자 조사연과 함께 역사적 사실에 따라 큰 제목으로 강을 세우고, 기사는 목으로 구별하여 엮은 책이다.

세종은 지독한 독서광이었다. 세종은 경서와 역사서를 통해서 자신을 다듬었고, 여러 분야의 책을 읽고 지식을 넓혔던 왕이다. 세종은 책을 통해 늘 자신을 닦고 치도의 지경을 넓혔다.

세종은 수시로 세자가 읽고 있는 책이나 학문의 진도를 점검했다. 세종 6년 2월 18일, 세종은 문안 인사를 온 세자와 마주 앉았다. 후일 문종인 세자는 책봉된 지 3년째로 당시 11살 어린 소년이었다.

"요즘은 무슨 책을 읽고 있느냐?"

"논어를 읽고 있사옵니다."

"어렵지는 않더냐?"

"열심히 읽고 배우고 있사옵니다."

"어떤 내용이 마음에 흡족하더냐?"

"공자가 계강자에게 한 말씀으로 '위정자는 바르게 해야 하고, 군주가 바름으로써 솔선한다면 누가 감히 바르지 않겠는가'라는 가르침이 좋았습니다."

계강자는 노나라의 실력자였다. 계강자가 공자를 만나 정치에 대해 물었을 때, 공자가 올바른 정치를 위해 위정자가 바르게 해야 함을 강조한 말이다. '윗물이 맑아야 아랫물도 맑다'라는 말과 상통한다.

"옳은 말이다. 항상 가슴에 담아두거라. 군주가 올바르지 않으면 제대로 이끌 수가 없다. 그리고 항상 책을 가까이해라. 군자의 길이 책 속에 있다. 책을 읽지 않으면 사리 분별이 바로 서지 않아 왕은커녕 사람 구실하기도 어려운 법이니라."

"예. 아바마마! 소자 명심하겠사옵니다."

세종은 기회 있을 때마다 늘 세자에게 책 속에서 자신을 찾아야 함을 강조했다. 세자뿐만 아니라, 세자빈에게도 같은 주문을 하곤 했다.

'책을 읽는다는 것은 자신 속으로 들어가 영혼과 대화하는 것이다.' 독일의 문호 헤르만 헤세의 얘기다. '책은 하룻밤 사이에 악마를 천사로 만드는 신통력이 있다'는 격언도 있다.

나라를 다스릴 지도자는 가식의 인품이 아니라, 수련된 내면의 아름다움이 있어야 한다. 갖추어야 할 신념과 철학도 보통 사람과는 달라야 한다. 경제와 사회, 교육과 문화, 과학과 기술 등 제 분야에서 시대의 흐름을 읽고 올바른 방향도 판단할 수 있어야 한다. 나라를 책임진 지도자는 책에서 군주의 길을 찾아 걸었던 세종을 만나야 한다.

모든 게 임금 탓

　나라를 다스리는 사람에게 가장 중요한 것은 백성의 신뢰다. 그 신뢰는 정치나 정책에서 나오기도 한다. 그러나 가장 중요한 신뢰는 겸손한 자세로 결과를 받아들이고 책임을 회피하지 않는 데서 나온다.

　절대 왕조에서 어떤 사안이든 왕이 책임을 지는 일은 없다. 책임을 묻는 방법은 반정을 통한 왕의 축출뿐이다. 전쟁을 시작해서 진다고 해도 장수의 책임일 뿐, 왕의 책임은 아니다. 다만, 왕은 역사에 책임질 뿐이다.

　세종은 군주였음에도 나라와 백성의 일에 무한 책임을 지는 왕이었다. 세종은 가뭄이 들고 홍수가 나도, 심지어 더위가 심해도 자신의 부덕으로 책임을 돌렸다.

　세종 7년 7월에 있었던 일이다. 봄부터 가뭄이 극심했다. 세종은 가뭄을 자신의 부덕 탓으로 여겼다. 가뭄이 초래할 백성들의 고단한 생활을 생각하면 밥을 먹을 수도 없고, 밤에 잠을 편히 잘 수도 없었다.

　영의정 유정현, 좌의정 이원, 찬성 황희 등을 불러 가뭄 대책을 논의했다. 모두 쟁쟁한 신하들이었다. 유정현은 대마도 정벌 때, 삼군도통사의 직을 성공적으로 수행한 인물이다. 매우 과단성 있고 소신을 굽히지 않는 것으로 유명하다. 양녕을 폐세자할 때도 태종에게 학식과 성덕이 있는 자를 세자로 삼아야 한다고 맨 처음 주청했다. 둘째 효녕이 아니라 셋째 충녕으로 세자를 삼아야 한다는 주장이었다. 매우 청렴하고 검소한 생활을 한 인물이다.

좌의정 이원은 고려말의 유명한 학자였던 권근과 정몽주의 문하생이었다. 우왕 8년 1382년 진사과에 급제하고 1385년 문과에 급제한 인물이다. 그 이후 줄곧 순탄한 벼슬길에 올라 대사헌, 예조판서와 병조판서, 이조판서, 우의정과 좌의정 등 여러 요직을 두루 거쳤다.

세종이 세 명의 원로들을 앞에 두고 한숨을 내쉬었다. 쉬이 말문을 열지 못한 채, 매우 심란한 얼굴로 한참을 침묵했다.

"이렇게 극심한 가뭄은 지난 20년 동안 본 적이 없소. 실로 걱정이 태산이오."

황희가 말했다.

"그렇사옵니다. 이번 가뭄이 예년과는 달라 심히 걱정이옵니다. 이번 가뭄을 경계로 삼아 전국에 저수할 보를 더 만들고 대책을 세워야 할 것이옵니다."

황희의 얘기는 이번 가뭄에 대한 대책은 아니었다. 이원이 나섰다.

"기우제를 지내도록 조치했사옵니다."

겨우 기우제 얘기를 꺼낸 이원의 얘기도 답답했다. 무거운 침묵이 흘렀다.

세종이 다시 말문을 열었다.

"내가 덕이 없기 때문이오. 이런 가뭄에 큰 궁궐에서 지내기가 참 민망하오. 잠저로 내려가 있었으면 좋겠는데 생각해보니 입직 군사들이 문제요. 혹심한 더위에 쉴만한 곳이 없는 것은 어려운 일이오. 궁중에 거처할 만한 곳이 세 곳인데, 내가 정전에 거처하지 않고 바깥 측실에 가서 거처하면 어떨지…?"

말끝을 흐렸다가 다시 세종이 침통하게 말을 이었다.

"차라리 서이궁으로 나가서 하늘의 꾸지람에 답했으면 하는데, 어떻게 생각하오?"

'잠저'는 부왕인 태종이 왕권을 잡기 전에 살았던 사저를 말한다. '서이궁'은 정종이 태종에게 왕위를 물려주고 상왕으로 기거했던 작은 궁이다. 지금의 서대문구 연희동에 있었다.

영의정 유정현이 말했다.

"전하께서 가뭄을 걱정하신 나머지 자신을 책망하여 정전에 거처하는 것마저 피하고자 하시니 거룩하고, 진실로 만세에 아름다운 말씀이옵니다. 그러나 이궁에 나가시면 신료들이 드나들기도 그렇고, 시위하는 군사나 수라 찬수의 운반을 생각할 때 너무 번거로우니 그냥 여기에 계시는 것이 옳을까 하옵니다."

세종은 가뭄으로 고생하는 백성들이 불쌍했다. 신하들 대하기도 부끄러웠다. 나라가 잘되고 잘못되는 것이나, 백성이 편하고 불편한 것 모두가 자신의 책임이라고 여겼다. 가뭄이나 장마가 들어 백성이 어려워지면 그것도 자신의 부덕으로 돌렸다. 세종은 언제나 무슨 일에서든 자신에게 관대하지 않았다. 신하들의 잘못을 짚기 전에 자신의 책임을 살폈다.

군주가 자신의 책임을 먼저 살피는 것은 수신의 문제다. 세종처럼 자신을 꾸준히 갈고 닦는 수신이 있었기에 백성이나 신하들 앞에서 자신의 부덕을 탓하고 겸손한 모습을 보일 수 있었다. 권력을 법이나 권위로 지탱하는 것은 저급한 수준이다. 백성들의 신뢰에 토대를 둔 권력이야말로 가장 강력하다. 그래서 공자도 '민무신불립'이라는 말을 했다. 백성의 신뢰가 없다면, 나라도 정부도 제대로 설 수 없다는 의미다.

알아야 보인다

세종 때는 훌륭한 인재가 많았다. 인재야 어느 시대에나 마찬가지지만 군주가 누구냐에 따라서 인재가 빛을 발하기도 하고 묻혀버리기도 한다. 동일한 교향곡을 같은 악단원들이 연주하더라도 지휘자에 따라 연주가 달라지는 것과 같은 이치다. 장수가 누구냐에 따라 오합지졸이 되기도 하고 용맹한 군대가 되기도 하는 것과 마찬가지다. 세종은 훌륭한 지휘자였고, 전략 전술을 아는 장수였다. 높은 학식과 덕으로 용인술이 빛을 발했다. 신료들은 맡은 일에 자신의 재능을 십분 발휘하면서 최선을 다했다. 세종의 눈이 있었고 신뢰가 있었기 때문이다.

많은 서책을 접한 세종은 놀라울 정도로 여러 분야의 지식을 쌓았다. 세종은 유학에 관한 경서뿐만 아니라 정치와 행정, 역사와 종교, 법과 율례, 지리와 천문, 운학과 문학, 수학과 화학, 음악과 문화, 농시와 정세, 군시와 병법 등 분야를 가리지 않고 책을 읽었다. 당대의 누구와 어떤 토론을 해도 밀리지 않을 실력자였다. 출중한 군주였고, 시대를 앞서가는 선각자였다.

세종 때, 최고의 학자 가운데 한 사람이던 최만리에게 "경이 운서를 아느냐?"고 했을 정도다. 세종은 세자의 서연관 주강을 정인지와 최만리에게 맡겼다. 그들의 학문을 세자가 본받기를 원했다. 두 사람은 당대 최고의 학자였다. 그런 최만리가 운서를 어찌 모르겠는가. 최만리의 훈민정음 반대 상소문만 보아도 그의 학문적 수준을 가늠할 수 있다. 그러나 세종의 운서에 대한 이해의 깊이와 폭은 최만리도 넘볼 수 없는 수준이었다.

실록을 자세히 보면, 훈민정음을 비롯하여 세종 때 만들어진 각종 저서, 기구, 시설, 병기, 음악 등에서 세종의 지침과 관여가 단순히 형식적 차원이 아니었음을 알 수 있다. 최초의 아이디어는 대부분 세종이 제시한 것이었다.

혼례를 치른 세자가 휘빈 김씨와 함께 아침 문안 인사를 왔다. 세종이 말문을 열었다.

"이제 세자와 휘빈은 성인이 되었다. 서로를 존중하고 아껴야 하느니라."

"예. 명심하겠사옵니다."

"휘빈에게 각별히 당부하노니, 서책을 가까이하여 부덕을 더욱 갈고닦는 일에 게으름이 없어야 한다. 알겠느냐?"

"예. 진히!"

"세자는 학문에 게으름이 있어서는 아니 된다. 무릇 알지 못한 군주가 치세에 바를 수는 없는 법이니 두루 학문을 닦아 지경을 넓혀야 하느니라."

"예. 명심해서 더욱 정진하겠사옵니다."

세종은 세자가 장가로 인해 학문을 게을리하지 않을 줄 알았지만, 더욱 학문에 정진해서 아는 분야를 넓힐 것을 주문했다. 무식하거나 수신이 안 된 군주가 치세를 바르게 할 수 없음은 고금의 정치사에서 확인할 수 있다. 나라를 제대로 다스리려면 여러 분야에 대한 지식도 필요하고 통찰력도 있어야 한다. 그렇지 않으면 각 분야의 핵심적 사안에 대한 이해가 어렵고 판단도 서지 않는다.

여러 분야에 이해가 있는 지도자와 그렇지 못한 지도자 사이에는 국정운영과 관련하여 큰 차이가 있다. 그 차이가 국가나 국민의 행복과 불행을 결정하기도 한다. 주요 사안이 지니는 장·단기적 효과와 수반될 수 있는 부작용을 이해하고 결정할 수 있어야 한다.

'알아야 면장도 한다'는 얘기가 있다. 이 얘기가 시사하는 바는 적지 않다. 유능한 전문 인사를 등용해서 맡기면 된다는 얘기도 있다. 그러나 유능한 사람에게 나라를 통째로 맡길 수는 없다. 유능한 사람을 발탁해서 활용한다고 해도 알고 쓰는 것과 모르고 쓰는 것은 엄청난 차이가 있다.

뛰어난 재능을 갖춘 사람이 있다면 그 재능을 알아보는 이가 있고, 역량을 발휘할 여건을 조성해주어야 한다. 그랬을 때 인재가 나오는 법이다. 세종 시절에 인재가 많았던 건 세종이 다방면의 지식을 쌓고 그 지식을 바탕으로 사람 보는 안목을 갖추고 그들을 쓸 줄 알았기 때문이다. 태조에서 태종 때까지는 고려 시대의 유신들이 대서 조정을 차지하고 있었다. 따라서 신진들이 파고들 여지가 별로 없었다. 다행히 세종 때는 세대교체도 어느 정도 이루어지고 참신한 신진 사류들도 등장했다. 세종이 이들을 발탁했고, 역량을 펼 수 있는 여건을 만들었다. 원로들과 신진들의 조화를 도모하면서 그들이 각자의 몫을 다하도록 했다.

군주로서의 꿈

　세종이 수많은 업적을 남긴 성왕이지만 사대관계를 유지하며 중국에 고분고분했다는 비판적 시각이 있다. 세종도 어느 정도 사대주의자였다는 식의 비판이다. 명나라에서 수많은 무리한 요구를 했음에도 이를 모두 들어주었다는 것을 그 예로 꼽는다. 이런 주장은 세종을 몰라도 너무 모르는 데서 나오는 어리석은 판단이다. 일제 강점기에 살았으면 모두 친일주의자라는 얘기나 마찬가지 논리다.

　당시 명나라가 무리하게 요구한 대표적인 것이 마필이다. 사실 명나라는 조선으로부터 감당하기 어려울 정도로 많은 마필을 가져갔다. 태조와 태종 때 말을 1만 마리씩이나 요구했다. 세종이 즉위하자 역시 많은 말을 요구했다. 역시 1만 마리였다. 엄청난 수량이다. 세종 4년 1월 13일까지 십여 차례에 걸쳐 명나라에 말 1만 마리를 완납했다.

　명나라는 그 대가로 은과 비단을 보냈다. 일종의 조공무역이었지만, 주고받는 물량의 결정은 일방적이었다. 달라는 대로 주고 준 대로 받았다. 당시 말을 1만 마리씩 요구한 것은 매우 심한 요구였다. 1만 마리의 말을 보낸 지 채 2년이 지나지 않은 시점에서 명나라는 다시 1만 마리의 말을 요구했다.

세종 5년 8월 18일의 일이다. 명나라의 칙사가 왔다. 세종은 세자와 백관을 거느리고 모화루까지 나가 사신을 맞았다. 명나라 사신을 맞는 의례였다. 모화루는 중국의 사신을 맞는 곳으로 지금의 서대문 밖 서북쪽에 위치한 곳이다. 세종의 장자인 이향을 조선의 왕세자로 윤허한다는 칙서를 가지고 왔다. 조선은 왕세자 임명도 명나라의 인준을 받아야 했다. 슬픈 역사다. 그 칙서를 소개한다.

"황제는 조선 국왕 이씨에게 칙유하노라. 왕의 적자 이향을 세워 세자로 삼으려고 청하므로, 특별히 청한 바를 윤허하여 이향으로 조선국 왕세자로 삼는다. 이전에 쇠잔한 오랑캐를 정벌할 때에, 조선 왕이 말 만필을 바쳐서 도왔으니, 짐이 심히 기뻐한다. 특별히 은냥과 채폐를 내린다. 은 1천 냥, 저사 1백 50필, 직금 30필, 암세화 30필, 선라 1백50필, 소 2백40필, 숙소견 4백 필을 내린다. 황제는 조선 국왕 이씨에게 다시 칙유하노라. 왕은 즉시 말 1만 필을 뽑아 바치어 국용을 도우라."

'칙유'라 함은 칙서를 통해 지시한다는 의미이고, '채폐'는 비단으로 화폐를 대신한다는 의미다. 그리고 '저사'에서 '숙소견'까지는 색깔이나 자수 등에 따른 비단의 종류별 이름이다.

세종을 '이 씨'라고 부르고, 이향을 세자로 삼는다고 한다. 말 일만 필에 대한 대가는 은과 비단이다. 당시의 시세는 알 길도 없지만, 주는 품목이나 수량은 일방적 결정이다. 칙서 한 장이 신생 조선과 중국 명나라와의 관계가 어떠했는가를 명백하게 보여준다.

이조판서 허조나 병조판서 조말생도 무리한 주문임을 지적했다. 두 판서는 절반인 5천 필로 줄여달라는 요청을 해야 한다고 했다. 거기에 대해 세종은 무슨 생각을 했는지 묵묵부답이었다.

당시 양반의 집에는 보통 서너 필의 말이 있었고, 양민의 집에도 말이 한 필 정도는 있었다. 생활에 필수적이었다는 얘기다. 그런데 다시 1만 필의 말을 보내려면 그 말들을 징발해야 했다. 이 말들은 지역별로 할당하여 다음 해까지 수백 필에서 천 필 단위로 명나라로 보내졌다. 천여 필의 말이 건강 상태가 양호하지 않다는 이유로 퇴짜를 맞고 돌아왔다. 억울한 일이었지만, 그 수를 보충하지 않을 수가 없었다. 말의 건강한 상태를 유지하기 위해 보낼 때의 먹이는 콩이었다. 그 콩을 조달하는 것도 보통 문제가 아니었다.

어디 그뿐인가. 사신이 오면 별의별 요구를 가지고 왔다. 어린 처녀들과 환관이 될 소년들도 요구했다. 그림을 잘 그리는 사람들도 데려갔다. 달라는 대로 주지 않을 방법이 없었다. 약소국 조선의 설움이었다.

또 사신이 한번 오고 가는데 거의 두 달을 시달린다고 해도 과언이 아니었다. 한양에서의 접대만이 아니었다. 압록강에서 한양까지 거치는 고을마다 환대하고 숙식을 접대해야 했다. 사신 일행의 개인적 요구도 만만치 않은 짐이었다.

조선의 백성이라면 그런 상황에 분통이 터지지 않을 사람이 있었겠는가. 하물며 세종은 어떠했을까. 세종의 가슴 속에 불덩어리가 솟구치지 않았을까. 말할 수 없는 분노가 있었을 것이다. 그러나 참을 수밖에 없었다. 달리 방법이 없었기 때문이다.

고려와 조선 시대에 '망궐례'란 의식이 있었다. 서울이 아닌 지방에 근무하는 관찰사나 목사, 군수와 현감 등 외직 벼슬들이 명절이나 경사가 있을 경우 왕이 있는 궁궐을 향해 절을 하는 것이다.

　조선의 왕들도 망궐례를 해야 했다. 해가 바뀌면 새해를 맞아 명나라 궁궐을 향해 망궐례를 했다. 해가 지는 연말 동짓날에도 했고, 황제나 황태자의 생일에도 했다. 혼자 하는 것이 아니라 문무백관을 데리고 함께 했다. 이 망궐례는 명이 망하고, 청이 들어서도 마찬가지였다. 고종이 대한제국의 황제로 들어서는 1896년까지 계속되었다. 슬픈 역사였다.

　당연히 세종도 했다. 명나라에 조공을 바치고 망궐례를 했다고 해서 사대했다고 할 수 있을까? 당시 명과 조선은 군신 관계였다. 조선은 나라의 기틀조차 제대로 갖추지 못한 신흥국이었다. 명나라는 가장 강성했던 시기로 3대 영락제가 다스리고 있었다. 압록강 인근 요동에만도 수만 명의 군사가 버티고 있었다. 조선으로서는 시키면 시킨 대로 하지 않을 수 없는 처지였다. 나라를 지키기 위해서는 감내할 수밖에 없었던 피눈물이었다.

　세종도 어찌할 수 없는 상황이었다. 불과 얼마 전의 고려 시절 원의 내정간섭을 생각하지 않을 수 없었다. 원나라는 고려의 영토 일부를 뺏고 부마국으로 삼았다. 수도 개경에는 정동행성을 두고 감찰관인 '다루가치'를 파견하여 사사건건 내정간섭을 했다. 다루가치의 횡포가 심했다.

　이때부터 '치'가 부정적으로 우리말에 등장한다. 벼슬아치나 장사치 등등이다. 어디 그뿐인가. 철령 이북에는 쌍성총관부, 서경에는 동녕부, 그리고 제주도에는 탐라총관부를 설치해서 아예 점령군 행세였다. 제주도는 말을 키우는 사실상 원의 목장이다시피 했다. 고려왕이 죽으면 왕의 묘호에 '충'자를 붙여야 했다. 25대 충렬왕부터 30대 충정왕까지 그랬다. 원에 충성을 했다는 의미로 붙인 것이다. 다행히 원은 1백 년도 버티지 못하고 망했다. 고려와 원의 관계에 비하면, 조선과 명의 관계는 그래도 사정이 나은 편이었다.

세종은 약소국 고려의 슬픈 역사를 고스란히 기억하고 있었다. 백성을 최우선으로 생각했고, 천민의 인권까지 각별히 챙겼던 세종이 이런저런 요구에 시달릴 때 가슴에 피멍이 들지 않았겠는가. 건강을 해치면서까지 훈민정음 창제에 매달리고 과학기술 창달에 그토록 기를 썼던 이유가 무엇이었을까. 국경선을 분명히 하고, 국방력을 키운 의도는 또 무엇이었을까. 단언컨대, 세종은 속국의 설움을 떨쳐내고 부강한 조선, 조선의 자주독립을 뼈에 새기고 있었을 것이다.

세종 즉위 원년, 그러니까 1417년 12월 18일 명의 사신이 고명을 들고 압록강을 건너왔다. 고명은 명의 황제가 조선왕으로 임명한다는 칙서다. 고명의 한 대목이다.

"오늘 소청을 특별히 윤허하여 조선 국왕으로 명한다."

다음 날, 19일 정부의 대소 신료들이 축하 하례를 드리겠다고 하자 세종은 거부했다. 당시 고명을 받는다는 것은 매우 큰 경사였다. 고명이 올 때까지 상왕 태종과 대신들은 마음을 놓지 못했다. 혹여 상왕인 정종과 태종이 있는 데 또 새로운 왕이냐고 시비를 걸고 허락하지 않을 경우를 염려한 것이다. 그런 가운데 고명이 온다니 정종과 태종은 물론 의정부와 육조의 신료들은 온통 축하 분위기였다. 마땅히 하례가 있어야 했다.

그러나 세종은 하례를 받지 않았다. 즐겁지가 않았고, 씁쓸했다. 왜 그랬을까? 세종은 생각이 깊고 사리판단이 분명한 왕이었다.

12월 27일에는 태종과 대신들이 하례 잔치를 벌였다. 술에 취한 영돈녕부사 유정현과 좌의정 박은 등이 일어나 춤을 추었다. 훌륭한 학자요 충신들이었지만 무슨 생각을 하면서 춤을 추었는지 궁금하다. 술기운이 오른 태종도 일어나 춤을 추면서 세종의 손을 잡아 이끌었다. 세종도 자리에서 일어서서 부왕이 이끄는 대로 춤을 추지 않을 수 없었다. 부왕이 잡아 이끈 손길을 거부할 수 없었지만, 마음속의 분노도 춤사위를 따라 울렁거리고 있었다.

고명이 도착한 이후, 세종의 마음은 무겁고 편치가 않았다. 언제까지 이런 고명을 받아야 하는가! 해가 바뀌었다. 세종 2년 1월 6일, 예조판서 변계량이 아뢰었다.

"고명은 국가의 대사이오니, 각도 관찰사, 절제사 및 목사 이상은 모두 친히 와서 축하를 드리게 하여 주시옵소서."

"내가 즉위할 때도 하례를 받지 않았소. 하물며 역로의 폐단이 많은 지금 그럴 필요가 있겠소. 불가하오."

변계량이 거듭 말했지만, 세종은 단호했다. 세종의 무거운 마음을 변계량은 짐작조차 하지 못했다. 세종은 자신의 속내를 짐작하지 못한 변계량이 야속했다. 얼마 전, 고명이 왔을 때 축하 연회에서 춤추던 장면이 눈앞에 어른거렸다. 왕위에 올랐으나 인준을 받아야 하는 자신과 조선의 처지가 한없이 슬펐다.

세종이 군기감 운영에 큰 관심을 기울인 배경에는 그런 슬픈 조선의 처지가 있었기 때문이다. 세종은 어려운 재정이었지만 군기감이 첨단 화포 제작에 전념토록 인원과 예산을 적극 지원했다. 그리고 재래식 무기인 활과 창의 제조는 각 지역에 할당하여 농한기에 만들도록 했다. 화포 제작으로 인해 철의 수요가 급증했다. 군기감에서 필요한 철을 각 지역에 할당하여 생산토록 했다.

세종 8년 7월 120개의 화포를 북방 변경인 경원과 경성에 보내 실전에 사용토록 했다. 화포를 함길도와 평안도 변경에 집중 배치했고, 그곳의 관노들에게까지 화포 발사법을 가르치도록 했다. 주자소에서 인쇄한 병서를 변방에 보내 역시 군사들에게도 병법을 가르치게 했다.

세종은 병서를 친히 연구하고 무관들에게 병법의 중요성을 강조했다. 정예병을 양성하고, 더 효과적인 화약과 화포 개발에 재위 기간 내내 심혈을 기울였다. 커다란 외침의 위협도 없던 당시의 상황이었지만, 세종은 쉬지 않았다. 자주독립 조선의 내일을 기약하는 세종의 뜻을 세자와 대군들도 이해하고 따라주기를 원했다. 그러나 조선의 역사는 세종이 터를 닦고 앞으로 나아가기를 그토록 염원했던 큰길을 외면한 채 좁은 내리막길을 택했다.

세종을 정점으로 4군과 6진에 의한 국경의 방어, 화포와 함선의 개발과 제조, 무관의 양성과 군사훈련은 앞으로 더 나아가지 못했다. 조선의 다음 왕들은 세종이 만들어 놓은 토대조차 유지하지 못했다. 군사력 증강에 그토록 열정적이었던 세종의 뜻을 따르지 않았다. 조선의 불행이었다.

무슨 일을 하면 거기에는 반드시 동기가 있고 목적이 있다. 세종이 건강을 해치면서까지 그와 같은 많은 일에 매달린 동기나 목적은 무엇이었을까? 일 중독이었을까? 성취욕이었을까? 약소국 조선의 부국강병에 의한 자주독립을 제외하고는 달리 설명할 길이 없다.

세종과 같은 왕이 한 사람만 더 나왔어도 조선의 운명이나 대한민국의 역사가 달랐을 것이다. 조선의 왕과 신료들이 우물 안 개구리식 사고로 왜 그토록 오랜 세월 안주하고 있었는지 이해되지 않는 일이다. 세종의 위업이나 비전의 계승은커녕 제대로 기억조차 못 한 것이 조선의 슬픈 역사였다.

제2장

애민의 길

임금의 존재 이유는 백성

"백성이 나라의 근본이다."

세종 1년 2월 12일의 선언이다. 세종은 나라의 근본, 즉 나라가 존재해야 할 이유나 나라를 유지하는 근본은 백성이라고 했다. 왕은 백성을 위할 때 그 존재 의미가 있다는 선언이다.

어리석은 왕들은 사직을 보존하거나 자신의 통치를 위한 수단으로 백성을 인식했다. 그래서 백성보다는 왕이나 지배계급 위주의 통치를 했다. 세종의 인식은 정반대였다. 사직과 왕의 존재 이유는 바로 백성을 보호하는 데 있다고 본 세종의 애민 정신과 민생을 대하는 자세는 다른 왕과 비교할 때 큰 차이가 있다. 조선 왕 가운데서 백성을 세종처럼 사랑한 왕은 없다. 백성이 처한 어려운 상황을 늘 안타깝게 여겼고, 어떻게 하면 백성이 편히 살 수 있을까를 노심초사했다.

세종의 정치에서 가장 주요한 문제는 항상 민생이었다. 이조 5백여 년의 역사에서 백성들이 배 두드리며 잘 먹고 살았던 시절은 한 번도 없었다. 오직 백성의 희망은 날마다 고되게 일할지라도 가족이 끼니를 거르지 않고 먹고사는 것이었다.

'보릿고개'라는 말이 있다. 가을에 수확했던 양식이 바닥이 나고, 보리는 채 익지 않은 5월 전후에는 먹을 것이 없었다. '초근목피'라는 말도 있다. 풀뿌리와 나무껍질을 먹고 연명해야 했다. 보릿고개는 이조 5백년 내내 존재했다. 일제에서 해방된 이후에도 춘궁기의 보릿고개는 백성이 넘어야 할 큰 고비였다.

하늘만 바라보고 농사를 지었던 시절이었다. 가뭄이나 장마, 홍수로 농사가 어려워 기근이 들면 초근목피로 연명해야만 했다. 농사가 제법 그런대로 되어도 춘궁기의 굶주림은 피해갈 수 없었던 시절이었다.

세종 시절, 하늘은 가혹했다. 조선 역사에서 가뭄과 장마가 가장 심했던 시절이 세종의 재위 기간이었다. '덕치로만 하늘의 도움을 얻을 수 있다'는 신념대로 세종은 재위 기간 내내 검소와 관대함으로 덕치에 힘썼지만, 하늘은 무심했다. 매년 가뭄이나 장마의 연속이었다.

하늘을 원망할 수는 없었다. 가뭄과 장마가 들면, 세종은 자신의 부덕 탓으로 돌리고 근신했다. 가뭄에는 기우제를 지내고, 장마에는 기청제를 지냈다. 세종의 재위 기간에 기청제와 기우제를 지내지 않았던 해는 세종 19년, 23년, 그리고 24년으로 단 3년뿐이다. 재위 기간 내내 가뭄이나 장마로 시달렸음을 알 수 있다. 기록을 보면, 조선 왕조에서 세종 시절 기우제와 기청제를 제일 많이 지냈다. 그다음은 숙종 때였다.

세종 16년은 장마가 크게 들고, 17년과 18년의 2년 동안은 가뭄이 극심했다. 기록을 보면 기우제란 기우제는 모조리 행했다. 하늘을 쳐다보며 농사를 짓던 시절이라 다른 방법이 없었다. 종묘와 사직에서, 그리고 풍운뢰우단에서 기우제를 지냈다. 풍운뢰우단은 하늘에 제사를 지내던 제단으로 지금의 서울 용산구에 있었다.

동자들이 동원된 석척제, 무녀들이 주관하는 취무제, 승려들이 주관하는 승도제를 가리지 않고 모두 지냈다. '석척제'는 라고도 부른다. '석척'은 도마뱀, 도롱뇽을 말하고, 연못 앞이나 강변에서 도마뱀을 놓고 어린 동자들을 동원해 그들이 비가 오도록 기도하며 제사를 지내는 기우제를 석척제라고 한다.

세종 17년 5월 25일에 동자 80명을 모아 모화관의 연못에서 석척기우제를 드렸는데, 이틀 후에 비가 내려 당시 기우제를 주관했던 이진이라는 사람에게 말 한 필을 상으로 내린 기록이 있다. 석척제에 관한 얘기는 실록에 많이 등장한다.

이외에도 용의 그림을 크게 그려놓고 그 앞에서 기우제를 지내는 화룡제, 흙으로 용을 만들어 용에 채찍을 가하면서 지내는 기우제인 토룡제 등을 지냈다. 지금으로써는 이해할 수 없는 방법이지만, 당시에는 가뭄에 대한 주요 처방이었다.

비나 우박, 서리와 눈이 왜 내리는지를 이해하고, 하늘의 천문까지 날마다 살폈던 세종이다. 해와 달, 그리고 5개 태양계 행성, 즉 수성 금성 화성 목성 토성의 움식임까지 계산해서 『질정산내외편』이라는 우리 고유의 역법을 만들기도 했던 세종이다. 또 여러 과학 기술을 응용해서 당시로서는 세계 최첨단인 혼천의와 자격루 등 놀라운 기기들을 만들게도 했다. 그런 세종이 왜 여러 종류의 기우제를 행하게 했는지는 솔직히 이해하기 어려운 면이 있다.

가뭄이나 장마로 흉년이 들면 백성의 먹고사는 문제가 몹시 어려웠다. 생계가 어려우면 민심도 동요했다. 이를 알면서 군주가 아무런 노력을 하지 않는다면 신하나 백성들로부터 무책임하다는 원망을 들을 수도 있다. 그래서 그런 기우제나 기청제를 드리도록 했는지도 모른다.

당시 신하들과 백성의 의식 수준은 비가 오고 안 오는 것은 하늘의 뜻이라고 여기고, 하늘에 지성을 들여 빌면 비가 올 수 있다는 믿음이 있었다. 이런 의식이 과학적 이론을 설명한다고 해서 하루아침에 바뀔 수는 없었을 것이다. 세종의 고민이 깊을 수밖에 없는 부분이다.

세종은 4년 1월에 왕을 위해 설치한 초제를 모두 폐지하라고 지시했다. '초제'란 도교에서 유래한 것으로 북방의 태일성이라는 별을 대상으로 지내는 제사다. 이 별은 나라의 병란이나 재앙, 제왕의 생사 등을 관장하는 별로 알려져 있다. 초제는 소격서와 같은 한 장소에서 지내기도 했지만, 여러 도와 지역에서 지내기도 했다.

고려 시대에는 주로 국가와 왕권의 안녕을 위해 초제를 지냈다. 조선이 개국한 이후, 초제는 왕과 왕실의 안녕을 위해서 뿐만 아니라 비를 비는 기우제로서도 역할을 했다.

세종이 자신을 위한 초제를 폐지토록 한 것은 그 제사가 무의미하다는 것을 알았던 것인지, 아니면 겸양 차원의 사양이었는지는 알 길이 없다. 그러나 세종 시절에도 많은 수의 각종 제사가 있었고, 제사를 주관하는 관청으로 소격서가 존재하기도 했다.

이에 대한 세종의 인식을 들여다볼 수 있는 기록이 있다. 세종 7년 7월

15일 별에 제사하는 초제에 대한 논의가 있었다. 이때 세종의 발언이다.

"도교와 불교는 모두 믿을 것이 못 된다. 도사의 말은 매우 허황하다. 소격전의 일 또한 도교이다. 그러나 별에 제사하는 것은 역대로 전해 와서 지금까지 폐하지 않았다."

도교를 믿을 것이 못 된다고 한 세종이 그로부터 연유된 제사와 무당의 효력을 믿었을 리 만무하다. 그럼에도 그것들을 폐하지 못한 것은 오래전부터 내려온 것이기 때문이라는 얘기다. 좌의정 이원을 필두로 신하들도 적잖게 그 폐해를 적시하면서 폐지를 주청한 일이 많다.

세종 8년 11월 7일 사간원에서 올린 집단 상소의 핵심 내용이다.

"백성들이 오랜 구습에 젖어서 귀신을 숭상하는 풍조가 없어지지 않고, 무당과 박수의 요망하고 허탄한 말을 맹신하고 있습니다. 생사와 화복이 모두 귀신의 소치라고 믿고, 음사를 숭상해서 집이나 산과 강에서 하지 않는 곳이 없사옵니다. 집을 결딴내고 가산을 탕진하는 폐단이 실로 염려됩니다. 이것은 비단 영세민들의 문제만이 아니옵고, 경대부의 집에서도 보통으로 여기고 괴이하게 여기지 않고 있습니다. 국무당을 정파하시옵고, 무당과 박수들의 요망하고 허탄함을 막아 아래 백성들의 이목을 새롭게 하소서."

이렇듯 신하들도 믿지 않고 폐하자는 주장이 강했음에도 세종은 혁파하지 않았다. 그 까닭은 알 수 없는 일이다. 백성의 의식에 믿음과 기대라는 두 뿌리가 깊숙이 내리고 있었기 때문일지 모른다. 폐단이 있을지라도 극복하기 어려운 상황에 놓인 백성이 한 가닥 기대와 희망을 걸고 일어설 수 있는 구습이라고 생각했을 수도 있다.

애민과 민생의 핵심 윤리

"비가 많이 와서 농사 걱정으로 잠을 잘 수가 없다."

"먹지도 못하고 이 더위에 시달릴 백성을 생각하면 수라를 들 수가 없다."

"입춘이 지났는데 큰 눈과 심한 추위가 와서 굶주리고 추위에 떠는 백성이 있을까 온통 걱정뿐이다."

어려운 백성을 걱정하면서 했던 세종의 탄식이다.

세종 5년 역시 기근 피해가 전국을 덮쳤다. 전년도 가뭄과 수재가 겹친 탓으로 흉년이 심각한 상태에다 겨울에 심은 보리농사까지 겨울 가뭄으로 흉작이었다. 지역에 비가 오면 관찰사들이 비가 왔다는 보고를 올릴 정도로 비를 기다렸다.

당시 얼마나 기근이 심했는가는 세종 5년 4월 21일의 기록이 단적으로 얘기해준다. 황해도 일부 지역에서 백토와 백적토, 즉 하얀 흙과 희고 붉은 흙에 단맛이 있다고 하여 그 흙을 파서 곡식 가루 등을 섞어 먹고 허기를 면했다는 기록이 있다. 얼마나 먹을 것이 없고 허기가 졌으면 흙을 먹어보았겠는가. 참혹한 기록이다.

연속 2년의 극심한 흉년으로 먹을 것을 찾아 서울로 오거나 농사가 조금 잘되었다는 지역으로 옮겨가는 백성이 늘었다. 세종은 종로에 있는 흥복사에다 구료소를 설치하고 굶주린 백성들에게 죽을 쑤어 나누어주게 했다. 흥복사는 세조 때 새로 지어 원각사로 이름이 바뀐다. 흉년으로 기근이 심하면 심할수록 세종의 가슴앓이는 커졌다.

백성에 대한 걱정으로 세종은 온통 가슴이 답답했고 한양과 지방 할 것 없이 관료들은 구휼을 위해 백방으로 뛰어야 했다. 흉년이 심할수록 관료들의 구휼 책임은 엄중해졌다. 세종의 부라린 눈은 전국 곳곳을 샅샅이 살피고 있었다.

세종 5년 6월에 있었던 일이다. 경기도 고양현에서 어머니와 아들 세 사람이 굶주린 가운데 부종이 났다. 그 가운데 어린아이 한 명은 죽고 말았다. 이 사실을 안 세종은 분노했다. 즉각 의금부에 지시하여 사실 여부를 확인하게 했다. 사실이었다. 현감 김자경은 곤장 80대를 맞고 파직되었다. 단순히 파직만 시킨 것이 아니다. 곤장 80대를 맞으면 거의 죽음에 이를 정도다. 살이 터지고 찢어져서 6개월 이상을 엎드려 잘 수밖에 없는 중벌이었다.

이외에도 구휼에 잘못이 있는 금성 현감 이훈, 홍천 현감 장계로, 곽산군 지군사 신홍생, 지곡산 군수 유순도, 정주 목사 진원귀, 지수천군사 김보중, 정녕 현령 김치, 평산 부사 이중경 등이 곤장을 맞거나 파직을 당했다.

구휼이 잘못되어 단 한 명이라도 희생자가 나오면, 수령과 방백들이 엄한 처벌에 놓였기 때문에 발 벗고 뛸 수밖에 없었다. 지독하게 어려운 상황에서도 백성이 견딜 수 있었던 이유다.

세종 6년 7월의 일이다. 당시는 태종의 국상 기간이었다. 부왕 태종의 국상 기간은 3년이었다. 국상 기간에는 전국적으로 술과 가무가 금지된다. 축첩을 얻는 것도 금지했다. 경건한 생활을 하지 않으면 탄핵의 대상이었다. 국상 기간은 어찌 보면 매우 엄혹한 시간이었다.

국상이 나면, 연회와 잔치가 금지되기 때문에 먹고 살기 어려운 사람들이 있었다. 광대 놀이패와 악공, 기방의 기녀들이 대표적이었다. 그들에게 국상 기간은 매우 막막한 시간이었다. 놀이패와 악공들 가운데는 맹인들도 있었다. 그들은 잔칫집에 불려가 가면극도 해주고, 거문고와 비파 등 악기를 연주하기도 했다. 저잣거리에서 공연도 했다. 농사를 짓지 않기 때문에 그렇게 받은 사례가 유일한 생계 수단이었다.

국상 기간으로 생계 수단이 사라지고 말았다. 이 얘기를 들은 세종은 즉각 구제를 지시했다. 맹인 악공들에게는 특별히 쌀 한 섬씩을 주라고 명했다. 잡곡도 아닌 쌀 한 섬이면 당시에 매우 큰 가치를 지니고 있었다. 볼 수 없는 그들에게 세종은 밝은 세상을 열어주고 싶었다.

흉년으로 기근이 있을 때마다 세종이 백성들의 굶주림에 어느 정도로 지대한 관심을 가졌는지는 실록에서 그 예를 얼마든지 찾아볼 수가 있다. 단순한 걱정이 아니었다. 몸부림이었다. 비가 오면 온대로, 오지 않으면 안 온대로, 더위가 심하면 심한 대로, 겨울에 눈이 많이 내리고 큰 추위가 오면 또 그에 대한 걱정으로 세종의 고민은 컸고 밤에 잠도 편히 잘 수가 없었다.

누군가 '정치란 국가나 국민이라는 대의를 걸고 벌이는 고도의 기만극'이라고 비판한 적이 있다. 그 기만극은 현실에서 얼마든지 확인할 수 있다. 국가와 국민을 위함이라고 얘기해도 그 이면에는 정치적 이해가 자리하고 있는 경우가 보통이다.

세종의 정치철학과는 거리가 먼 얘기다. 세종의 정치철학에서 핵심은 '애민'이고 국정의 첫 과제는 '민생'이었다. 세종은 정치와 윤리를 분리해서 생각하지 않았다. 애민이 정치의 요체이자 윤리의 기본이었다. 그래서 어떤 경우에도 애민을 포기하거나 양보하지 않았다.

마키아벨리는 그의 저서 『군주론』에서 "군주는 국가를 유지하고 통치하기 위해서는 신념이나 인애, 인도주의 혹은 신앙과 역행하도록 강요당할 경우가 흔히 있다. 그럴 경우, 군주는 상황에 따라 유연한 사고방식을 가져야 한다. 필요하다면 악도 행하지 않으면 안 된다"고 했다. 마키아벨리의 『군주론』에 대해 당시 유럽의 군주들은 '악마의 책' 혹은 '악마의 대변자'라고 혹평했다. 그러나 현실에서 그들은 악마의 통치술을 폈다.

그러나 세종은 통치에 있어서 한 번도 백성을 위한 '애민'의 신념이나 '민생'이란 인도주의를 포기한 적이 없다. 백성을 사랑하고, 백성의 어려운 현실에 대해 항상 고뇌해야 하는 것이 군주의 기본 윤리라고 생각했다. 그래서 세종의 치세에서 최우선과 중심은 항상 백성의 삶과 안위였다.

나산 정약용도 그의 목민심서에서 애민 6조를 통해 이렇게 정리하고 있다. 첫째는 '양로'로 노인을 잘 봉양해야 하고, 둘째는 '자유'로 어린이에게 늘 자애로워야 하며, 셋째는 '진궁'으로 곤궁한 사람을 구제하는 것이고, 넷째는 '애상'으로 상을 당한 사람을 보살펴주는 것이며, 다섯째는 '관질'로 병든 사람을 치료해주는 것이고, 여섯째는 '구재'로 재난당한 사람을 구하는 것이라고 했다.

세종이 실천한 바였다. 반상의 구분이 철저했고 사대부의 나라라고 할
정도로 양반 중심의 사회구조였지만, 세종의 인식은 달랐다. 백성이 나
라의 근본이고 나라의 존재 이유였다. 그래서 애민과 민생은 세종에게
군주가 잊어서는 안 될 핵심 윤리였다.

임금의 무능은
백성의 굶주림

세종의 치세에서 최우선은 늘 백성의 삶을 살피는 일이었다. 민생에 대한 세종의 관심은 대군 시절에도 유별났다. 태종 15년 11월의 실록에 이런 대목이 나온다. 대언이 태종에게 고했다.

"걸식하는 사람들이 미처 진휼을 받지 못하면 충녕대군에게 여쭌 자들이 있사옵니다."

이 말을 듣고 태종이 말했다.

"서울과 외방의 굶주린 백성을 이미 유사로 하여금 자세히 물어서 빠짐없이 진제하게 하였는데, 무슨 까닭으로 고루 주지 못하고 충녕에게 말하게 하는가? 내가 굶주리고 추워하는 사람을 불쌍히 여기는 것을 알기 때문에 충녕이 듣고 본 것이 있으면 바로 와서 내게 고한 적이 있다. 지난번에도 이와 같은 자들이 있어서 내가 특별히 주라고 명하였다. 유사가 법을 제대로 받는다면, 굳이 충녕을 찾아가 진제를 얻을 이유가 있겠는가?"

태종 자신의 공치사도 곁들였다. 자신이 어려운 백성을 불쌍히 여기는 것을 충녕이 알기 때문에 그런다고 했다. 유사는 기관의 일을 맡아 보는 사람을 의미하고, 진제는 진휼과 같이 굶주린 사람을 구제하는 것을 뜻한다.

태종의 말에 형조판서 정역이 답했다. 정역은 고려말에 이방원과 함께 문과에 급제한 이후, 둘은 매우 친밀한 관계를 유지했다. 두 사람의 친분이 두터워서 효녕대군과 정역의 딸을 혼인시켜 사돈 관계를 맺은 사이다. 정역은 태종과 친한 사이였지만, 늘 겸손함과 부드러움을 잃지 않은 인물이었다. 자식들에게도 지나치지 않은 행실과 겸손한 처신을 늘 당부했다. 불안정한 시절에는 오직 겸손이 위난에서 자신을 구할 수 있다고 가르쳤다. 그래서인지 그 후손들이 탄핵당하거나 사화와 같은 일에 연루된 적이 없었다.

　"대군이 굶주리고 추위에 떠는 사람을 불쌍히 여기기 때문에 들어준 것입니다. 만일 대군께서 불가하다고 했다면, 그 사람들은 하소연할 곳이 없어서 더욱 어려워졌을 것이옵니다."

　진휼을 받지 못한 백성들은 충녕의 사저를 찾아가서 하소연하기도 했다. 충녕은 학문 이외의 일인 정사에 관여하는 일은 극히 조심하고 부왕인 태종이 묻기 전에는 얘기하지 않았다. 그러나 충녕은 어려운 처지의 백성들에 관련된 일을 보거나 들으면 주저하지 않고 태종에게 고했다. 형조판서 정역의 말에서도 알 수 있듯이 충녕에게는 굶주리고 추위에 떠는 백성이야말로 나라가 제일 관심을 가져야 할 일이라는 믿음이 있었다.

　충녕이 부왕 태종의 뒤를 이어 즉위한 해와 그다음 해도 흉년이었다. 세종의 애민과 구휼에 대한 신념을 잘 나타내주는 기록이 있다. 세종 1년 1월 6일의 일이다. 강원도 감찰로 나간 김종서가 흉작에 따른 조세 감면을 건의했다.

　"임금으로 있으면서 백성이 굶주려 죽는다는 말을 듣고도 조세를 징수하는 것은 차마 해서는 안 될 일이다. 창고를 열어 곡식을 나누어 준다고 해도 오히려 미치지 못할까 염려되거늘 주린 백성에게 조세를 부담시켜서 되겠는가?"

그로부터 한 달 후인 2월 12일, 세종은 각 지역의 감사와 수령들에게 교서를 내렸다. 세종이 구술한 것을 승지가 받아 적은 것이다.

"백성은 나라의 근본이다. 백성들은 먹는 것을 하늘처럼 여긴다. 슬프다. 한 많은 백성이 굶어 죽게 된 형상은 부덕한 나로서 두루 다 알 수가 없으니 백성과 가까운 감사나 수령들은 나의 지극한 뜻을 살펴, 경내의 백성이 굶주려 처소를 잃어버리지 않게 밤낮으로 유의할 것이며, 궁벽한 촌락까지도 친히 다니며 두루 살피어 힘껏 구제하라. 나는 장차 조정의 관원을 파견하여 그에 관한 상황을 조사할 것이며, 만약 한 백성이라도 굶어 죽은 자가 있다면, 감사나 수령이 모두 나의 교서를 위반한 것으로 여겨 죄를 물을 것이니라."

백성은 나라의 근본이고, 그들의 어려움은 세종 자신의 부덕 탓이라고 여겼다. 그리고 감사와 수령들에게 민생에 대한 자신의 지극한 뜻을 살펴 벽촌까지 찾아가서 살피라고 했다. 마지막에는 겁박도 했다. 만약 한 사람이라도 굶어 죽는다면 가만두지 않겠다는 지엄하고도 숭고한 겁박이다.

조선 왕조에서 장마나 가뭄, 병란이나 역병 등으로 민생 구휼에 관한 조치가 총 3,040건이 있었다. 이 가운데 세종 때 이루어진 조치가 무려 300건이나 된다. 세종 때에 장마나 가뭄이 유별나게 많았던 탓도 있고,

나라의 근본인 백성의 민생 문제에 세종의 관심이 매우 컸기 때문이기도 하다.

흉작으로 백성이 먹고살기 힘들 때는 세종은 동원 가능한 모든 조처를 했다. 대궐과 왕실 살림에 쓰는 물자를 관리하는 풍저창도 열어 곡식을 풀었다. 군자감의 군사용 쌀과 밀도 풀어 구제를 단행했다. 세종의 치세 동안 유독 장마와 가뭄이 심해 흉년이 많았지만, 백성이 태평성세라고 했던 이유는 나라의 근본인 백성의 민생을 최우선으로 챙겼기 때문이다. 곡식은 허기를 면하게 했지만, 세종의 따뜻한 애민은 백성을 행복하게 했다.

환곡으로 관아에서 곡식을 꾸어간 백성이 기한에 이르러 갚지 못한 경우가 많았다. 그러한 때에도 세종은 절대 강제로 징수하지 못하게 지시했다. 어려운 백성들의 생계를 위협해서는 안 된다는 것이 철칙이었다. 그러다 보니 농사가 제대로 되지 않은 농가에 조세나 환곡을 탕감해주는 일이 다반사였다. 왕실과 조정의 곳간이 어려울 때도 있었지만, 일관되게 민생을 우선으로 삼았다. 각 도에 명을 내려 개간을 독려하고 새 농지가 생겨나면, 어려운 양민이나 천민부터 우선 배분하여 경작할 수 있도록 조치했다.

기근이 들면, 세종은 각 도에 경차관을 파견했다. 구휼이 제대로 시행되고 있는지를 살피고 독려하게 함이었다. 세종 4년 7월의 일이다. 기근으로 인해 여러 도에 유리걸식하는 자가 늘었다는 보고가 있었다. 평안도의 경우만 해도, 경차관 윤돈의 조사보고에 의하면 먹을 것이 없어 굶주리는 백성의 수가 4만5백 명이나 된다고 했다. 한 지역에서 입에 풀칠조차 하기 어려운 숫자가 이 정도라면 전국적으로 굶주리는 백성의 수가 얼마나 많았을지 짐작할 수 있다.

당시 흉년이 어느 정도였는지는 세종 4년 8월 22일 기록에 나온다. 강원과 경기, 황해도는 가을에 파종할 보리 종자를 구하기조차 어려웠다. 충청과 전라, 경상도에서 종자를 가져와 겨우 파종했다.

연말 추위가 다가오면서 농토가 척박하고 적은 함길도와 평안도, 황해도와 강원도에 사는 어려운 백성들은 비교적 농사 여건이 좋은 전라도와 경상도로 대거 이동했다. 행렬이 끊이지 않을 정도였고 어떤 고을은 사람 보기가 어려울 정도라는 기록도 있다. 감사와 수령들이 옮겨가는 것을 금지하려고 했지만, 세종은 그들의 이동을 막지 말라고 지시했다. 먹고 살기 위해서 가는 것을 금할 수 없다는 것이었다. 세종 4년 윤12월 28일의 기록에 나온 내용이다.

세종은 각 도와 고을에 진제소를 설치하고 환곡 창고를 열었다. 그리고 이주한 백성 가운데 객지에서 굶어 죽는 자가 한 사람도 없게 구휼에 만전을 기하도록 명했다. 추위가 오면서 옷과 이불도 살피도록 하고, 내수사 등 기관에서 만들어 지역으로 내려보내기도 했다. 백성을 살리기 위해 동원할 수 있는 모는 수단과 노력을 다했다.

만일 감사나 수령이 구휼 조치를 제대로 못해서 백성들이 굶어 죽거나 먹지 못한 탓으로 몸에 부황 등 질환이 나게 한 자는 엄한 처벌의 대상이었다. 부황이란 제대로 먹지 못해 피부색이 누렇게 되고 붓는 질환을 말한다. 3품 이상의 관직은 중앙에 보고하여 논죄하고, 4품 이하의 관리는 경차관이 현지에서 직접 처벌하게 했다. 그리고 각 지역에 명해서 굶주린 백성의 수효를 정확하게 파악하여 보고하도록 했다.

각 도의 관찰사나 군수와 현감들이 구휼에 전력을 다하지 않을 수가 없었다. 그렇지 않을 경우, 파직과 치도곤을 당하는 고초를 겪어야 했다. 백성이 살아야 국가도 있고, 사직과 왕도 있다는 세종의 신념과 철학이 분명했기 때문이다.

세종은 즉위하자마자 지역의 감사와 수령들에게 어떤 상황에서도 백성이 굶주려 죽는 일은 없어야 한다고 전교했다. 그리고 그 책임을 다하지 못할 경우, 무겁게 처벌하겠다고 했다. 일선 감사와 수령들에게 내려진 처벌 가운데 가장 중한 것이 구휼의 실패였다.

조선의 농사법을 개발하다

세종 시절에 가뭄과 장마가 유독 심했다. 거의 매년 심한 가뭄과 장마가 조선 최고의 성군, 세종을 괴롭혔다. 하늘의 도움은 오직 덕으로부터 온다는 믿음을 가지고 덕치에 힘쓴 세종을 몰라주는 야속한 하늘이었다.

계속되는 가뭄과 장마로 양반을 제외하고는 모두 배고플 수밖에 없었다. 양민이나 천민들의 경우는 더 심했다. 장마나 가뭄으로 매년 수많은 사람이 굶주림의 고통을 감내해야만 했다. 배부르게 먹을 수 있는 날은 불과 며칠 되지 않았다. 그런 현실에 세종은 몹시 괴로워했다.

세종은 어떻게 해서든 흉년을 피할 방도를 모색했다. 고민하던 끝에 농업 서적을 직접 읽었고, 농사짓는 방식을 알아보기도 했다. 당시 농서는 모두 중국의 것이었다. 중국과는 절기와 기후도 다르고 토양도 다르다. 그런데도 우리 농사에 관한 연구가 전혀 없었기에 그때까지 중국의 농서에 따라 농사를 지었다. 기후와 토양이 다른 중국의 농서에 의존하는 것을 세종은 이해하기 힘들었다.

세종 11년 5월 16일, 각 도의 감사에게 지시를 내렸다. 도내의 군과 현에 따라 농토의 특성과 농사짓는 방식을 자세히 조사해서 보고하도록 했다. 농토의 위치가 산간인지 평야인지, 비옥한지 척박한지, 경작한 작목은 무엇인지, 그리고 농업용수의 확보를 어떻게 했는지 등을 세밀하게 조사토록 했다. 오래 농사를 지어온 사람들의 경험담도 들어서 내용을 보완하여 보고하도록 했다. 6개월 뒤, 각 도에서 자세한 조사보고서가 올라왔다.

세종은 동지총제로 있던 정초와 종부시 소윤으로 있던 변효문을 불렀다. 동지총제라는 지위는 중군, 좌군, 우군으로 편제된 군을 지휘하는 삼군도총제부에 속한 종2품직이다. 서열 3위로 위로는 총제와 도총제가 있다. 종부시는 왕실 종친들에 관한 사무를 관장하면서 그들의 비리도 감독하는 기관이다. 소윤은 종4품직이다. 두 사람 모두 머리가 좋고 능력이 뛰어나다는 평을 얻고 있었다.

정초는 아버지 정희가 사헌부 집의를 지냈다. 관리들을 규찰하는 종3품직의 중간 간부에 해당한다. 관리들을 규찰하는 사헌부에서 오래 있었기 때문에 자신에 대해서 매우 엄격했다. 부유하지는 않지만, 정초는 아버지의 청렴한 정신과 엄한 교육을 받고 성장했다.

정초는 태종 5년 4월 21일 실시된 문과 초시에서 장원을 했고, 같은 달 27일 실시된 복시에서 2등으로 급제하여 실력을 인정받았다. 그러나 태종 때는 주요 직책을 맡아 일할 기회를 얻지 못했다.

태종 때 수군으로 강등되어 고초를 겪기도 했던 정초는 세종을 만나 빛을 보게 된다. 세종이 그의 능력을 알아본 것이다. 그는 요직을 거치면서 세종의 기대를 저버리지 않았다. 무슨 일을 맡겨도 일을 잘 마무리했다. 그래서 직책과 관련 없는 일에도 자주 차출되었다. 그는 특히 수학적 두뇌가 있어서 산법에도 매우 밝았다. 그가 여러 과학 기술 기기를 만드는 데 참여하게 된 것도 그의 수학적 두뇌 때문이었다.

변효문 역시 어려서부터 머리가 비상하다고 소문난 사람이었다. 아버지는 정2품 한성부 판윤을 지낸 변남룡이고, 외가는 외조부가 정1품 영문하부사까지 지낸 염제신이었다. 워낙 집안이 부유했고 권세가 있었기 때문에 어려서부터 매사에 거침이 없고 활발한 성격으로 성장했다.

태종 14년 실시된 알성시에서 문과 3등으로 급제를 했다. 관직에 있으면서 그의 거침없는 성격은 때로는 오만하고 일의 앞뒤를 가리지 않기도 했다. 그런 성격 탓에 그는 관직에 있는 동안 이런저런 기복을 겪어야 했다. 파직을 반복하고 직산으로 유배되기도 하는 등 우여곡절을 크게 겪은 변효문이었지만, 그의 머리와 수완을 부인하는 사람은 없었다. 세종이 변효문을 부른 것도 그의 머리와 수완을 알고 있었기 때문이다.

세종은 정초와 변효문을 앞에 두고 각 도에서 올라온 보고서를 내놓고 말했다.

"알다시피 농사가 큰 문제요. 매년 하늘만 쳐다보고 비가 오면 온대로 걱정이고, 오지 않으면 오지 않아서 또 걱정이오."

세종의 농사 얘기를 들으면서 정초는 또 무슨 일을 시키려고 하는가를 생각해보았지만, 얼른 짐작이 가지 않았다. 세종이 말을 이었다.

"그런데 가만히 생각해보니 농사가 가뭄이나 장마 때문만은 아니라는 것을 알았소. 농서나 농법에도 문제가 있는 것이오."

"무슨 말씀이신지요?"

두 사람은 자신들의 업무와 전혀 관련이 없는 농사 얘기에 담긴 세종의 의중이 무엇인지 눈치채지를 못했다.

"경이 수고해야 할 일이 또 생겼소. 여기 각 도에서 올라온 조사보고서를 보시오."

세종은 혼자 들기에 어려울 정도의 많은 보고서 자료를 정초와 변효문 앞에 내밀었다. 그때야 정초는 세종의 의중을 짐작할 수 있었다.

"경이 알다시피 우리는 농서가 없소. 중국의 것을 가져다 보는 처지요. 우리 풍토가 중국과 다르고 절기에도 차이가 있는데 중국의 방식을 그대로 따르는 것은 문제가 아니겠소?"

"예. 전하! 그렇사옵니다. 옳은 판단이시옵니다."

"각 도의 감사들이 농토의 특성과 농법에 대한 자료를 조사해서 보고한 것이오. 이 자료들을 토대로 우리 환경에 맞는 농서를 편찬하고 싶은데 두 사람이 그 일을 맡아주었으면 하오. 할 수 있겠소?"

"예. 성심을 다해보겠사옵니다."

정초와 변효문에게 세종은 우리 토질에 맞는 농법을 개발하도록 지시했다. 정초가 보고 있던 군사 업무와는 거리기 먼 것이다. 그러나 정초는 세종이 왜 그런 과제를 자신에게 주는지 이유를 알고 있었다. 정초와 변효문은 그 자료를 토대로 뛰어난 결과를 보고했다. 그것이 바로 우리나라 최초의 농법서인 『농사직설』이다.

『농사직설』은 우리 풍토에 맞는 농서로서 조선 5백년 농업의 근간이 된 지침서였다. 식량난 해결을 위해 곡식 작물 재배에 중점을 둔 이 책은 이후로 조선에서 발간된 모든 농서의 기초로 활용되었다. 이 책으로 인해 중국식 농법에서 탈피하고 비로소 우리 방식의 농업시대가 개막된 것이다.

농사직설은 모두 10개 항목으로 나뉘어 편집되었다. 종자의 선택과 저장, 논밭 갈이, 옷감의 주요 재료인 삼의 파종과 재배를 다루고 있다. 벼, 식용 피, 콩류, 보리와 밀, 참깨, 메밀의 재배에 관한 방법이 날씨나 수리, 토양과 지세 등에 맞게 세세하게 기록된 책이다.

세종은 만족스러웠고 기뻤다. 주자소에 인쇄를 명했다. 책이 나오자 세종은 각 도의 감사와 중앙 각 기관의 2품 이상 전직과 현직 신하에게 배포했다. 전직 신하에게는 검토해서 보완할 내용을 찾아보라는 의미였다. 각 도의 감사들에게는 농민들이 이 책을 토대로 농사를 짓도록 권장할 것을 지시했다. 세종 12년 2월 4일의 일이다.

세종은 인쇄되어 나오는 대로 지방의 군수와 현감에게도 책을 보냈다. 농업에 활용할 것을 권장하고, 농사를 짓는 농민들에 대한 교육도 당부했다. 세종 19년 2월 15일 함길도와 평안도 감사에게 하달한 전지에 의하면 세종이 얼마나 자상하게 지침을 주었는지를 엿볼 수 있다.

"지난번에 『농사직설』을 찬집하여 각 도에 보냈다. 다정하고 친절하게 가르치고 일러서 농민들 가운데 고루 알지 못하는 사람이 없게 하라. 관가에서도 농서의 지침을 토대로 농사를 지어 백성들이 본을 받게 하라. 대개 예전 관습을 편안히 여기고 새 방법을 좋아하지 않는 것이 인정이기 때문에 비록 열심히 가르치고 일러도 잘 받아들이려고 하지 않을 수 있을 것이다. 만일 따르려고 하지 않거든 억지로 시키지 말고 의당 점차로 선의를 가지고 잘 이끌도록 하라. 그렇게 하여 농서를 보고 또 다른 도에서 행하는 방법도 참고하여 경작하게 하라. 관아에서는 지시한 바에 의해 농사를 짓고 가을에 수확한 수량을 자세히 보고하도록 하라."

세종의 전지에는 부드러움이 듬뿍 담겨있다. 백성에 대한 깊은 배려가 깔렸음을 알 수 있다. 새로운 농사법을 농민들에게 억지로 교육하고 강제로 밀어붙이지 못하도록 했다. 다정하고 친절하게 가르치라고 했다. 그리고 점진적으로 선의를 가지고 이끌어야 함을 강조했다. 전제 군주의 모습이라고 보기 어렵다. 여기에서도 세종의 애민의 깊이가 어느 정도인지를 가늠할 수 있다.

『농사직설』에 의한 우리식 농사는 큰 성과를 거두었다. 종자의 선택과 저장법, 그리고 논과 밭갈이를 어떻게 하는 지도 이전과 달랐다. 논과 밭 작물을 파종하는 시기와 방법도 토질에 따라 다른 방법으로 했기 때문에 작물의 성장과 결실이 달라질 수밖에 없었다. 새로운 농법의 소개로 농사짓는 방법이 달라지고 자연 농작물의 수확도 달라졌다. 그로 인해 농민 살림이나 나라 곳간이 더 풍족해졌다.

백성의 목숨이
곧 임금 목숨

　하늘은 때로 어리석은 자에게는 관대하고, 지혜롭고 어진 자에게는 시련과 고통을 주어 시험하기도 한다. 세종의 경우가 그랬다. 하늘이 내린 시련은 컸고, 끊이지 않았다. 즉위하자마자 가뭄이 괴롭히고, 설상가상으로 역병까지 돌았다. 세종의 근심과 걱정이 클 수밖에 없었다.

　흉년이 들어 배고픈 것도 큰일이었지만, 더 심각한 일은 몸이 병들고 아파도 치료를 받지 못하고 그저 참고 견디는 수밖에 없는 일이었다. 작은 병도 치료를 제때 받지 못하면 병이 커지고 그로 인해 죽는 경우가 흔했다. 사실 흉년의 기아보다 더 무서운 것이 질병이나 역병이었다.

　흉년의 굶주림으로 죽은 자의 숫자는 별로 많지 않았다. 세종의 강경한 지침에 따른 일선 수령 방백들의 적극적 구휼과 이에 대한 경차관들의 철서한 삼독, 그리고 기아로 죽은 백성이 나오면 그에 대한 엄한 문책이 따랐기 때문이다.

　그러나 질병에 걸리는 것은 어찌할 수가 없었다. 당시 의료 수준이 낮고 의료체계 또한 허술했기 때문이다. 치료받을 수 있는 의원도 많지 않았고 치료할 만한 의술도 한계가 있었다. 거기다 백성들은 필요한 약재조차 구하기가 쉽지 않았다. 역병이 돌면 수많은 백성이 치료도 받지 못한 가운데 죽어가야 했다.

세종 1년 5월에 각 도의 관찰사에게 내린 지시다.

"각 도 수령들이 구료에 진력하지 않으면, 백성이 빨리 죽게 될 것이니, 내가 심히 걱정이 크다. 향소산, 십신탕, 승마갈근탕, 소시호탕 등의 약재를 각 도의 감사에게 내리니 의서에 나와 있는 처방에 의하여 구료에 전념하라."

약효가 있을 만한 약재는 모두 챙겨 보냈다. 부족한 약재를 마련하기 위해 산으로 사람을 보내기도 했다. 옆에서 지켜보는 신하들이 세종의 건강을 걱정할 정도로 안타까워했다. 세종의 고심이 커지면서 채근도 심했다. 세종은 날마다 사안을 챙겼다. 지성이면 감천이라고 다행히 날이 따뜻해지기 전에 전염병이 사라졌다.

질병과 역병에 대한 근본적인 대책이 필요했지만, 어찌할 수 없는 환경이었다. 역병을 막는다는 것은 당시의 여건으로 볼 때, 사실상 불가능한 일이었다. 흔히 있는 질환에 대한 대책도 너무 허술했다. 전해오는 약탕이나 침술에 의존하는 것이 고작이었다. 의원의 질을 높이기 위한 대책도 없었다.

조정에서 의원을 체계적으로 양성하지도 않았을 뿐만 아니라, 의원에 대해 제대로 된 대접도 하지 않았다. 그러니 목구멍에 풀칠이라도 하기 위한 수단으로 귀동냥 눈동냥으로 의술을 배운 뜨내기나 돌팔이들이 의원 행세를 하고 있었다.

왕이나 왕비도 젊은 나이에 요절하기도 하고, 왕자를 비롯한 왕족들도 유년기나 청년기를 채 넘기지 못하고 죽는 경우가 수두룩했다. '인명은 재천'이라는 사고에 묶여서였을까. 생명을 다루는 의원과 의술에 대해 왕이나 대신들이 천대하고 무관심한 사실은 정말 믿기 어려운 일이다.

세종은 의술에 대해서도 관심이 많은 군주였다. 의학 서적을 직접 읽기도 했다. 매우 사랑했던 동생 성녕대군이 병으로 누워있을 때였다. 그러니까 태종 18년 때의 일이다. 성녕은 태종과 원경왕후의 사랑과 귀염을 독차지하면서 컸지만, 병에 걸려 14세에 죽고 말았다.

성녕을 죽음에 이르게 한 병명은 창진이다. 피부병의 일종으로 종기가 몸에 번져 살 속으로 파고드는 병이다. 태종이 의원들을 동원해서 온갖 처방을 다 했지만, 효험이 없었다. 이때 왕자로 있던 세종이 친히 방서, 즉 의서를 구해 읽으면서 동생 성녕을 살폈다는 기록이 실록에 나온다. 사랑한 동생의 죽음이 세종에게 의술에 관심을 갖게 했다.

세종이 의술에 관심을 가지게 된 또 다른 사안이 있다. 세종 4년 1월 한양 도성이 완공되었을 때의 일이다. 공사에 동원된 군사와 인부들 가운데 부상을 입은 자들이 많았고, 질환에 시달리는 자들도 많았다. 세종은 한양의 4곳에 구료소를 설치하고, 의원 60명과 승려 3백 명을 동원하여 병들거나 다친 사람들을 치료하게 했다.

전국 각지에서 차출되었던 군사들은 집으로 돌아가야 했다. 중노동에 시달렸던 사람들이라 체력이 떨어지고 이런저런 질환에 시달렸다. 돌아가는 도중에 죽는 사람들도 있었다. 이런 보고를 받은 세종의 지시다.

"도성의 공사에 나왔던 군인들이 집으로 돌아가는 길에 병을 얻었으나, 구료하는 사람이 없어서 목숨을 잃은 자들이 있다고 하니 이는 진실로 민망한 일이다. 그 지역의 수령과 역승(주요 도로에서 통행과 역마를 관리하는 관료, 찰방이라고도 함)이 친히 나와서 살피고 약물과 죽이나 밥으로 간곡히 구료하라!"

아버지 태종이 일으킨 공사로 많은 군인과 양민이 노역으로 고통을 당했다. 세종은 그들을 불쌍히 여겼다. 건강하게 집이나 임지로 돌아가길 바랐지만, 부상과 질환으로 고통을 당한 사람들이 많았다. 세종은 그들이 무사히 임지나 집으로 돌아갈 때까지 관심을 잊지 않았다.

세종은 신임하는 신하가 병으로 시달린다는 소식을 들으면 바로 의원과 약재를 보냈다. 인재를 아끼는 마음이 누구보다 깊었기 때문에 병에서 회복되기를 바라지만 않았다. 감사, 목사, 부사, 군수 등 지방관으로 나간 신하들이 병환으로 시달린다는 소식을 들으면 가깝고 멀고를 가리지 않았다.

세종 3년 9월 옥천부원군 유창이 충청도 직산에서 병을 얻었다. 유창은 태종 때 예문관 대제학을 지냈고 세자 양녕의 교육도 담당했던 뛰어난 학자였다. 세종 4년 4월 전주부 부윤 권담이 역시 병중이었다. 권담은 공주 목사와 황해도 관찰사를 지낸 뒤 전주 부윤으로 있었다. 지방관으로 세종의 신임이 두터웠다. 두 사람에게 세종은 병중이라는 소식을 듣자 바로 의원과 약재를 보내 그들을 치료하게 했다. 이는 단지 두 사례에 불과하다.

세종은 북방의 야인이나 남쪽의 왜구와 전투를 하면서 부상을 입은 군졸들의 치료를 위해서도 의원과 약재를 보내곤 했다. 의원과 약재를 보낸 빈도에서도 세종의 경우는 다른 왕들과 현저히 달랐다. 병이 들면 의원과 약재를 보내고, 죽으면 부의를 반드시 챙기는 군주였다.

의료 체계를 세우다

조선 초까지 의원 교육이나 의서 연구 등은 관심의 대상이 되지 않았다. 의원이 되기 위해서는 의원 밑에 들어가 허드렛일부터 배우면서 보고 들으며 경험을 쌓아야 했다. 체계적인 교육은 생각조차 할 수 없었다. 일부를 제외하고는 의원들조차 의서를 공부하지 않았다.

조선 초의 의학 교육과 의원 양성은 세종 때에 이르러 체계를 갖추게 된다. 그 까닭은 세종이 질환으로 시달리는 백성의 구료와 의술에 대한 관심이 컸기 때문이다. 그리고 앞에서 얘기한 대로 의원들을 활발하게 활용하면서 체계적 의원 양성의 필요를 느꼈기 때문이다.

세종 시절, 의료기관은 크게 내약방과 전의감, 혜민원과 제생원이 있었다. 내약방은 왕실의 질병 치료를 전담하는 기관이었다. 별 체계도 없이 내약방으로 유지되다가 세종 25년에 내의원으로 명칭을 바꾸고 체계를 새롭게 정비했다.

내의원으로 관제를 새롭게 하기 전에는 고려 시절과 마찬가지로 형식적 도제나 제조가 있었지만, 종6품직이 사실상 내약방의 수장이었다. 그러다가 세종 19년에 의원들도 정3품까지 승진할 수 있는 길이 열리고,

25년에 내약방이 내의원으로 재편되면서 의원들이 실력에 따라 승진할 수 있는 길이 체계화되었다.

전 현직 대소 신료들에 대한 의료 지원은 전의감이 맡고 있었다. 고려 말의 전의시를 명칭만 바꾼 것이다. 의원을 뽑거나 의학 교육을 담당하는 기관이기도 했지만, 조정의 관심을 얻지 못했다. 이해할 수 없는 일이다. 자신들의 생명과 건강을 살피는 기관에 대해 관심을 주지 않았다는 사실을 어떻게 이해해야 할 것인가.

일반 평민들의 의료 구제에는 혜민국과 제생원이 있었다. 혜민국은 세조 때 혜민서로 명칭을 바꾸게 된다. 제생원은 태조 6년인 1397년에 설치되어 평민, 걸식자, 고아들의 치료를 맡았다. 각 도에서 올라오는 약재를 받아 치료에 사용했다.

이외에도 고려 시대의 제도를 그대로 답습한 동서대비원이 있었다. 도성의 동쪽과 서쪽에 설치한 빈민구제 기관이다. 의료를 제공하기는 하였지만, 음식과 옷, 약을 빈민들에게 제공하는 것을 주요 기능으로 했다. 태종때 동서활인원으로 개칭되었다가, 세조 때 다시 동서활인서로 바뀐다.

내약방과 전의감, 혜민국과 제생원, 동서활인원 모두 한양에 있는 의료 기관이었다. 따라서 지역에 있는 백성들은 그 혜택을 볼 수 없었다.

이외에노 한증 요법을 위해 한증소가 운영되었다. 요즘으로 하면, 땀을 내게 하는 사우나 치료법이다. 조선 초에 사우나 시설인 한증소가 있었다는 것은 당시 한증 요법이 치료의 주요한 수단이었음을 알 수 있다.

세종 4년 10월 2일의 기록이다. 예조에서 세종에게 보고한 내용이다.

"동과 서 활인원과 서울 도성 내의 한증소에서 승인(한증소에서 일하는 승려)이 병의 증상을 따지지 않고 모두 땀을 내게 하여 왕왕 사람을 죽이는 일이 있습니다. 이제 전의감, 혜민국, 제생원에서 의원 한 사람씩을 차출하여 병의 증세를 진찰하고 땀을 내야 할 환자에게 땀을 내게 하되, 상세히 살피지 않고 땀을 내게 하여 사람을 상할 경우에는 의원과 승인을 모두 벌하게 하소서"

세종은 예조의 건의대로 시행하도록 지시했다. 당시 승려들은 구휼과 구료 등의 일에 동원되는 일이 많았다. 고려의 숭불정책의 영향으로 조선 초에는 매우 많은 승려가 있었다.

세종 3년 4월에 처음으로 의원들을 뽑았다. 구술시험에 의한 선발이었다. 그 가운데 성적이 우수한 자들에게 궁중에서 의서를 공부하게 했다. 비록 소수였지만 의원들이 궁중에서 의서에 전념토록 한 것은 의학 교육이나 연구에 상당한 의미를 지녔다고 볼 수 있다. 이후, 점차 의원 양성과 의서 학습에 관한 관심이 커지고 제도화의 길을 걷게 된다.

세종 7년 5월에는 의원 교육과 시험제를 정식으로 도입하고, 전의감과 혜민국, 그리고 제생원 내부에 의생방(의원을 희망하는 사람에게 의서를 읽게 하고, 약 짓는 일을 공부하게 한 요즘의 의과대학)을 설치했다. 그리고 일정한 수준에 이르렀을 때, 의원을 뽑는 시험에 응시케 하였다. 의생방은 의원 육성에 관한 제도 개선뿐만 아니라, 의원 수를 늘리는 데도 기여하게 된다.

세종 9년 11월에는 지방의 의원을 체계적으로 육성하기 위한 시책이 조선 최초로 시도된다. 매우 획기적인 조치였다. 왜냐하면, 지방에서 의원 양성은 사실상 없었기 때문이다. 의원들은 의서를 공부한 사람들이 아니었다. 의원이 될 수 있는 교육도 없었고, 자격을 인정하는 시험도 없었다. 그저 동네 의원 밑에서 심부름하며 배운 것으로 의원 행세를 했다.

매년 연말에 각 도의 감사가 우수한 의원 생도 2~3인을 뽑아 전의감과 혜민국에 보내도록 했다. 교육 기간에 다른 일은 일절 시키지 않고 오직 의학 공부와 실습에만 전념하게 했다. 그리고 의술이 일정 수준에 이르면 출신 도로 그들을 보내 의원으로 활동하게 했다.

세종 11년 11월에는 육조에도 전담 의원제가 생겼다. 당시까지 의정부에만 전담 의원 1인을 배치하여 대신들의 건강과 질환을 살피도록 했는데, 육조에도 전담 의원 1인을 두어 판서 이하 신료들을 보살피도록 했다. 그리고 군사들의 무예 연습이나 동원훈련 때도 의원을 배치하여 부상자들을 치료하게 했다. 점차 의원들의 수도 늘고 그에 따라 의원들의 활용 영역이 확장되기 시작했다.

세종 12년 12월 15일 기록에 의하면 의원선발 시험에서 산과, 즉 산부인과 과목도 세종의 지시로 추가되었다.

"이제부터 의원의 사맹삭(일년 중 음력으로 4계절의 첫 달) 취재(선발시험) 때와 의녀들의 매월 고강(경서나 의서를 외우는 시험)에 아울러 산서도 시험과목에 넣게 하라."

세종 16년 5월에는 지방의 의료 수준 향상을 위해 전의감과 혜민국, 그리고 제생원에서 실력이 인정된 의원 각 3인을 차출했다. 그들을 각 도에 1인씩 파견하여 오직 제약과 치료에만 전념하게 했다. 해안의 섬에도 의원을 보냈다는 기록이 있지만, 몇 명을 보냈는지는 기록에 나오지 않는다.

세종 19년 5월부터는 의관들을 대상으로 평가제를 도입하고 임기제가 폐지된다. 그리고 종6품직이 최고직이었던 의관들도 열심히 해서 능력을 인정받는 자는 정3품직까지 승진할 수 있도록 했다. 매우 파격적인 인센티브였다.

당시 의관의 임용은 의서를 토대로 한 구술시험으로 뽑았다. 일정 수가 구술시험에 합격하여 의관으로 임용되면 각 기관에 배치되었다. 열심히 하든 게으름을 피우든 큰 실책이 없는 한, 그에 따른 상벌이 없었다. 배치받은 기관의 근무 임기 3년도 별 의미가 없는 것은 마찬가지였다. 의관들이 열심히 최선을 다할 수 있는 시스템이 아니었다.

세종은 의원들의 분발을 위해서 선발시험에서 합격과 불합격 제도를 없애고 점수제를 도입했다. 그리고 환자에 대한 치료 성적과 출석 점수, 성실도에 대한 평정을 반영토록 했다. 매년 두 번의 평가를 거쳐 평가점수가 낮은 자는 파면시키고, 파면을 당한 자는 다시 의관 시험에 응시할 수 없도록 했다.

선발과 관리가 매우 엄격해진 것이다. 그러나 열심히 성실을 다해 좋은 평가를 받고, 실력을 인정받으면 정3품직까지 나갈 수 있는 길이 열렸기 때문에 의원들의 노력이 눈에 띄게 달라졌다. 중인 출신의 의관에게 정3품에 오른다는 것은 양반으로 신분이 전환되는 환상의 인센티브였다.

세종 22년 7월에는 선발시험의 성적 관리가 더 엄격해졌다. 성적에 의해 합격 기준이 정해지면서 선발 인원을 채우기 위해 차점자가 합격하는 것도 폐지되었다. 선발시험에서 1등을 한 사람은 특별한 자리에 임명하여 의생이나 의원직을 준비하는 사람들이 더 분발할 수 있도록 했다. 문신과 의약에 정통한 의원들을 교수관으로 배치하고 전의감과 혜민국, 제생원의 의생 및 의원들에 대한 교육을 더 체계화하고 철저히 감독하도록 했다.

세종 25년 6월에는 내약방을 내의원으로 개칭하고 조직을 확대 개편했다. 즉 내의원에 의원 16인을 두되, 수장인 3품직은 제거, 6품 이상은 별좌, 그리고 7품 이하는 조교로 의관 명칭을 변경했다. 직명을 바꾸고 임무와 서열을 분명히 하여 의관의 사기진작을 의도한 것이었다.

부녀자를 위한
의녀 제도의 정착

　남녀가 유별하고 7세가 되면 자리를 같이하지 않아야 한다는 것이 『예기』의 가르침이다. 그런 까닭으로 여성들의 질병 치료를 위해 여자 의원들이 필요하게 되었다. 여자 의원들을 의녀라고 불렀다. 남자 의원들은 보통 중인계급에서 나왔지만, 여자 의녀들은 그보다 더 낮은 천민에서 출발했다.

　태종 6년 3월 17일 검교 한성부윤으로 제생원을 총괄하고 있던 허도가 태종에게 건의했다. 직책 앞에 붙는 '검교'는 실무를 담당하지 않는 예우직 벼슬로 주로 원로들에게 주어진다.

　"부인이 병이 있는데도 남자 의원의 진맥이나 치료를 부끄러워하여 그 병을 보이지 않아 사망에 이르는 경우도 적지 않습니다. 이제부터 창고나 궁사의 동녀 가운데 10여 명을 골라서, 맥경과 침구하는 법을 가르쳐 장차 이들로 하여금 부녀자를 치료하게 하면 좋을 것입니다."

　허도의 이 제안이 바로 조선에서 의녀제 시작의 계기가 되었다. 창고나 궐내의 기관에서 일하는 어린 여자아이를 골라 진맥과 침술을 가르치자는 것이다. 이때 몇 명을 선발해서 어떻게 교육했는지는 기록이 없다. 그러나 다음 기록을 보면, 의녀 교육이 쉽지 않았음을 알 수 있다.

태종 18년 6월 21일의 기록을 보면, 당시 의녀가 7명 있었는데 그 가운데 쓸만한 실력을 갖춘 의녀는 5명으로 매우 부족하다는 제생원의 탄원이 있었다. 이를 토대로 의녀 증원을 위해 정부 주요 기관의 비자, 즉 계집종 가운데 13세 이하인 자로 10명을 뽑았다. 질병 치료라는 중차대한 문제를 두고 이렇게 천민 출신으로 한정된 수를 뽑은 이유가 무엇이었는지는 알 수 없다.

세종 때에 비로소 의녀에 관한 기록이 자주 나오면서 어떻게 의녀제가 제도적으로 정착되었는지를 알게 해준다.

세종 4년 11월 14일 세종의 지시다.

"제생원의 의녀와 훈도관의 근무 태도, 그리고 의녀의 학습한 바가 능하고 못함을 예조와 승정원에서 상시 감독하도록 하라!"

세종 5년 3월 17일에 의녀에 관한 지시를 다시 내린다.

"제생원의 의녀 중에서 나이가 젊고 총명한 서너 명을 뽑아서 교육을 더 시키고 문리(경서와 의서를 통한 이론)를 통하게 하라. 그리고 의영고(궁중의 식자재 등을 관리하는 기관) 부사 박연으로 훈도관을 삼아 전적으로 교육을 맡게 하라."

의녀들의 전문성 제고를 위해 의서 교육을 강화한 조치였다. 여기에 등장하는 의영고 부사 박연은 나중에 조선 음악의 대가로 이름을 날린다. 음악에 천부적 재능을 지닌 박연의 보직으로는 매우 잘못된 일이었다.

세종 5년 11월 28일, 맨 처음으로 의녀를 두어야 함을 태종에게 제안했던 허도가 다시 의녀제의 지방 확대를 세종에게 건의했다. 이때 허도는 의정부 참찬직을 맡고 있었다. 세종은 허도의 건의를 받아 충청, 경상, 전라도의 계수관(도내에서 행정의 중심이 되는 지역)에서 10세 이상 15세 이하의 관비 중 영리한 자로 2명씩을 선발하여 제생원으로 보내게 했다.

지역에서 의녀 후보로 선발하면, 한자를 먼저를 가르치도록 했다. 천한 노비들이라 한자를 아는 사람이 없었기 때문이다. 한자를 읽고 그 뜻을 알아야 의학 교육을 받을 수 있었기 때문이었다. 공통으로 천자문과 『효경』, 『정속편』을 가르치게 했다.

'정속편'은 원나라 일암왕이라는 사람이 효도와 우애, 교육, 인간관계 등 가정과 사회에서 지켜야 할 건전한 풍습 등을 다룬 책이다. 이런 교육을 마치고 나면, 의녀 후보들은 제생원으로 보내졌다.

제생원에서는 그녀들을 대상으로 침술과 약을 처방하는 약제술을 가르쳐 의녀를 만들었다. 그리고 환자를 볼 수 있는 수준에 올라오면 다시 출신 지방으로 보내 부녀자들의 질환을 치료하게 했다. 그녀들에게는 봉록, 즉 급여로 관청에 소속된 기녀들의 급여만큼 주도록 했다.

앞에서도 설명한 대로, 세종 12년에는 의녀들에게 산서, 즉 산부인과 관련 교육이 중시되었다. 의녀들의 수도 늘고 의술에도 많은 진전이 있었다. 그녀들은 제생원 등의 의료원에서 격무에 시달렸다. 그러면서도 그들의 신분이나 처우는 개선되지 않았다.

의료의 중요성을 충분히 인식했던 세종이나 당시의 신료들이 의술을 정식 학문으로 인정하지 않은 이유를 이해하기 어렵다. 사람을 살리는 의술을 단순히 기술로 치부하고, 의원이나 의녀들을 신분이 미천한 사람들 가운데서 뽑아 쓴 것도 이해하기 어려운 일이다.

그래도 세종 시절에 의원들의 증원과 선발, 인사 및 평가, 의술 증진 및 승진 기회의 부여, 의학 교육의 체계화, 지방 의원 육성 및 배치 등에 있어서 많은 진전이 이루어진 것은 무척 다행한 일이었다. 이는 배고픈 백성에 대한 구휼과 마찬가지로 질환으로 시달리는 백성에 대한 구료가 없어서는 안 된다는 세종의 애민에 토대를 둔 제도 개선이었다.

천민도 사람이다

신세를 한탄하는 것마저 잊고 살아야 하는 사람들, 내일에 대한 어떤 희망과 기대도 없는 사람들, 매일 매일 살아있다는 것을 확인하며 살아가야 하는 사람들, 눈물도 메마른 사람들… 바로 노비라는 천민이다. 조선 시대에 이들은 천인, 천구, 천례 등으로 불렸다.

기원전부터 동서양에 신분 제도가 있었고, 노예제가 있었다. 고대 그리스와 이집트 등 동서양의 모든 지역에서 노예가 존재했다. 우리의 고조선에서도 팔조법에 '도적질한 자는 종으로 삼는다'는 조항이 있다. 종의 존재, 즉 노예가 있었다는 얘기다.

조선 시대의 신분은 양반, 중인, 양인 혹은 상인, 천인으로 구성되었다. 천인은 팔천 혹은 팔반사천이라고 하여 노비, 승려, 기생, 무당, 광대, 상여군과 뱃사공, 기능공, 백정과 갖바치(동물의 가죽으로 신발이나 기타 용품을 만드는 사람)를 천민으로 구분하였다. 기생은 관기, 천기, 창기처럼 천대와 멸시를 받기도 했으나, 기예와 시문 등 실력에 따라 중인 이상의 사회적 신분을 누린 기생들도 많았다.

노비는 관노 혹은 공노라 불린 정부 관공서에 소속된 노비와 양반 개인에 속한 사노가 있었다. 신분은 세습되었기 때문에 노비 또한 그 신분이 세습되었다. 부모 가운데 한 사람이 노비면 그 자식들 또한 노비였다. 양반 소유의 사노인 경우는 마치 재산처럼 상속과 매매의 대상이었다.

노비는 권리나 의무가 없는 신분이었다. 세금도 내지 않고 군대에 가는 군역의 대상도 아니었다. 그리고 지역 관아에서 부과하는 노역의 대상도 아니었다. 그저 주인이 시키는 일만 하는 것이 의무였다. 이들은 1894년 갑오개혁으로 신분제가 폐지될 때까지, 주인이 시키는 일을 하고, 주는 대로 먹어야 했고, 때린 대로 맞아야 했다.

그들의 비애와 신분제의 모순을 이해하고 있었던 천고일제의 현군, 세종도 이들의 신분은 어찌할 수가 없었다. 엄격하게 신분제가 유지되는 현실에서 그들의 신분에 따른 족쇄는 풀어줄 수가 없었기 때문이었다. 그럴지라도 법의 테두리 내에서라도 그들을 보호해야 한다는 신념을 세종은 지니고 있었다.

세종 1년 6월은 조정이 한 달 내내 시끄러웠다. 노비와 관련된 사건 때문이었다. 형조와 사헌부가 서로 대립했다. 급기야는 대사헌과 형조판서가 의금부에 구금되는 상황이 되었다. 요즘으로 치면 감사원장과 검찰총장이 구속된 셈이니 실로 엄청난 사건이었다.

그러나 어찌 보면 사안은 매우 경미한 것이라고도 할 수 있었다. 이귀선이라는 사람의 집에서 일어난 일이다. 그의 집에 내은이라는 여종이 있었는데 그녀의 딸, 보전이 말을 잘 듣지 않고 일하는 것도 게을렀다. 몇 번 이르고 매질도 했지만, 일하러 나오지 않는 날도 많았다. 당시 종의 자식들은 모두 종이었다. 괘씸하게 여긴 이귀선의 처, 유씨가 형조 관아에 보전이 물건을 훔쳐 도망을 쳤다고 고소를 했다. 무고를 한 것이다. 당시 노비가 주인집 물건을 훔쳐 도망을 친 것은 매우 중죄였다. 보전이 잡혀 와서 문초를 당하던 중 이실직고를 하지 않는다는 이유로 곤장을 맞았다.

이에 그 어머니인 내은이가 사헌부 관아에 소원을 냈다. 딸이 억울하게 매를 맞고 고초를 당하고 있음을 호소한 것이다. 사헌부는 처음에 이 소원이 타당하지 않다고 접수조차 하지 않았다. 양반집 종의 자식 문제이니 크게 관심을 가질 리가 없었다.

그러자 내은이가 억울함에 신문고를 쳤다. 신문고를 친 것은 왕에게 억울한 사연이 있다는 사실을 알리는 일이다. 이에 놀란 사헌부가 부랴부랴 조사에 착수했고, 사건 책임자인 형조좌랑 정승서를 문책했다. 고소한 자의 얘기만 듣고 곤장을 쳐서 보전을 심문했기 때문이다.

이로 인해 형조판서 김점과 대사헌 신상이 부딪혔다. 김점은 사건 조사 중에 사헌부가 개입했다고 하고, 사헌부는 관리와 관아를 규찰하는 것이 자신들의 고유 임무라고 주장했다.

형조와 사헌부가 사건을 두고 심하게 대립한다는 얘기를 들은 세종이 승정원에 명해 공초를 가져오라고 하여 친히 읽었다. 그리고 의금부로 하여금 사건의 내용을 정확히 파악해서 보고하도록 명했다. 그 결과 여종 내은이와 그 딸 보전의 잘못이 없고 억울함이 밝혀졌다. 세종은 진상을 제대로 파악도 하기 전에 곤장을 치게 한 형조좌랑 정승서, 그 감독을 소홀히 한 형조판서 김점, 처음 소원을 제출했을 때 무관심한 사헌부 대사헌 신상과 지평 이인경의 책임을 물어 하옥했다.

요즘 상식으로 상상하기 어려운 일이다. 신분 차별이 있던 당시와 주권 재민의 시대인 지금의 인권 보호를 비교해 보면 어떤가. 무리한 수사로 인권을 침해한 검찰이나 경찰의 사례가 적지 않다. 사법부의 오판도 쉽게 찾을 수 있다. 대부분 그냥 넘어가거나, 당사자들의 문책에 그치고 수장들은 처벌과 관련이 없다.

세종이 판서와 대사헌을 구금한 일차적 의미는 해당 기관의 잘못을 문책한 것이다. 그러나 더 나아가서는 중앙과 지방의 모든 관료에게 인권 보호에 관한 경종을 울리고자 함이었다. 특히, 양민과 천민의 억울함이나 인권 보호에 소홀함이 있어서는 안 된다는 지엄한 경고를 담고 있었다. 세종은 천한 자를 귀한 자로 여겼다.

세종 4년 10월에 의천에서 있었던 일이다.

본궁의 내시로 있는 원장이란 사람이 고을 아전과 말다툼이 있었다. 궁궐에서 일하는 내시라 시골 아전이 함부로 다룰 처지가 아니었다. 그런데도 아전이 똑똑했는지 내시를 크게 나무랐다. 이를 구경삼아 보고 있던 임성부란 사람이 당하고 있던 원장에게 '힘 있다는 너도 별 볼 일 없구나'라고 비웃었다.

아전한테 당한 것만으로도 화가 난 상태였는데 옆에서 보고 있던 사람한테 비아냥까지 당했으니 원장은 심히 자존심이 상했다. 이에 분개한 원장이 의천 치안을 담당하고 있던 지군사 이진을 찾아갔다. 이진에게 '태상왕이 돌아가시고, 나라의 근본이 흔들리고 있으니 너도 별 볼 일 없구나'라고 말을 바꿔 고변했다. '나라의 근본이 흔들리고 있다'는 얘기는 당시 심각한 얘기였다. 왕이 잘못해서 나라가 중심을 잡지 못하고 흔들리고 있다는 불충한 의미로 해석될 소지가 있었기 때문이다. 자기를 비웃은 임성부를 불순한 사람으로 본 것이다.

이에 지군사 이진은 매우 불충한 말이라고 여겨 임성부를 잡아다가 엄하게 문초하고 하옥했다. 그리고 승정원에 그 내용을 보고했다. 불충이나 반역 사건은 승정원에 반드시 보고하는 것이 당시의 법이었다. 그러면 사소한 건은 승정원에서 처결하고, 중요하다고 판단되는 사안은 왕에게 보고를 했다. 승정원에서 별로 중하지 않다고 여겨 왕에게 보고하지 않았다. 그런데 세종이 우연히 그 공초를 읽게 되었다.

공초를 읽어 본 세종은 사헌부에 재조사를 지시했다. 수사가 고변만 믿고 너무 일방적이었기 때문이다. 사헌부에서는 현지에서 이미 처리되고 옥사가 이루어진 사안이라 임성부만 불러 간단하게 재조사했다. 임성부는 현지에서도 심문을 받으면서 매질을 당한 터라 지레 겁을 먹고 두려워서 거짓으로 자복했다. 그러자 사헌부는 그의 말을 듣고 그대로 사건을 마무리하였다.

세종이 이를 알고 의금부로 사건을 돌렸다.
"고발한 사람과 대질조차 시키지 않고 어찌 실상을 제대로 파악할 수 있겠는가?"
의금부에서 다시 조사하니 무고의 실상이 드러났다. 의금부는 임성부를 석방하고, 거짓 무고한 원장에게는 곤장 1백 대를 가했다. 죽을 수도 있는 매우 중형이었다.
의금부에서 이를 보고 받은 세종은 대사헌 성엄, 장령 신정리, 지평 신계삼과 송저, 판내섬사 박안신 등을 의금부에 하옥했다. 사건 조사 당시 사헌부 장령으로 있다가 강원도 경차관으로 나간 권맹손과 의천 지군사 이진을 체포 압송하고 문초하도록 지시했다.

사헌부의 조사 책임자와 조사 책임 선상에 있었던 사람들이 줄줄이 문책을 당했다. 왕이 재조사를 명한 사건을 소홀히 한 것이다.

세종이 이 사건에 끝까지 관심을 가진 이유를 다음과 같이 정리할 수 있다.

첫째는 사안을 살피는 세종의 관점이다. 당시의 상황에서 보면, 이 사건은 매우 하찮은 사안이다. 그러나 세종은 그렇게 보지 않았다. 억울한 백성이 있어서는 안 된다는 신념이 확고했다. 그래서 수많은 상소와 공초, 계고와 보고 등에서 힘없는 백성의 억울함이 개입될 수 있을 소지가 있는 사안은 가볍게 넘기지 않았다.

둘째는 처음 공초를 읽고 의문이 들어 사헌부에 지시했으면 그것으로 충분하다고 여겨 잊어버릴 수도 있다. 그러나 세종은 그렇지 않았다. 사헌부의 조사 결과까지 관심을 가졌다. 사헌부는 중대한 사안이 아니라는 안이한 판단에서 지군사 이진이 처리한 토대 위에서 사건을 마무리했다. 그러나 세종은 사헌부가 가장 중요하다고 여겨진 쌍방에 대한 조사도 불충분하고 대질신문도 이루어지지 않았다는 점을 간과하지 않았다. 의문이 남아 있는 문제를 그냥 넘기지 않는 것은 세종의 성격이었다.

셋째는 백성의 인권 보호에 신중하지 않고 안일하게 임한 신료들에 대한 문책이다. 모든 송사에서 공정성에 한 점 의혹이 있어서는 안 된다는 것을 신료들이 잊고 있었다. 사헌부의 수장인 대사헌이면 요즘의 감사원장의 직임이다. 그 사건의 조사와 관련하여 책임 선상에 있었던 종2품 대사헌을 포함, 종4품의 장령 두 사람, 종5품의 지평 두 사람, 종6품의 지군사 모두에게 책임을 물었다. 백성의 인권을 다루는 데 한 치의 소홀함이 있어서는 안 된다고 경각심을 높인 것이다.

세종 12년 12월 17일의 일이다.

함길도 영흥부 군기고에 불이 났다. 화재의 원인을 찾던 함길도 감사 민심언과 영흥부사 박관 등이 불만을 가진 관노들의 소행으로 의심했다. 의심이 갈만한 6명에게 심문을 하면서 압슬형 등 심한 고문을 가했다. 압슬형은 자갈이나 항아리 조각과 같은 거친 물체 위에 무릎을 꿇리고 그 무릎 위에 무거운 돌이나 쇠틀을 올려놓는 잔인한 고문 방법이다. 이 고문을 당하고 나면, 다시 걷지 못하거나 절름발이로 평생을 지내야 한다. 그래서 고문 가운데 가장 가혹한 고문으로 여겨진다. 고문의 잔혹성이 심해서 삼갔고, 영조 시대에 이르러 폐지되었다.

혹독한 고문을 견뎌낼 장사가 어디 있겠는가. 그들은 묻는 대로 허위 자백을 하지 않을 수 없었다. 고문으로 인해 관노인 내은련이 죽고 5명은 중상을 입었다. 감사 등은 혐의가 있는 관노들을 심문해서 자백을 받았다고 보고했다. 고문으로 관노들이 죽거나 중상을 입은 사실은 보고하지 않았다.

늦은 밤까지 여러 상소와 공초를 보다가 세종이 이들에 관한 공초를 보았다. 천민들이 관련되어 중형을 받은 사건이었기 때문에 관심을 끌었다. 그래서 공초를 유심히 살폈다. 호소할 데도 없는 관노들이 억울하고 불쌍하게 당했을 수 있다는 의심도 들었다. 꼼꼼히 살핀 세종은 공초에서 화재 현장 상황에 대한 관노들의 자백내용이 일치하지 않는 점을 주목했다.

다음 날 아침, 세종은 형조와 의금부를 시켜 다시 알아보도록 명했다. 형조정랑 신자근이 현지에 파견되었다. 조사 결과, 자백은 고문에 의한 허위였고 관노들이 죽거나 다친 사실이 숨겨져 있음을 보고했다. 이 사건을 명쾌하게 해결한 신자근은 이때 세종의 신임을 크게 얻었다.

신자근의 자초지종 보고를 받은 세종은 분노로 떨었다. 힘없는 자들에게 억울함이 없도록 하라고 몇 번이고 지시했는데도 그런 일이 일어난 것이다. 세종은 일벌백계의 조치를 내렸다.

함길도 감사 민심언을 위시해서 지문천군사 김보중에 이르기까지 7명이 파직되고 곤장을 맞거나 중노동에 처해졌다. 벼슬자리에서 하루아침에 불을 관리하는 관노인 정료간으로 신분이 바뀐 사람도 있었다. 엄벌이었다. 재조사를 지시한 세종의 관심은 실록에 기록된 대로 '힘없고 불쌍한 관노'들이었다. 애민이 무엇인가? 비록 천민일지라도 그 인권은 보호되어야 하고 억울함이 있어서는 안 된다는 세종의 신념을 다시 확인시켜주는 사건이었다.

양반과 중인, 양민과 천민이라는 신분 구분이 있었던 시대적 상황 때문에 인권이 신분에 의해 차별되는 시대였지만, 세종의 인권 의식은 매우 철저했다. 여러 신분적 제약이 존재했지만, 귀천과 관계없이 법이 정한 바는 보장되어야 하며 천민일수록 억울함이 없어야 한다는 신념이었다.

당대에 세종이 위대한 성군이라는 백성의 칭송을 받을 수 있었던 것도 그런 신념을 관철했기 때문이다. 무엇을 해야 할지도 몰랐고, 시대의 흐름도 읽지 못한 왕들이 대부분이었던 조선 왕조다. 그런데도 조선이 5백 년을 버틴 것은 세종이 쌓아놓은 굳건한 토대와 무관하지 않다.

세종의 엄명이다.

"힘없고 의지할 데 없는 백성이 억울함으로 고초를 당해서는 절대로 안 된다. 나라가 왜 있으며 왕이 왜 있어야 하는가. 백성들에 대한 내 충정을 모두 다 깊이 새길지어다!"

세종 27년 1월 18일에 각 도의 감사들에게 내린 지시다.

"어떤 감사와 수령은 나의 뜻을 제대로 받들지 못하고 옥사와 송사에서 죄 있는 자가 벗어나고 죄 없는 자가 옥에 갇히어서 원통하고 억울함이 있다고 하니 내 심히 걱정이 크다. 경은 그런 일이 없도록 각 고을 수령에게 깨우쳐 일러 공정한 마음으로 밝게 판단하여 내가 깊이 백성을 생각하는 뜻에 맞게 처리하도록 하라!"

노비의 출산휴가

세종은 재위 기간 중 백성들로부터 '해동의 요순'이라는 평가를 받았다. 배부르게 잘 먹었던 시절이 아니었다. 유독 가뭄과 장마로 흉년이 많았던 시절이었음에도 그런 평가를 받았던 건 사직과 왕의 존재는 백성을 위함이라는 세종의 '애민'이라는 투철한 신념 때문이었다.

세종은 백성들의 인권에 관한 여러 조치들을 취했다. 관노비나 사노비일지라도 질환에 시달리는 자들은 노역에 동원할 수 없도록 했다. 노비의 처우를 개선했고, 노비에게 가혹하게 상처를 입히거나 죽음에 이르게 한 자는 엄하게 처벌하도록 했다. 군졸들도 질환이 있는 경우 부역을 면하게 했고, 부역에 동원된 경우에도 질환이 발생하면 부역을 중단시키도록 했으며, 부역 기한도 엄수하도록 했다. 인신 보호였다.
임신한 노비가 죄를 지어 하옥되었을 때는 특별히 보살피도록 했고, 조사하면서 고신(고문)을 가하지 못하도록 했다. 그리고 처벌을 하더라도 산모와 태아를 보호할 수 있는 처벌을 내리도록 했다.

세종의 관노비들에 대한 출산휴가는 세계적으로도 유례를 찾아볼 수 없다. 가장 선구적이고 파격적인 조치였다. 관가의 노비가 출산했을 때, 1백일 간의 휴가를 주도록 했다. 산기가 임박해서는 1개월의 출산 전 휴가를 또 주었다. 산모뿐 아니라, 남편에게도 휴가를 주었다. 산모와 태아의 건강을 보호하기 위해서다. 출산휴가를 1백일로 한 것은 태어난 아이가 백일을 잘 넘길 수 있도록 보호하기 위한 세종의 특별 배려였다.

세종 12년 10월 9일, 세종은 이 출산휴가를 법제화하도록 명했다. 세종은 신분 질서를 무너뜨릴 수는 없었지만, 운명적으로 족쇄를 차고 난 그들을 가련하게 여겨 그들의 인권이 법의 테두리 내에서만이라도 보호되도록 최선을 다했다.

복지 선도국가라고 하는 스웨덴의 경우는 1972년 출산보육에 대한 휴가의무 허가제를 택했다. 그 뒤를 이은 독일의 경우도 1973년에 '부모 수당 및 육아휴직에 관한 법률'을 통과시켜 출산 전후에 휴가를 법적으로 보장했다. 세종은 그런 조치를 1430년에 취했다.

죄는 미워도
사람은 미워하지 말라

애민이 통치의 최우선이었던 세종은 노비나 천민은 물론 죄수들의 인권마저 살핀 왕이었다. 죄는 벌하되 죄수들도 백성이고 인간인 만큼 그들의 인권은 존중해 준 것이다.

그런 세종은 사면령도 많이 내렸다. 법질서를 흔들고 사법 체계에 혼란을 가져올 수 있다는 건의도 많았다. 그러나 세종은 죄수라 할지라도 인권은 보호받아야 한다는 신념이었다. 그래서 사면령에 인색하지 않았다.

세종 4년 11월은 월초부터 몹시 추웠다. 잠자리에 누운 세종은 걱정으로 잠을 이룰 수가 없었다.

"백성들이 이 추위를 어떻게 견디고 있을꼬! 외지의 병영에서 군사들은 또 이 추위를 어찌 견디고 있단 말인가!"

생각이 거기까지 미치자 세종은 자리에서 몸을 일으켰다. 옷을 대충 입고 침전을 나섰다. 입직 승지와 내관, 금군의 수직 군관과 군사들이 뒤를 따랐다. 추위에 금세 한기를 느꼈다. 매서운 추위였다. 따르는 사람들이 모두 침전으로 다시 들기를 주문했다. 조금 걷자 여기저기 번을 서고 있는 군졸들이 추위에 떨고 서 있음을 볼 수 있었다. 그들은 세종의 출현에 깜짝 놀랐다.

"전하!"

모두 허리를 굽혔다.

"날씨가 몹시 찬데 수고가 크구나. 너희들은 추위에 고생하고 있는데 나만 따뜻하게 잠자리에 누워있기가 미안해서 나왔느니라."

"전하! 어인 말씀이시옵니까? 저희는 괜찮사옵니다. 차가우니 어서 침전으로 드시옵소서."

"옷들이 두껍지가 않구나. 내관은 본궁으로 달려가서 술과 음식을 내오도록 해라."

"전하! 저희들은 입직 시위 중에 있사옵니다."

"지금 이 추위를 이기기 위해서는 술을 좀 하는 것도 좋을 것이다."

세종은 혹한일 때, 추위에 떨면서 시위하고 있는 군사들에게 술과 음식을 수시로 내렸다. 잠자리에 돌아온 세종은 한결 마음이 가벼웠다. 잠을 청했지만, 쉽게 잠은 오지 않았다. 이런저런 생각으로 뒤척이다가 추위에 떨고 있을 옥사의 죄수들에까지 생각이 미쳤다.

다음 날 아침, 세종은 조회에 나가 추위를 생각해서 변방의 군사들에게 양식을 더 보내도록 명했다. 그리고 옥사에 갇힌 죄수들에게도 중대한 조치를 취했다. 세종 4년 11월 7일과 26일의 지시다.

"날씨가 매우 추워지니 여러 법사에 갇힌 가벼운 죄수들을 훈방 조치하라. 사형수 외의 중한 죄수 또한 그 경중을 작량하여 보석하고, 추후 날씨가 풀리면 소환해서 심문하라!"

"중앙과 지방의 죄수 가운데 장기 하옥되어 굶주리고 추위를 면하지 못하여 혹은 죽기도 하니 가벼운 죄는 즉시 내보내고, 중한 죄인도 구휼을 베풀어 굶주리거나 얼지 않도록 하라!"

세종은 또 하옥된 가운데 병고에 시달리는 자는 죄의 경중을 따지지 말고, 모두 동서활인원으로 옮겨 치료를 소홀히 말도록 지시했다. 활인원은 빈민들의 구제와 치료를 맡은 기관이다. 1709년에는 혜민서에 흡수되고, 1743년에는 폐지된다.

민생과 인권에 관한 세종의 관심이 어떠했는지를 보여주는 기록들이다. 세종은 일관되게 감옥에 갇힌 죄수들에 대한 배려를 잊지 않았다. 당시의 감옥은 죄수가 도망가지 못하게 판자와 통나무로 엮어놓았을 뿐, 추위나 더위에 그대로 노출되는 형편없는 시설이었다. 바닥은 맨땅 위에 거적을 깔아놓은 정도였기에 추위 때는 바닥의 냉기가 올라와서 겨울에는 죄수가 얼어 죽는 경우도 많았다.

세종은 이런 문제에 수시로 지침을 내려 억울한 죽음이 없도록 철저한 관리를 주문하곤 했다. 특히, 의정부에 감독 책임을 게을리 말 것을 지시하곤 했다.

세종 20년 11월 28일 의정부에서 하옥된 죄수들에 내한 대책을 보고했다. 의정부의 보고는 지방의 감옥에서 죄수들이 종종 죽는 것은 감옥을 관장하는 관리들이 자신들의 승진이나 인사와 무관하기 때문에 크게 관심을 두지 않는 탓이라고 배경을 분석했다. 그리고 몇 가지 대책을 제시했다.

첫째, 죄수가 옥사하면 검사를 정밀하게 하여 고문하면서 법제를 제대로 지키지 않았다든지, 먹을 것과 추위 관리를 소홀히 했다거나, 의원의 치료를 충분히 받지 못하여 죽었다면, 그 수령은 즉시 파면에 처한다.

둘째, 일년에 2인 이상의 죄수가 수감 생활 중 죽는다면 관찰사가 사실관계를 정확히 조사하여 중앙에 보고하고, 관리 부실에 의한 사망일 경우 해당 수령을 파면한다.

셋째, 의금부의 감옥에서 죄수가 사망할 경우, 사헌부에서 조사하여 책임을 묻도록 한다.

의정부의 대책을 보고받은 세종은 그대로 시행할 것을 지시했다. 비록 죄수일지라도 인권은 존중되어야 한다는 세종의 신념이 크게 반영된 내용이었다. 세종 23년 6월 27일의 기록을 보면 세종의 죄수들에 대한 배려가 어떠했는지를 더 잘 알 수 있다. 각 도의 관찰사에게 내린 지시다.

"옥에 대한 관리가 소홀하여 갇힌 사람이 심한 추위와 더위, 장마에 자주 목숨을 잃는다. 그래서 지난 기미년에 감옥의 도면을 그림으로 그려서 각 도에 시행을 지시했는데, 이제 각 고을에서 그 도면대로 개선하였는지 여부를 조사하여 아뢰도록 하라!"

세종은 중한 범죄인 사형수들에 대한 인권에도 각별했다. 당시 사형은 태조 때부터 삼복계라는 제도를 두어 신중을 기하도록 했다. '삼복계'는 요즘의 삼심제와 비슷하다. 즉 상급 기관에 두 번 보고하고 승인을 얻어 사형을 확정하고 집행했다.

일선의 목사와 부사, 군수와 현감 등 수령들은 사형을 언도할 경우, 도 관찰사에게 보고하고, 도관찰사는 사형에 처함이 마땅하다고 판단될 때의정부에 보고하고 승인을 얻어 사형을 확정하고 집행했다.

세종은 4년 10월에 위의 삼복계를 보완하여 사형에 관계되는 죄인을 심문할 때, 고을 수령 한 사람에게 맡기지 않고 각 도의 감사가 추천한 인사가 심문에 참여하도록 했다. 한 사람에게 맡겨 죄를 정죄하는 일은 독선이나 독단이 개입할 여지가 있고, 고문에 의해 억울함이 있을 수 있다고 판단한 것이다.

복수 심문제를 명한 것은 각급 기관에서 세 차례의 심사를 한다고 해도 초기 조사에서 잘못된 판단이 개입하거나 조사가 잘못되어 억울함이 있을 수 있다고 보았기 때문이다. 조사과정에서 고신, 즉 고문이 흔히 사용되었기 때문에 실체적 진실이 왜곡되거나 묻혀버리는 경우가 많음을 세종은 잘 알고 있었다.

당시에는 노비나 천민의 목숨은 주인인 양반의 손에 달렸다고 해도 과언이 아니었다. 여차하면 심한 매질을 당했고, 관아에 고발되어 혼쭐이 나거나 때론 죽임도 당했다. 죄목도 불경죄니 기망죄니 주인이나 양반이 덮어씌우기에 따라 얼마든지 처벌이 가능했다. 그러한 사정을 불쌍히 여긴 세종의 관심은 그들의 인권에 대한 든든한 보호막이 되었다.

사형수라도 그 집행은 3년 후에 하라

숭불정책을 썼던 고려와 비교할 때, 조선의 지배 이념은 유학이었기 때문에 형률이 더 엄했다. 아무래도 불교가 유학보다는 더 관용적이고 따뜻함이 클 수밖에 없다. 유학에는 도덕과 윤리적 사고 기반이 가치 판단에 크게 자리하기 때문에 불교보다는 더 차가운 면이 있었다. 따라서 중형 혹은 사형이 폭넓게 인정될 수 있는 여지가 상대적으로 컸다.

세종은 하늘의 도움이 없이 가능한 일이 없고, 하늘의 도움을 받기 위해서는 덕치가 필수적 전제라고 믿고 있었다. 그리고 덕치는 오직 검소와 관대함을 통해 이룰 수 있다고 믿었다. 따라서 '관대함'은 세종의 정치에서 큰 축이었다. 그런 세종이 범죄인에 대해 형률을 엄격히 적용하여 사형과 중형에 처하는 것을 선호했을 리가 없다.

사형에 관한 세종의 기본 생각을 알 수 있는 기록이 있다. 세종 6년 6월 4일 중신들과 형률을 논의하는 자리에서 밝힌 생각이다.

"나는 항상 생각하기를 사람의 죄가 사형에 처하는 것이 마땅하다고 하더라도 만약에 사정에 따라 용서할 수 있다면 모두 용서하고 싶은 것이 나의 본심이오."

거의 매년 반복되는 가뭄과 장마로 흉년이 들어 백성의 삶이 곤궁한 때가 많았다. 앉아서 굶어 죽을 수는 없는 노릇이다. 자연 도둑질이 늘어날 수밖에 없었다. 당시 형률에 의하면, 절도죄를 세 번 범한 자는 사형에 처하게 되어있었다.

이에 대해 형조판서 김자지가 절도죄가 늘어남을 들어 엄격한 형률의 적용을 주청했다. 세종 12년 12월 16일의 일이다.

"절도죄를 세 번 범한 자에게는 유사(사면)의 전후를 막론하고 모두 법대로 교형(교수형)을 집행하여 장래의 범죄를 방지하게 하소서."

이에 대해 세종이 말했다.

"유사 이전의 죄까지 소급하여 추궁한다면, 신의를 잃게 될 것이 매우 염려되오. 유사라는 것은 과거의 잘못을 깨끗이 청산하고 새로운 길을 열어주기 위한 것인데, 만일 유사 이전에 지은 죄까지 통산하여 벌한다면, 백성을 용서해 준다는 본의가 아닐 뿐만 아니라, 백성에게 신뢰를 보이는 일도 아니라고 여기오. 또한, 절도라는 것은 궁한 백성이 범하는 것이니 큰 죄악이라고 할 수 없고, 그 사정이 매우 딱한 것인데, 모두 이것을 교형으로 다스리는 것은 나로서는 차마 할 수 없는 일이오."

세종 때에 단순 절도를 세 번 반복해서 사형을 당한 사람은 없다. 형조에서 몇 차례의 주청이 있었지만, 세종은 받아들이지 않았다. 먹고 살기 위해서 훔친 것을 극형으로 다스릴 수는 없다고 여겼다. 구휼과 구료, 인권 보호를 통해 백성을 살리려고 심혈을 기울였던 세종이 형률대로 사형을 엄격히 시행할 수는 없는 일이었다.

세종은 즉위하고 나서 형조에 죄목별 사형수에 대해 보고하도록 지시했다. 세종 1년 11월 형조에서 사형수에 대해 보고했다. 보고를 들은 세종의 지시다.

"금년에 사형수를 판결한 것이 30인을 넘으니 이는 너무 많다. 죄수를 가능하면 살리는 방도를 강구하는 것이 옳으니, 조율(범죄의 경중에 따라 형을 적용하는 것)을 고치도록 하라."

세종의 지시는 형을 가능한 낮추어서 사형을 받는 사람의 수를 줄이라는 얘기다. 사형수를 줄이라는 세종의 지시에 따라 사형에 대한 심사가 더 엄격해졌음은 물론이다.

세종 3년 12월에 형조가 보고한 사형집행 건수는 13건이었다. 이후의 통계가 어찌 되었는지는 기록이 없어서 알 수 없다. 다만, 사형제에 대해 세종은 가능하면 사람을 살려야 하고, 사형을 확정함에는 최대한 신중을 기해야 함을 강조했다. 사형수에 대해서도 추호의 억울함이 개입되어서는 안 된다는 신념을 일관되게 유지했다.

세종 5년 1월 24일 사형집행에 대해서도 매우 획기적인 지시를 내린다. 아마 세계 최초의 기록인지 모른다.

"중한 죄를 지어 사형이 결정되었을지라도 그 집행은 3년이 지난 다음에 하도록 하라!"

6백여 년 전, 세종은 사형수라고 할지라도 혹여 억울함이 있을지 모르니 형이 확정된 후, 3년을 지나지 않으면 형을 집행할 수 없도록 했다.

세종 13년 6월 2일, 사형과 형률에 관해 매우 소상한 지시를 내렸다.

이 기록에서 확인할 수 있는 것은 세종의 지적 수준이다. 세종은 중국의 진나라에서부터 당과 송, 원나라에 이르기까지 잘못된 옥사와 형벌에 관한 구체적 사례를 설명하고 있다. 잘못된 옥사에 관한 기록이 시대별로 따로 정리되어있는 것도 아니었다. 그런데도 세종은 구체적 사례를 들어 무고한 자가 잘못된 조사에 의해 억울하게 어떤 형벌을 받았는가를 소상히 설명하고 있다.

그리고 세종 스스로 경험했던 무고한 사례를 설명했다. 무고한 자의 억울함과 원통함에 대해 세종은 이렇게 얘기하고 있다.

"옥사란 것은 사람의 생사가 매인 것이니 진실로 참된 정상을 파악하지 못하고 매질로 자복을 받으면 죄가 있는 자를 면하게 하고, 죄가 없는 자를 형벌에 빠지게 할 수 있다. 이렇게 되면 잘못된 형벌은 원망을 품고 억울함을 가지게 한다. 그리고 원통함을 풀지 못하게 되면 족히 천지의 화기를 상하게 하고, 수재(장마)나 한재(가뭄)와 같은 하늘의 재앙을 부르게 되니 이는 고금의 통환(일반적 폐해 또는 환란)이었다."

조사가 잘못되어 원통하고 억울한 자가 나오면 하늘의 재앙을 초래한다는 얘기다. 세종이 옥사를 다룸에 있어서 그토록 억울함이 없어야 한다고 여러 차례 강조했던 배경을 여기서 알 수 있다.

세종의 지시는 계속된다.

"죽은 자는 다시 살아날 수 없고, 형벌로 수족이 끊어진 자는 다시 이을 수 없다. 한번 실수하면 진실로 후회한들 어찌 되돌릴 수 있으랴! 이것이 내가 밤낮으로 불쌍히 여기고, 잠시라도 마음에서 잊지 못하는 일이다. 이제부터 법을 맡은 모든 관리는 옛일을 거울로 삼아 지금 맡은 일을 경계하고 마음을 공평하게 가지라. 자기의 의견에 구애됨이 없고, 먼저 들은 말에 기대지 말 것이며, 부화뇌동으로 따르지 말라. 구차하게 인순(구태를 반복하는 것)하지 말며, 죄수가 쉽게 자복하는 것을 기뻐하지 말라. 옥사가 빨리 이루어지기를 재촉하지 말고 여러 방면으로 힐문하고 되풀이해 진실을 찾아야 한다. 죽는 자가 구천에서 원한을 품지 않게 하고, 산 자가 마음에 한탄을 품음이 없게 하여야 한다. 억울한 죄수가 없는 것이 화한 기운을 널리 펴지게 하여 비 오고 볕 나는 것이 시기에 순조롭게 되는 것이다. 형조에서는 지극한 내 생각을 유념해서 내외에 효유(깨달아 알도록 함)하라!"

법을 담당하는 관리들이 어떤 편견도 가져서는 안 되고 졸속으로 사안을 처리해서도 안 된다는 됨을 강조하고 있다. 그리고 할 수 있는 모든 방법을 다해 옥사에 관련된 일들에서 실체적 진실을 밝혀야 함을 강조하고 있다. 수사를 담당하는 공직자들이 새겨들어야 할 금언이다.

세종은 억울함이 없는 진실 규명이 하늘의 노여움을 피하는 길이라는 것을 거듭 강조하고 있다. 세종의 아름다운 신념이다.

신분보다 능력을 보다

조선 초에는 중인이나 양인은 물론, 천민들도 벼슬에 나갈 길이 있었다. 그리고 양인이나 천민으로 벼슬에 있었던 사람도 제법 있었다. 조선 개국의 역성혁명이 가져온 변화 가운데 하나가 민심을 얻기 위한 백성의 지위 향상이었다. 살기 좋은 세상이라는 것을 백성들에게 느끼게 해줄 필요가 있었기 때문이다.

이 덕분에 중인이나 평민, 천민 계급 중에서도 문관이나 무관의 품계를 받은 이들이 있었고, 그들은 당당하게 문무백관의 조회에 참례할 수 있었다. 이를 두고 양반 계급에서 견해가 갈렸다. 재주를 아껴야 한다는 열린 사고도 있었고, 신분 질서에 위협이 된다는 닫힌 사고도 있었다. 양반 출신 다수가 불만이었음은 물론이다.

그들은 무관의 정원을 줄이고 그 자리를 잡직으로 하여 양반 출신이 아닌 자늘을 이동시켜 배치하기를 바랐다. 고정된 직무가 없고 이런저런 한시적 잡일을 처리하는 지위인 잡직자는 문무의 대열에 참여할 수 없었기 때문이다.

세종은 대신들의 주청을 받아들여 잡직의 설정 문제를 검토하라는 지시를 내렸다. 그리고 대신들이 나가자 이번에도 젊은 대간들에게 그 타당성을 다시 물었다. 후일 단종을 지키려다가 수양대군에게 주살 당한 황보인 등이 대답했다.

"비록 공상(중인 출신)이나 천례(노비 출신)라 할지라도 어찌 쓸만한 인재가 없겠습니까? 이미 문무의 품계를 받았다면 차별할 수는 없을 것입니다. 대신들의 의논은 정당한 언론이 아니옵니다. 잡직을 설정하여 전혀 다른 부류로 대하면 모두 실망이 클 것이오니 어찌 중후한 뜻으로 보겠습니까? 참외(7품직 이하)라면 가할지 모르오나 참상(6품직 이상에서 종3품 이하의 품계)이라면 더욱 곤란할 것입니다."

당시 중인 이하의 출신들이 참상의 직에까지 진출했음을 알 수 있다. 장영실도 천인 출신이었지만, 종4품 대호군의 직에까지 승차했었다.

세종도 같은 생각이었다. 세종의 답이다.

"나도 그렇게 생각한다."

이상은 세종 12년 9월 7일의 실록에 있는 내용이다.

여기서 놀라운 사실은 젊은 신진 사류들의 열린 사고다. 그들은 평민이건 천인이건 쓸만한 인재는 발탁해서 써야 한다고 생각했다. 이런 열린 사고를 지닌 신진사류들이 조정에서 계속 영향력을 행사할 수 있었다면, 조선에서 신분 계급이 어떤 변화를 겪었을지 모를 일이다. 그러나 안타깝게도 그들의 미래지향적 사고가 정치를 변화시킬 수 있는 상황은 지속되지 못했다. 부왕 세종을 본받으려고 노력했던 문종이 단명하고, 수양대군의 계유정난이 그 맥을 끊었기 때문이다.

세종의 신분에 대한 인식을 엿볼 수 있는 대목이 있다. 세종 14년 3월 25일의 신분에 관한 언급이다.

"하늘이 백성을 낳으매 본래 귀천의 차별이 없는 것인데, 고려조에서 천한 자는 어미의 신분을 따른다는 천자수모법을 세워서 양민의 자손을 도리어 천인이 되게 한 것은 진실로 하늘의 이치에 맞지 않는 일로써 영구히 통용할 만한 법이 아니다."

하늘이 백성을 낳고 거기에 차별이 있을 수 없다는 것은 천부인권설의 핵심적 요체다. 삼국시대와 고려를 거쳐 굳어질 대로 굳어진 신분 계급을 세종이라고 해서 어찌할 수는 없었다. 신분상의 구분은 인정할 수밖에 없었지만, 천민과 죄수, 사형수 등과 관련해서 언급한 내용이나 인권 보호를 위한 조치를 본다면 세종은 전제 군주로서 보기 드문 선각적 의식의 소유자였다.

조선 신분제에서 천민과 마찬가지로 평생 한을 품고 살아야 했던 사람들이 있었다. 그들은 아버지를 아버지라고 부르는 것조차 허용되지 않았다. 서얼, 즉 서자와 얼자로 태어난 사람들이었다.

서얼은 모두 측실에서 태어난 자식을 말하지만, 서자의 모친은 양민이고 얼자의 모친은 천민이라는 점에서 차이가 난다. 조선에서 서얼이 품은 한은 5백 년 이상의 뿌리를 지니고 있다. 심지어 신분 계급이 철폐된 지금도 서자에 대한 편견은 살아있고, 그들에 대한 의식적 혹은 무의식적 냉대나 냉소는 엄연히 존재한다.

고려 시대에서는 서얼이 큰 정치적 사회적 문제가 되지 않았다. 일부일처제가 비교적 폭넓게 자리 잡고 있었기 때문이다. 첩을 데리고 있을 경우 적첩, 즉 정실과 측실의 구분만 두었다. 그리고 서얼이 벼슬에 나가는 것을 금하지 않았다. 따라서 조선 초에는 판서와 정승의 반열인 상서, 대사성, 추밀원사 등의 고위직을 서얼이 맡기도 했다. 여기에는 정실과 측실의 구분은 두었지만, 관직 등용에서 서얼에게 어떤 차별도 두지 않았던 중국의 영향도 있었다.

조선은 달랐다. 조선 시대 서얼 차별의 뿌리는 왕자의 난에 있다. 이성계가 후처인 신덕왕후 강씨의 아들 방석을 세자로 세운 것이 계기가 된 것이다. 정처 신의왕후 아들들이 이방원을 필두로 난을 일으키고 방석과 방번을 죽였다. 적자와 서자의 대립이었다. 이성계가 신의왕후 생존 시에 추후 신덕왕후가 되는 강씨를 첩으로 맞이하였기 때문에 방석과 방번은 첩의 자식이라는 것이다.

정종이나 태종의 논리대로라면, 아버지인 이성계도 서자 출신이다. 이성계의 아버지 이자춘은 정실 부인이 있었고, 이성계는 측실이었던 최씨 부인의 아들이기 때문이다. 조선을 세우고 나서 이성계는 어머니 최씨를 의혜왕후로 추존했다. 권력과 상황에 따라 논리는 늘 바뀔 수 있음을 보여주는 사례다.

정종의 즉위 교서에서 정종을 '적장', 즉 적장자로 표현하는 대목이 나온다.

"상왕께서 병환 중이므로 소자가 몸이 적장의 지위에 있어 뒷일을 능히 부탁할 만하다고 여겨 이에 왕위에 오르라고 명하시었다."

태조 7년 9월 7일의 실록에는 무인정사 공신들에 대한 교지가 실려있다. 거기에는 '서자'라는 표현이 나온다.

"간신 정도전, 남은 등이 어린 서자의 세력을 믿고 난을 일으켜 우리 여러 형제를 해치려고 하였다."

어린 '서자'라는 표현을 써서 방석의 세자 책봉이 잘못되었다고 그 정통성을 깎아내린 것이다. 이는 조선 최초의 적서 차별에 관한 기록이다. 태종은 왕이 되고 나서 서얼의 관직 등용을 제한하고 차별을 시작했다. 이때부터 서얼은 슬프고 비참한 운명의 길을 걸어야 했다.

서얼에 대한 관직 임용의 차별이 제도화된 것은 태종 15년 6월이었다. 당시 서얼에 대한 태종의 인식을 알고 있었던 신하들이 우부대언 서선을 앞세워 주청을 했다.

"각 품의 서얼 자손은 현관직사(주요직의 직무)에 임명하지 말아서 적첩을 분별하시옵소서."

이때부터 이른바 서얼의 관직 임용에 제한을 두는 서얼금고 또는 한품서용이 시작되었다. 그리고 태종 12년 4월에 발간된 『경제육전』의 『속전』에 서얼은 5품직까지만 허용한다는 것을 명문화했다.

세종의 서얼에 대한 인식은 부왕인 태종과 달랐다. 부왕인 태종이 세운 법을 효심이 누구보다 강했던 세종이 바꿀 수는 없었다. 그래서 세종 15년 1월 황희 등이 새로 편찬한 『경제속육전』에도 태종이 만든 시일에 대한 등용 제한인 서얼금고가 그대로 들어가 있다. 앞에서 얘기한 것처럼, 모든 백성은 하늘이 내고 거기에 귀천의 차별이 있을 수 없다는 것이 세종의 기본 인식이었다.

세종 5년 7월의 일이다. 성균관 직학으로 있던 김숙자가 자식까지 있는 부인을 서얼 출신이라는 이유로 버렸다. 직학은 성균관의 말단직으로 종9품직이다. 김숙자는 곤장 80대를 맞고 버렸던 부인을 다시 불러들일 수밖에 없었다. 여성 권익이나 서얼에 대한 당시의 인식과 세종의 인식을 엿볼 수 있는 사건이다.

세종 12년 2월 17일의 일이다. 당시 세종이 설치한 부대로 충의위가 있었다. 공신의 아들이 군적을 가질 때는 충의위에 배치하는 것을 원칙으로 했다. 공신의 서얼자에 대해서는 어떻게 해야 할지 문제가 제기되었다. 대부분의 신료가 서얼의 충의위 배치를 허용해서는 안 된다는 주장이었으나 세종은 받아들이지 않았다. 나라를 지킴에 있어서 적서의 차별이 있을 수 없다는 논리였다.

세종 재위 말엽인 30년 5월에 원정 개국공신이었던 하륜의 서손자 하복생의 군자판사직 임명을 둘러싸고 사헌부의 거센 반발이 있었다. 군자판사는 군수물자를 조달하고 출납하는 군자감의 책임자로 정3품직이었다.

하복생의 관직 임명에 대한 반발이 처음은 아니었다. 10년 전인 세종 20년 3월에 세종은 하복생을 선공부정에 임명했다. 토목과 수리에 관한 일을 관장하는 선공감의 부책임자로 종3품직이었다. 이때도 사헌부에서 어찌 첩의 소생을 고위직에 임명할 수 있느냐고 반발이 매우 거셌다.

하복생은 하륜의 아들인 허구의 첩 소생으로 상당한 실력을 지니고 있었다. 서얼이라는 통한을 늘 가슴에 품고 살았던 인물이다. 서얼 출신이 군자감에 속한 관료들을 어찌 통솔할 수 있겠냐는 것이 사헌부의 주장이었다. 당시 서얼에 대한 사대부의 인식과 관료사회의 분위기를 읽을 수 있는 문제 제기다.

그런 반대에 대한 세종의 답이다.

"양첩(양인 신분의 첩)의 자식으로 재추(의정부 대신과 문무의 고관)에 오른 사람도 있고, 또 지금 장리의 후손도 과거에 오른 사람이 있으니 복생이 판사가 된다고 한들 무엇이 과하단 말이오?"

세종은 그런 주장을 받아들이지 않고 하복생을 군자판사로 임명했다. 절대 군주라 할지라도 양반 중심의 사회구조나 서얼에 관한 속전의 제도 자체를 부정하거나 바꿀 수는 없었다. 그러나 세종은 역량 있는 서얼을 임용하는 방식으로 우회로를 택했다.

천자수모법과 종부위양법

천자수모법은 양민의 아버지와 천민 어머니 사이에 태어난 아이는 어머니의 신분을 따라 천인이 된다는 것이다. 이것을 양민인 아버지의 신분을 따르도록 태종 때 고쳤다. 이것이 종부위양법이다. 이 문제에 대한 대신들의 의견은 종부와 종모를 두고 크게 갈렸다.

세종은 인권 차원에서 이 문제에 접근했지만, 태종이 종부위양법을 택한 배경에는 양역이란 문제가 있었다. 시대별로 그 내용을 달리했지만, 조선 초에 '양역'이란 16세 이상 60세까지 양인들이 부담하는 군역을 의미한다.

양인 남편과 천인 처첩 사이에 태어난 자녀가 어머니의 신분을 따를 경우, 양인들의 수가 갈수록 줄어들 수밖에 없었고, 이는 군역과 직결되는 문제였다. 특히, 조선 초에는 왜구와 북쪽의 야인 침입으로 빈번한 전투가 있었기 때문에 양인의 수는 국방과 관련해서 중요한 의미를 지니고 있었다.

문제는 아버지가 천민이고 어머니가 양민일 경우, 이 법에 따르면 그 자녀들은 아버지의 신분을 따라 천인이 되는 것이 마땅하다. 그러나 어머니의 신분을 따라 양인의 신분을 인정했다. 종부위양법은 아버지 신분이 양인일 경우에만 적용했기 때문이다.

이에 대해 법의 일관성이 없다는 지적이나 천인들이 양인이나 중인 여자들과 혼인하기 위해 신분 질서를 어지럽게 만들 가능성이 있다는 지적이 일었다. 이 문제를 두고 세종과 대신들 사이에 토론이 있었으나 어떻게 결론지어졌는지는 기록에 나와 있지 않다.

제3장

사람을 키우다

공정한 인재 등용

충절은 선비들이 지켜야 할 고귀한 가치였다. 충절의 가치를 포기하고 고려를 뒤엎은 이성계를 따를 인재는 조선 초에 많지 않았다. 태조 이성계도 그런 상황을 몰랐을 리가 없다. 신생 조선을 위해 나름 인재를 키우고 얻기 위한 노력이 필요했다. 이성계의 즉위 교서를 보면 인재에 대한 갈망이 얼마나 컸는지를 알 수 있다.

교서의 맨 앞에 나오는 전문에는 많은 사람의 천거를 받아 불가피하게 자신이 왕위에 오를 수밖에 없었음을 설명하고 있다. 그다음에 각론으로 17개의 정책 공약이 나온다. 첫 번째는 사직에 대한 언급, 두 번째는 고려 왕족인 '왕 씨'에 대한 신분보장을 약속하고 있다. 세 번째는 인재를 등용하기 위한 과거제인데, 사실상 교서 중 제일 주요한 정책이나 다름없다. 인재들의 관심과 참여를 얻는 것이 절실했음을 엿볼 수 있다.

태조 이성계의 즉위 교서에서 문과와 무과를 언급하고 인재등용의 통로로 과거제를 제시했지만, 세종에 이르기까지 유능한 인재를 공정하게 등용하기 위한 과거제의 커다란 제도 변화나 개혁은 없었다.

과거제는 세종 때에 이르러 비로소 합리적 방안을 찾으려는 논의가 이루어졌음을 실록은 기록하고 있다.

세종은 즉위 후, 처음으로 열린 10월 7일 경연에서 신하들과 인재 선발에 관한 방안을 토론했다. 인재들의 실력을 바르게 평가할 방법을 세종이 물었다. 맨 처음 열린 경연에서 인재 등용의 방식을 토론한 것을 보면 세종의 인재에 대한 관심을 짐작할 수 있다.

경연관으로 참여하고 있던 변계량과 이지강이 답한 것은 과거제의 변경이었다. 태종 때, 채택한 문과 초장의 강경이 너무 어렵다는 지적이었다. 그래서 영리하고 실력 있는 많은 인재들이 강경을 걱정하여 무과로 옮겨 간다는 얘기였다.

'강경'은 시험관이 경서 가운데서 어느 구절이 담긴 장을 지정하면, 수험생은 뒤로 돌아앉아서 시험관의 주문에 따라 구절 혹은 장을 암송하고 그 의미를 설명하는 시험이었다. 경서에 거의 통달하지 않으면 좋은 평가를 받기가 매우 어려운 시험이었다.

당시 과거는 초장인 강경을 통과해야만 중장을 볼 수 있고, 중장을 통과해야만 종장을 볼 수 있는 방식이었다. 이에 대해 예조판서 허조도 문제를 지적했다. 세종 역시 불합리하다고 생각했다. 그래서 점수제를 통해 세 장의 점수를 합계하여 순위를 정하도록 했다. 즉위한 지 불과 6개월 뒤인 세종 1년 3월의 일이다.

불합리한 점이 있음에도 불구하고 초장에서 '강경'을 통과해야 중장과 종장에 나갈 수 있도록 한 데는 나름대로 이유가 있었다. 권문세가의 자제들에게 유리했기 때문이다. 즉, 시험관이 난이도가 다른 문제를 주어 수험생에 대한 평가를 의도적으로 조작할 여지가 있었다. 실력은 있으나 권세의 배경이 없는 선비는 초장에서 어려운 문제를 만나 탈락하면 과거는 끝나고 만다. 권문세가의 눈치를 살피는 시험관이 그 자제들에게 강경에서 어려운 문제를 주문하기란 쉽지 않았다. 권력이 통할 수 있는 구멍이 있었다.

세종은 공정한 과거를 원했다. 세종이 첫 경연에서 실력 있는 인재 선발을 위한 과거제를 의논한 뒤, 두 달 후인 12월 13일 변계량, 허조 등 중신들과 과거의 공정한 시행에 대한 논의를 다시 했다.

할아버지인 태조 이성계와 아버지인 태종은 건국과 천도, 왕권 강화 등에 온통 매달릴 수밖에 없었다. 정통성이 없는 왕권의 유지를 위해 권력에 기초한 권위주의 통치가 필요했다. 그러나 세종은 덕치를 원했다. 그리고 실력 있는 인재들을 모아 나라의 초석을 굳건히 하고, 나라의 앞날을 위해 해야 할 일을 그들과 함께 도모하기를 원했다.

세종은 과거를 통한 인재의 발굴과 등용이 자신의 치세와 조선의 앞날을 위해 얼마나 중요한 의미를 지니고 있는지를 충분히 이해하고 있었다. 그래서 즉위 초에 과거제에 큰 관심을 두고 인재 등용 방식을 점검한 것이다.

고려 때에 봉미역서법이라는 제도가 있었다. 과거시험에서 공정성을 담보하기 위한 것이었다. 그러나 나라가 망하려면 제도가 담보하는 기강과 질서가 무너지는 법이다. 봉미와 역서는 좋은 제도였지만, 유명무실했다. 고려 말에 부정비리, 매관매직이 성행했던 것도 그런 까닭이다.

'봉미'란 과거를 볼 때 답안지의 오른편 끝에 성명과 생년월일, 주소, 그리고 사조, 즉 증조부, 조부, 외조부, 아버지 이름까지를 쓰고 봉하여 이를 시험관들이 볼 수 없도록 하는 방법이다. 이를 주관하는 시험관을 봉미관이라고 했다.

'역서'란 수험생의 필체를 알아볼 수 없도록 수험생이 서로 답안지를 교환하여 베껴 쓰게 하여 제출토록 하는 것을 말한다. 또는 잡급직에 종사하는 중인 출신 관리들을 동원하여 답안을 필사하게도 했다. 당시로서는 과거시험을 엄정하게 관리할 수 있는 최선의 방법이었다.

왕들이 얼마나 국정을 공정하게 경영했는지를 가늠하는 주요한 척도 가운데 하나가 과거의 시행과 등용에서의 공정성이다. 세종은 과거시험의 공정성을 위해 봉미와 역서를 엄정하게 시행하도록 했다. 그리고 세종은 공정성의 문제를 수시로 점검했다.

세종 10년 2월 18일 기록이다. 세종이 물었다.

"작금에 과거에서 폐단은 없는가?"

허성과 설순이 답했다.

"지금은 폐단이 없사옵니다. 봉미와 역서를 엄격하게 준수하기 때문에 공정하게 시행되고 있습니다."

세종 12년 10월 25일 기록은 세종과 중신들이 과거의 내용과 '강경'의 공정성에 대해 활발한 토론이 있었음을 적고 있다. 법규와 제도를 검토하는 상정소에서 문제 제기가 있었기 때문이다.

"문과의 초장에서 강경과 제술을 교대로 실시하게 하옵소서."

'강경'은 경서에 대한 구술시험이고 '제술'은 논술시험이다. 이에 대해 세종이 답했다.

"강경은 대면하여 치르기 때문에 개인적 친분이 영향을 주는 폐단이 있다. 제술할 때도 봉미와 역서의 방법을 써서 협잡을 방지하는데, 하물며 면대하고 설명한다면, 어찌 공정하지 못한 폐단이 없겠는가?"

정초를 비롯하여 신하들이 의견을 개진했다. 강경과 제술이 지니고 있는 장점과 단점에 관한 것이었다. 세종의 주된 관심은 과거에서 공정성을 어떻게 관리하느냐에 있었다. 원로 대신들이 물러간 뒤에 세종은 젊은 대간들의 의견을 물었다. 원로 대신들이 알면 불쾌할 수도 있겠지만, 원로들이 물러간 뒤에 세종은 배석한 젊은 간관이나 사관들의 의견을 묻는 경우가 많았다.

젊은 신료들도 강경 방식에서 공정성을 확보하기는 어려운 측면이 있음을 얘기했다. 세종이 내린 결론이다.

"나라고 할지라도 잘 아는 사람이 시험을 보기 위해 앞에 앉았는데 어찌 대답하기 곤란한 문제를 질문할 수 있겠는가? 강경의 제도는 다시는 시행하지 않을 것이니 학문을 진흥시킬 수 있는 다른 방법을 논의하여 보고하라!"

지극히 인간적이고 상식적인 판단이다. 원로들은 사서와 오경의 중요성을 들어 강경에 의한 시험방식을 고집하지만, 앞에서도 얘기한 바와 같이 거기에는 권문세가 자제들에 대한 나름의 불공정이 개입하고 있었다. 세종은 과거에서 어떤 불공정도 있어서는 안 된다는 확고한 신념이 있었다.

권문세가의 자제들이 벼슬에 나설 수 있는 편법이 있었다. 남행직이란 제도다. '남행직'은 과거를 거치지 않고 음서를 통해 등용할 수 있는 7품

이하의 자리를 말한다. 권문세가의 자제들이 소과에 합격하고 어려운 대과, 즉 문과를 피해 일찍 벼슬에 나가는 좋은 통로였다.

당시 문과에 최종 합격한 33인 가운데 바로 임용되는 자는 장원과 2, 3등을 한 3인뿐이거나 매우 적은 소수였다. 나머지는 삼관, 즉 홍문관과 예문관, 그리고 교서관에 권지(견습 관리)로 나가 임용되기를 기다려야 했다. 권지 생활을 오래 한 자는 5년을 넘기기도 했다.

당시 관직에서 정년이란 제도가 없었고, 고관 대신들이 거의 죽을 때까지 자리를 꿰차고 있었기 때문에 자리가 많지 않은 탓이기도 했다. 매년 실시하지 않고 3년마다 식년시를 실시해서 문과 급제자를 뽑은 연유도 그런 까닭이다.

소과에 합격해서 남행직으로 관직에 나간 권문세가의 자제들이 대과에 합격한 실력자들보다 출세가 더 빠를 수 있는 구조였다. 세종은 이런 폐단을 없앴다.

세종 10년 11월 1일의 일이다.

"이제부터 이조는 삼관의 권지로 있는 사람들을 각 관서의 남행직에 궐원이 나는 대로 서용하도록 하라!"

남행직이란 뒷구멍으로 벼슬에 나갈 수 있는 길을 원천 봉쇄한 것이다. 사대부 양반들의 불만이 클 수밖에 없었다. 특별한 경우를 위해 일부는 남겨두어야 한다는 대신들의 주청도 있었지만, 세종은 꿈쩍도 하지 않았다.

세종은 인사행정을 맡은 고관들의 자제들이 특혜를 받아 임관되는 것도 공정하지 않다고 보고 이를 시정하고자 했다. 인사행정에 관여하는 대신들은 문관의 경우 이조와 예조, 무관의 경우는 병조, 그리고 문무관 인사에 대한 최종 심의는 의정부의 고관들이 맡았다.

세종이 문제를 제기했다.

"옛 법을 생각해보니 인사행정을 맡은 자의 자손은 관직을 제수받지 못하게 되어 있다. 상피(기피나 회피, 혹은 제척)하는 법이 있으면서도 유독 인사행정에 적용되지 않음은 타당하지 못한 일이다. 태종 때에 분경(권세가에게 하는 인사 청탁)을 금지시킨 것은 매우 의미 있는 일이다. 집현전으로 하여금 옛 제도를 조사하게 하였더니, '시중이나 상서의 자제는 관리가 될 수 없다'고 한 것이 있었다. 내가 이를 채택하고자 하는데 어떤가?"

세종의 문제 제기로 인사행정을 맡은 고관들의 자제를 포함해서 4촌 이내는 벼슬에 나갈 수 없도록 했다. 세종 14년 3월의 일이다. 그러나 상피제가 지니고 있는 문제점도 있었다. 인사행정이나 과거시험을 관장하는 고관이 그 직에 오래 있을 경우, 그 자제나 4촌 이내의 사람들은 실력이 출중할지라도 벼슬길에 나갈 수 없는 폐단이 있었기 때문이다.

이런 폐단을 시정하기 위한 방안으로 등장한 것이 별두장이었다. 이는 상피에 해당되는 자들을 위한 별도의 시험이었다. 세종 19년 7월에 이루어진 일이다.

세종은 인재 등용에서 공정이 담보되지 않으면 절대로 유능한 인재를 찾을 수 없고, 유능한 인재들이 초야에 묻힌다면 나라의 장래를 기약하기 어렵다고 믿었다.

인재의 능력을 키운 용인술

세종은 꾸준히 인재를 찾았고, 발탁한 인재는 맘껏 역량을 발휘하도록 지원했다. 중앙의 인재뿐만 아니라 지방행정의 쇄신을 위해서도 인재를 발굴하고 기용했다. 흉년이 자주 들었기 때문에 백성을 아끼는 세종은 자신처럼 지방 현장에서 백성을 아끼며 구휼이나 민원 해결에 최선을 다할 인재가 필요했다.

당시 감사나 부사처럼 품계가 높은 지방 고위직은 중앙의 감시가 바로 미쳤기 때문에 자질이나 실력에서 큰 문제가 없었다. 그러나 일선의 군수와 현감의 경우, 능력이 부족한 자들이 많았다. 태종 때까지만 해도 개국공신이나 왕자의 난을 도운 원정공신의 힘이 인사에 크게 작용했기 때문이다. 이른바 정실 인사였다.

거기다가 토호 세력도 다독거려야 했다. 한양에서 민 변방까지 중앙 조정의 장악력이 미치지 못한 곳도 많았던 탓이다. 그래서 토호 세력들에게 지역의 군수나 현감을 추천하게 해서 임명하기도 했다. 더욱이나 그들의 임기는 6년에 가까워 매우 길었다. 연임까지 가능했기 때문에 실제로 그보다 더 오래 자리를 지키는 경우가 많았다. 무능한 지방관의 횡포가 적지 않았던 배경이다.

세종 시절 군현의 수는 무려 327곳이나 되었다. 세종은 즉위하고 나서부터 중앙 조정의 힘이 미치지 않던 변방의 장악력을 확실히 했다. 그리고 중앙에서 파견하는 지방의 군수와 현감직을 역량 있는 인재로 채우기 위한 노력을 계속했다. 그러나 필요한 인재를 확보한다는 것이 쉽지만은 않았다.

세종 16년 11월 19일의 기록을 보면, 세종의 지방관에 관한 고심이 얼마나 깊은지를 알 수 있다. 세종의 한탄이다.

"고려 말에 자질이 없는 자들로 수령을 임명하였기 때문에 그들로 인해 용렬하고 불법한 일이 많아 백성들이 그 폐단을 받을 수밖에 없었다. 근년에도 군현이 여전히 많고 인재는 얻기 어려워서 성중관(정6품 이하의 하급 관리) 중에서 뽑아 임명하였는데 그 임무를 감당하기 어려워서 쫓겨난 자가 많았다. 그 수효를 생각해보니 갑진년(세종 6년) 이후에 수령으로 임명된 자가 1백32인인데 파직된 자가 10중 8이나 9였다. 실상이 이러하니 백성이 받는 병폐가 고려조와 무엇이 다르겠는가! 이런 폐단을 막을 방법을 찾아서 보고하라!"

궁궐에서 하급직으로 수많은 상전을 모시느라 허리 펴기가 힘들었던 이들은 지방의 수령으로 나가면 상당히 큰 승차였다. 그래서 힘 있는 대신을 찾아 연줄을 대는 경우가 많았다. 정실이 지방관 인사에 크게 작용한 것이다.

대과인 문과에 합격한 자들은 대부분 중앙관서에 임직하는 것을 원칙으로 했다. 과거에 합격한 실력 있는 문신들이 지방직을 선호할 이유가 없었다. 일선 지방에 군수나 현감으로 내려가는 일은 마치 외방으로 귀양이라도 가는 것처럼 여기는 경향도 있었다. 지방행정을 담당할 인재를 찾기가 쉽지 않은 배경 가운데 하나였다.

세종 17년 1월에는 각 도의 감사에게 소규모 군현을 통합할 수 있는 곳을 파악하여 보고하게 했다. 보고를 토대로 일부 군현을 통합했다. 세종 20년 3월에는 지방관을 맡길 수 있는 역량 있는 인재를 추천하도록 의정부에 강력히 지시했다. 다음의 지시는 인재를 찾는 세종의 마음이 얼마나 간절했는가를 짐작할 수 있게 해준다.

"몸가짐을 방정하게 하여 절조와 염치가 있는 자, 마음에 작정한 것이 강개하며 바른말로 지극히 간하기를 능히 하는 자, 선비로서 행실이 고을 안에 알려지고 특이한 재능이 남에게 믿음을 얻는 자를 경중에서는 한성부가, 그리고 외방에서는 감사와 수령이 나서서 벼슬의 유무를 헤아리지 말고 모두 찾아 보고하라! 없는 것을 억지로 할 수는 없겠으나, 있다면 기필코 천거하라. 내 마땅히 관련 부서의 검토를 거쳐 임용하겠다. 대저 열 집이 사는 고을에도 반드시 충직하고 신실한 사람이 있거늘, 하물며 온 나라 안에 어찌 사람이 없다고 할 수 있으랴!"

인재에 대한 갈급한 세종의 심정이 절절히 담겨있는 지시다. 이 지시를 내린 후, 4월에는 당시까지 허용되지 않았던 무관식의 전직을 허용하여 군수와 현감직을 맡을 수 있도록 했다. 무관 출신들은 주로 국경이나 해안 경비와 관련된 지역의 군수와 현감으로 임용했다.

세종 5년 11월 25일의 기록에 나온 세종의 말이다.
"정치 하는 요체는 인재를 얻는 것이 가장 급선무이다."

세종은 인재에 대한 갈망이 매우 컸다. 신흥 조선에 가장 필요한 것이 역량 있고 참신한 인재라는 것을 잘 알고 있었다. 그래서 사람 찾는 노력을 계속했다. 찾는 대로 집현전, 예문관, 홍문관 등에 수용했다. 세종은 유능한 이들을 등용해서 조선의 기틀을 튼튼히 하고자 했다.

사람을 찾는 것도 중요한 일이지만, 그들을 적재적소에 배치하고 지닌 역량을 발휘할 수 있도록 부리는 일은 더 중요한 일이다. 용인술이다. 뛰어난 용사들이라 해도 무능한 지휘관을 만나면 한낱 오합지졸에 불과한 경우가 많다. 그러나 평범한 인재라도 훌륭한 지도자를 만나면, 가지고 있는 달란트 이상의 실력을 발휘하기도 한다. 세종은 사람을 쓸 줄도 알고 부릴 줄도 알았다.

태조 이성계 시절은 뜻있는 인재들이 많이 은둔했다. '두문불출'이라는 말이 있다. '두문'에서 나가지 않는다는 뜻이다. 이 말은 조선 초에 있었던 고려 유신들에 관한 얘기다.

이성계가 고려를 무너뜨리고 조선을 개국하자 많은 고려의 인재들이 충절을 굽히지 않고 벼슬길에 나서지 않았다. 그들은 '두문골'이라는 곳으로 들어가 은둔했다. 이성계가 그들을 회유했지만, 그들은 외면했다. 두문골에서 나오지 않았다고 해서 두문불출이라는 말이 그때부터 생긴 것이다. 두문골은 경기도 개풍군의 광덕산 서쪽에 있는 깊은 골짜기를 말한다.

여러 차례 사람을 보내 벼슬에 나오도록 권유했다. 그들이 나오지 않자, 화가 난 이성계가 그 골짜기 주변에 불을 질렀다. 그래도 그들은 끝내 나오지 않고 불에 타 죽었다는 얘기가 야사로 전해 오고 있다. 중국의 진나라 문공과 충신 개자추에 관한 설화를 그대로 모방한 얘기일 뿐, 어떤 관련 기록도 존재하지 않는다.

태종 시절에도 참신한 인재들의 참여 폭은 넓지 않았다. 왕자의 난에 공을 세우고, 정종의 후계자인 왕세제로서 태종의 역할을 끌어낸 인물들이 역시 조정의 주역을 담당했기 때문이다. 이들 대부분은 고려왕조에서부터 일했던 구세대 인물들이었다.

다행히 세종 시절에는 그런 인물들이 상당수 퇴장을 했다. 그리고 고려 말엽부터 형성된 유교를 숭상하는 신진사류들이 대거 등장했다. 초야에 묻혔던 인재들도 기지개를 켰다. 집현전은 그런 인재들을 수용하고 키우는 산실이었다.

세종은 조선의 역대 왕들 가운데 인재를 보는 눈도 탁월했다. 유능한 인재들을 적재적소에 배치하고 그들의 역량을 맘껏 발휘하게 했다. 세종의 인재를 보는 눈이 탁월한 까닭은 아무래도 수신과 학식의 경지가 남달랐기 때문이다. 많은 경서와 전문 서적을 통해 다듬어진 세종의 안목은 인재들의 인품이나 역량을 능히 가늠할 수 있었다.

고수는 하수를 보면 하수가 어느 정도인지를 쉽게 알 수 있다. 그러나 하수는 자기보다 더 고수를 만나면 그 사람이 어느 수준인지를 파악하기 어렵다. 그래서 인품이나 지적 측면에서 지도자는 고수가 되어야 한다. 나라를 경영하는 사람이 수신과 실력 면에서 하수라면 문제가 크다.

세종이 아낀 인재들에게는 몇 가지의 공통점이 있다.

첫째는 고금의 학문에 출중했다는 점이다. 학문에 출중하지 못하면 요직은커녕 이런저런 토론에 끼기도 어려웠다. 세종은 학문이나 정사를 놓고 토론하기를 좋아했다. 그런 토론의 자리에서 국정의 대강이 결정되곤 했다.

둘째는 경륜과 소신을 갖추었다는 점이다. 역대 왕들과 비교해 볼 때, 세종의 주위에는 많은 뛰어난 인재들이 진을 치고 있었다. 경륜과 소신을 지닌 인재라도 군주가 알아주지 않거나 능력을 펼 기회를 주지 않는다면 묻히고 만다. 세종은 인재를 알아볼 줄 알았고, 그들을 적재적소에 배치해서 능력을 발휘하게 할 줄도 알았다.

셋째는 개혁적이며 미래 지향적 사고를 지녔다는 점이다.

마지막으로는 세종의 통치 철학이나 애민 사상에 공감했고 그 구현을 위해 노력했다는 점이다.

개성상인의 뛰어난 상술 배경

개성상인은 상술로 유명하다. 그들이 상술을 발휘한 배경에는 이성계의 한양 이주 정책이 자리 잡고 있다.

고려의 수도 송도, 즉 개성은 일찍부터 상업이 발달할 수 있는 여러 조건을 갖추고 있었다. 전국에서 각종 특산물이 올라와 거래되는 물류의 중심이었고, 당시 무역항이라고 할 수 있는 예성강의 벽란도를 끼고 있었기 때문이다.

많은 개성 사람이 상업에 매달리면서 뛰어난 상술을 발휘한 데는 이성계의 한양으로의 이주 정책도 한몫을 했다. 이성계가 한양을 조선의 도읍으로 결정하고 개성에 살고 있던 양반과 평민들을 거의 강제로 이주시켰다. 개성에 상업적 거점을 구축하고 있던 상인이나 고려를 무너뜨린 이성계에 반감을 지니고 있던 상당수의 귀족은 한양으로 따라가지 않았다.

이성계는 따라오지 않은 사람들에게는 땅을 경작할 수 있는 권리를 박탈했다. 과전의 혜택을 주지 않은 것이다. 과전은 땅을 주고 그 땅을 경작해서 일정 수확을 세금으로 내고 나머지는 소유할 수 있게 했던 토지세다. 땅을 경작할 수 없게 된 귀족이나 평민들이 먹고 살아갈 방법은 장사뿐이었다. 이것이 고려의 일부 귀족 출신들이 당시 천하게 여기던 상업에 뛰어들게 된 배경이다.

일부 귀족의 합류는 상업 발달에 큰 동인이 되었다. 중국과 일본을 아우르는 시야와 종합적 판단, 독자적인 회계 체계의 개발, 전국에 지점으로 송방을 설치하고 전국 물류를 종합 관리하는 독특한 운영 방법 등을 통해 '개성상인'이라는 명성을 한 단계 업그레이드시킨 것이다.

청빈의 맹사성

조선 초에 관직 등용이나 승진과 보임에 있어서 가장 주요한 덕목으로는 청렴과 공정, 강직을 꼽았다. 그중에서도 가장 주요한 것이 청렴이었다. 청렴하지 않은 자는 매우 부도덕한 자로 여기는 풍조였다.

임금이 쓰는 모자는 면류관과 익선관, 그리고 갓, 세 종류가 있다. 면류관은 평상시에 입는 편복이 아니라, 의례 때 입는 면복에 쓰는 관으로 사각형 앞쪽에 다섯 가지 색, 파랑 노랑 빨강 검정 흰색의 구슬을 늘어뜨린 것이다. 즉위식이나 대제, 세자 책봉식 등에 쓴다. 익선관은 평소 집무를 하면서 쓴다. 궁을 벗어나 백성의 생활을 살피기 위한 미행이나 대신들의 집안 행사에 축하하러 나가는 경우에는 갓을 쓴다.

대소 신료들의 경우 근무하면서는 사모를 쓰고 임금이 면류관을 쓰는 행사 때는 관모를 쓴다. 익선관은 위쪽으로 뻗은 두 개의 뿔과 같은 모양이 있고, 사모는 귀 위에 수평으로 뻗은 날개 모양의 깃이 있다. 그 깃들은 모기장과 같은 검은 망사로 되어있다. 그것은 매미의 날개를 의미한다. 한자로 익선관의 '선'은 '매미 선' 자를 쓴다. 매미는 지저분한 물을 먹지 않는다. 오직 깨끗한 아침이슬을 먹을 뿐이다. 익선관이나 사모에는 더러운 부정과 비리를 멀리하고 깨끗한 아침이슬로 상징되는 청렴과 검소를 잊지 않아야 한다는 경계의 의미를 담고 있다.

　조선의 대표적 청백리 가운데 한 사람이 맹사성이다. 맹사성은 운이 매우 좋은 사람이다. 맹사성의 할아버지 맹유는 고려에서 이부상서를 지냈다. 학식과 인품이 훌륭해서 최영 장군이 그와 친하게 지내기를 원했다. 그런 인연으로 손자인 맹사성이 최영의 손녀와 결혼을 했다.

　맹사성은 시문과 향악, 음률에도 정통했다. 통소와 대금을 본인이 직접 만들어 불기를 좋아했다. 그의 집에서 대금이나 통소 소리가 안 나면 맹사성이 집에 없는 것으로 소문이 났을 정도였다.

　세종 20년 10월 4일 맹사성이 죽었을 때의 기록 일부다.

　"죽으니 나이는 79세였다. 부음이 전해지자 임금이 슬퍼하여 백관을 거느리고 문상하고, 조회를 정지시키고 조정에서 장례를 주관하게 하였다. 시호를 문정으로 하니, 충의를 다하고 예의로써 사람을 대하는 것을 '문'이라 하고, 청백하게 절조를 지킴을 '정'이라고 했다. 성품이 조용하고 소탈하며 선비를 예절로 예우하는 것은 천성에서 우러나왔다. 벼슬하는 선비로서 비록 품계가 낮은 자라도 찾아오면, 반드시 관대를 갖추고 대문 밖까지 나와 맞아들여 윗자리에 앉히고, 돌아갈 때도 역시 몸을 굽혀 손을 모으고 가는 것을 보되 손님이 말에 올라앉은 후에라야 집 안으로 들어왔다. 창녕부원군 성석린이 선배가 되고 부근에서 살았다. 매번 그 집 앞을 지나칠 때마다 말에서 내려 지나가기를 석린이 죽을 때까지 하였다. 또 음률에 능하여 손수 악기를 만들기도 하였다."

맹사성이 어떤 태도로 삶을 살았는지 잘 보여주는 기록이다. 맨 마지막에는 이런 대목이 있다.

"그러나 타고난 성품이 어질고 부드러워서 무릇 조정의 큰일이나 거관처사(맡은 관직에서 일을 처리하는 것)에 과감하게 결단하는 데 단점이 있었다."

다른 표현으로 하면 결단력이나 과단성이 부족했다는 얘기다. 타고난 성품이 부드러운 탓이라고 할 수도 있지만, 고려 유신이었던 조부와 아버지의 조선 개국에 대한 비협조, 그리고 최영의 손녀사위로서 누구에게나 반감을 사지 않으려는 처신도 영향을 끼쳤을 수 있다. 결단력이나 과단성은 소신의 유무와는 별개의 문제다. 맹사성이 부드럽고 신중한 성품이었기 때문에 그런 지적이 나왔겠지만, 소신을 밝혀야 할 때는 주저함이 없었다.

세종 13년 3월 20일 세종은 춘추관에서 작업이 완료된 『태종실록』을 보고자 했다. 세종으로서는 부왕 태종에 대해 사관들이 어떻게 기록했을지 궁금했을 것이다. 태종은 왕권 찬탈과 강화를 위해 손에 피를 매우 많이 묻힌 왕이다. 그래서 세종의 궁금증이 더 했을 수도 있다.

우의정으로 있던 맹사성이 즉석에서 반대를 했다. 그 자리에는 윤회와 신장 등이 있었다.

"전하께서 만일 이를 보신다면 후세의 임금이 반드시 이를 본받을 것이고 또한 고칠 것입니다. 그렇게 되면 사관도 또한 군왕이 볼 것을 의심하여 그 사실을 있는 그대로 다 기록하지 않을 것이니 어찌 후세에 그 진실함을 전할 수 있겠사옵니까?"

매우 소신 있는 발언이고, 흠잡을 데 없는 논리다. 세종도 수긍하지 않을 수 없었다.

맹사성 외에도 세종 시절 청백리는 많았다. 황희, 유정현, 유관, 신인순, 최만리, 최사의, 안순, 허조 등등 얼마든지 있었다. 당시 관료사회에 청렴과 청빈 사상이 미치는 바가 매우 컸던 분위기에서 청백리로 이름이 난다면 어느 정도 청빈낙도의 생활이었는지 짐작할 수 있다.

맹사성의 소박함과 장수 비결

조선 건국을 앞두고 이성계가 최영 일파를 제거할 때, 그 직계 자손도 목숨을 잃은 사람이 많았다. 최영의 손녀사위였던 맹사성도 화를 피하기 어려웠으나 그를 아끼던 정몽주와 정도전에 의해 위기를 넘겼다. 그의 아버지 맹희도가 정몽주와 절친한 사이였기 때문에 정몽주는 맹사성의 됨됨을 잘 알고 있었다.

맹유는 고려가 망하자 두문동에 들어가 칩거하면서 남은 여생을 보냈다. 당시 조선 개국에 반대하면서 두문동에 칩거한 고려 유신 72명 가운데 한 사람이다. 맹사성의 아버지 맹희도 역시 고려 말에 한성윤과 수문전제학이라는 고위직에 있었다. 그는 조선이 개국하자 충남 온양으로 낙향하여 죽을 때까지 그곳에서 칩거했다. 아버지 맹유와 함께 고려에 대한 충절을 지킨 것이다.

그런 배경을 가지고 있었던 맹사성은 조선 개국 때 벼슬을 놓고 낙향하지 않았다. 그는 고려 말 우왕 12년에 문과에 급제한 후, 줄곧 관직에 있었다. 조선 개국 때도 정4품직인 예조의랑으로 있었다. 맹사성은 은둔했던 조부와 아버지를 따라가지 않았다. 최영의 손녀사위라는 신분 때문이었을지도 모른다. 벼슬을 그만두고 할아버지, 아버지와 함께 3대가 은둔할 경우, 더 밉보일 수도 있었기 때문이다. 아니면 당시 32살이던 젊은 나이를 생각하면, 남은 생을 은둔생활로 보낼 수 없다고 판단했을 수도 있다.

세종 때, 맹사성은 황희 다음으로 정승 직에 오래 있었다. 그는 소탈, 청렴, 겸손, 효도의 상징이었다. 사는 것이나 입는 것이나 소박했다. 낭비나 사치하고는 거리가 멀었다. 그토록 오랫동안 관직에 있었지만, 자신이 어느 정도의 녹봉을 받는지조차 알지 못했다.

고위직에 있는 동안은 넉넉한 녹봉을 받았지만, 살림은 늘지 않았다. 그 까닭은 맹사성 부부가 워낙 물욕이 없어서 노복 등 딸린 식구들에게 매우 잘해주었기 때문이다. 그리고 어려운 친지들에게도 늘 베풀었다. 작은 그의 집에는 이런저런 사람들로 유숙자가 끊이지 않았다.

　그는 늘 태평이었고 얼굴에는 근심의 그림자가 없었다. 집에서는 책을 보지 않으면 퉁소 등 피리를 즐겨 불렀다. 집의 노복이나 그 애들까지도 그와 어울리는 것을 어려워하지 않을 정도로 친하게 지냈다. 먹는 것도 조와 콩이 섞인 잡곡밥에 산채 반찬을 즐겼다. 요즘에는 건강 식단이다. 그래선지 그는 79세까지 장수했다.

　맹사성의 남루한 행색과 관련한 야사가 있다. 맹 정승이 자기 고을을 지나갈 거라는 얘기를 듣고 고을 현감이 미리 길목에 자리를 잡고 있었다. 맹 정승이 지위고하를 가리지 않고 누구에게나 친절히 잘 대해준다는 소문이 널리 난 터였다. 그래서 맹 정승에게 눈도장이라도 찍어두기 위함이었다.

　나이 든 노인이 매우 남루한 행색으로 노복과 함께 길목을 지나갔다. 어찌나 남루했던지 현감 일행의 눈길조차 끌지 못했다. 기다리던 현감이 뒤늦게야 맹정승이 지나간 줄을 알았다. 급히 뒤를 쫓아 뛰어가다가 옆구리에 차고 있던 현감 인수, 즉 직인이 도로 옆 연못으로 빠지고 말았다. 그 이후로 그 연못을 직인이 빠진 연못이라고 하여 '인침연'으로 불렀다고 한다.

행정의 달인, 황희

세종의 빛나는 치적을 뒷받침한 대표적 인물이 학자이자 청백리로 잘 알려진 황희다. 황희의 이름은 세종실록에만 812번이나 등장할 정도이니 세종 곁에는 항상 황희가 있었다고 해도 과언이 아니다.

황희가 세종을 모시고 여러 자리에서 일할 수 있었던 것은 그의 행정역량 때문만은 아니다. 나라의 어려운 문제나 백성의 실상을 살피는 눈이 세종과 같았기 때문이다. 그래서 세종은 황희를 높이 평가했고 매우 아꼈다. 세종으로부터 높은 평가를 받는다는 것은 쉬운 일이 아니다. 세종의 사람 보는 안목이 워낙 넓고 깊었기 때문이다.

다만 황희가 어떤 업적을 남겼는가는 보이기도 하고 보이지 않기도 한다. 뚜렷함이 없으면서 잔잔함이 있다는 얘기다.

세종과 황희가 왕과 군신의 관계로 만난 것은 세종 4년 2월 12일이다. 남원에 유배된 황희를 세종이 불러내면서 군신의 인연이 시작된다. 당시 황희는 양녕의 폐세자를 반대하다 교하로 유배되었고 이후 남원으로 옮겨져 있었다.

세종이 부른 이후, 황희는 그야말로 출세 가도를 달린다. 황희의 벼슬은 세종 4년 10월 28일에 의정부 참찬을 제수받고, 예조판서, 강원도 관찰사, 찬성, 찬성 겸 대사헌, 이조판서, 우의정, 좌의정, 파직, 좌의정, 모친상으로 사임, 기복으로 좌의정 복귀, 좌의정 파직을 거쳐 세종 13년 9월 3일 영의정에 오른다.

황희는 세종 시절 의금부에 투옥되기도 했고, 두 번의 파직을 거쳤다. 그렇지만 앞에서 볼 수 있는 바와 같이 전례를 찾기 힘들 정도로 요직을 두루 거쳤다. 정승으로만 24년을 지냈다면 가히 조선 최고의 관록이다.

황희는 청렴하고 소신과 원칙에 강한 인물이다. 그러면서도 온정과 타협을 배제하지 않았다. '강하면 부러진다'는 얘기가 있다. 황희가 소신과 원칙만 고집하는 인물이었다면, 그렇게 오랜 세월을 고위직에 있을 수는 없었을 것이다. 때로는 타협하고, 때로는 양보하기도 했다. 고도의 정치력이었다. 그러나 나라를 위해서나 왕을 위해서 중요한 문제에 대해서는 소신을 굽히지 않았다.

황희는 어떤 사안이든 미래를 내다보고 판단했다. 오늘 결정한 일이 장래에 어떤 영향을 미칠지를 깊게 생각했다. 정책 결정의 기본이다. 어리석은 정책결정권자는 정책의 직접적 효과에만 집착한다. 그로부터 파생되는 여러 중장기적이고 부수적 효과는 염두에 두지 않는다.

황희의 그런 안목을 세종은 높이 평가했다. 그는 행정 수완도 좋았다. 황희는 어떤 일을 맡겨도 일 처리에 사리분별력이 있었고 매끄러웠다. 일에 관련된 부서나 신료와 크게 마찰을 빚지도 않았다.

세종 5년 5월 27일에 황희는 예조판서를 제수받았다. 그러나 채 두 달도 되지 않은 7월 16일 강원도 관찰사로 자리를 옮겼다.

그해 봄 가뭄이 극심했다. 다급해진 조정은 무녀들을 모아 사흘 동안 비를 빌게도 했다. 종묘와 사직, 한강 등에서 기우제도 지냈다. 세종은 가뭄을 자신이 덕이 없는 탓으로 돌리고 근신하며 고기와 술을 금하고 세 가지 산채 반찬의 거친 수라를 들었다.

가뭄으로 인해 피해가 가장 극심한 곳이 강원도였다. 강원도는 땅이 척박해서 늘 농사가 어려운 지역이었다. 세종이 황희를 강원도 관찰사로 보낸 이유는 그곳의 어려운 빈민들을 빠짐없이 구휼하기 위해서였다. 그가 가장 적임자라고 판단한 것이다. 강원도 관찰사는 예조판서에 비해 품계도 한 등급 낮고 격도 훨씬 못 미치는 자리다. 세종이나 황희는 백성의 구휼을 두고 자리의 격을 따지지 않았다.

세종 10년 6월 25일 실록의 기록이다. 이 기록을 보면, 황희에 대한 세종의 신임이 어느 정도인지를 알 수 있다.

"경은 세상을 다스려 이끌만한 재주와 학문을 지니고 있소. 모책(대책을 찾는 것)은 일만 가지 사무를 종합하기에 넉넉하고, 덕망은 모든 관료의 사표가 되기에 족하오. 묘당에 의심나는 일이 있을 때면 경은 곧 시귀(점을 칠 때 꼭 필요한 가새풀과 거북)였고, 정사와 형벌을 의논할 때면 경은 곧 권형(저울)이었으니, 모든 그때그때의 시책은 다 경의 보필에 의지하였소."

황희가 정사를 논의할 때 꼭 필요한 사람이고 균형감이 출중하다는 평가다. 세종이 신하들을 평한 표현 가운데 가장 극찬이다. 세종이 그와 같은 극찬을 했다면, 황희의 역량이 어느 정도인지는 능히 짐작할 수 있다.

세종은 황희가 모친상으로 좌의정을 사임코자 했을 때, 기복을 명해 직무에 복귀시켰다. 그만큼 국정에서 그를 중히 여겼다. 직무에 복귀했지만, 황희는 상중이라 육식을 금하고 매우 거친 소반을 들었다. 당시 황희는 60 노구였다. 세종은 기력이 쇠약해질 것을 염려했다.

비서실인 승정원에 명하여 황희를 빈청으로 초대했다. 세종이 직접 고기를 대접하려 했으나 그날따라 세종의 몸이 편치 않았다. 승정원 승지들로 황희에게 고기를 대접하게 했다. 세종이 황희를 얼마나 극진히 아꼈는지를 알 수 있다. 이 얘기는 세종 9년 11월 27일의 기록에 나온다.

황희에 대한 시비도 적지 않다. 시기하는 사람도 많았음은 물론이다. 황희의 과실에 대해 죄주어야 한다는 사간원이나 사헌부의 탄핵도 있었고, 상소도 여러 차례 있었다. 특히, 사위 서달의 일이 일어난 뒤로는 자리를 옮길 때마다 부적절한 인사라는 상소가 뒤따랐다. 그런 상소에 부담을 느낀 황희가 사임코자 한 적도 여러 차례 있었다.

황희의 가장 큰 시련은 사위 서달로 인해 일어났다. 서달은 형조판서 서선의 아들이다. 서선은 고려 시대 거란의 소손녕과 담판을 통해 침략을 물리치고 평안북도 일대의 국토를 회복시킨 유명한 서희 장군의 후손이다. 태종 이방원과는 동문수학한 절친한 사이였고, 조선 최초의 과거에서 급제한 인물이다.

서달이 병환 중인 모친을 모시고 온양 온천을 다녀오다가 신창현, 지금의 아산에서 그들의 행차를 보고도 인사를 하지 않고 골목으로 피한 아전을 잡아 혼내다가 그만 죽게 만들었다. 황희가 의정부 찬성으로 있을 때 일어난 일로 추정된다.

사위 서달에게 자초지종을 들은 황희는 신창현 출신이자 평소 절친했던 맹사성에게 사건수습을 부탁했다. 자세한 내용은 세종실록 9년 6월 21일에 수록되어 있다. 황희와 맹사성, 서선, 신개 등 정부 최고위직들이 배후가 되고 조사관 조순과 이수강, 충청감사 조계생과 도사 간기, 지역 현감, 그리고 형조의 간부들이 사건의 조작과 은폐를 시도한 대형 사건이었다.

서달의 사건이 형조까지 올라가서 다 마무리된 듯했다. 그러다가 다시 터지게 된 이유는 세종의 명석함 때문이었다. 사건은 조작된 채 마무리되고 서달은 무혐의로 방면되었다. 서달의 종자 잉질종 등이 과실치사의 범인이 되었다. 앞에서도 말했듯이 세종은 힘없는 양민이나 천민들이 관련된 사안에 대해서는 매우 민감했다.

사건이 현직 좌의정 황희와 형조판서인 서선, 그리고 그의 아들과 관련이 있고 벌은 노복이 받은 것을 보자 세종은 유심히 공초를 읽었다. 이때는 황희가 찬성에서 좌의정으로 자리를 옮긴 후였다. 사건의 조서에 앞뒤가 맞지 않는 곳이 여러 군데서 보였다. 그리고 조사가 사건 발생에서부터 마무리될 때까지 매우 오래 걸린 것도 의심이 들었다. 특히, 형조에서 사건을 보고받고 아무 조치도 취하지 않는 채 상당 시간을 끌다가 처리한 것도 이해가 되지 않았다. 신임하는 정승과 판서들이 관여한 사건이었지만, 세종은 의금부에 다시 조사하라고 명했다. 그러자 진상이 드러났다.

이 사건으로 좌의정 황희와 우의정 맹사성, 형조판서 서선은 파직, 대사헌 조계생, 형조참판 신개, 형조좌랑 안숭선, 온수현감 이수강은 파직과 귀양, 그 외 관련자 7명은 곤장 100대에다 3년간 노역 등에 처해 졌다. 실로 대형 사건이었고 엄벌이었다.

서달의 범죄는 교수형에 해당하는 죄였다. 사헌부도 극형을 주청했다. 그러나 곤장 1백 대와 3천 리 밖의 유배형이 내려졌다. 거기다 유배형 대신 속(벌금이나 보석금으로 형을 대신하는 것)을 택할 수도 있게 했다. 사헌부는 법 적용의 형평성을 심각하게 해친다고 반대했으나 세종은 외아들로 병든 노모를 모셔야 한다는 점을 들었다. 서달은 곤장 1백 대를 맞고 유배 대신 속을 택했다. 곤장 1백 대는 사실상 반죽음을 의미한다.

세종의 조치에 대해 사헌부가 크게 반발하자 세종은 대사헌 이맹균을 불렀다. 세종과 대사헌 이맹균의 대화다.

"황희와 맹사성은 사사로운 정에 이끌려 죄가 있는 사람에게 죄를 면하게 하고, 죄가 없는 사람에게 죄를 덮어씌웠습니다. 조정의 대신으로 할 짓이 아니옵니다. 서달은 죄 없는 사람을 부당하게 죽였으므로 극형으로 다스려야 하지만 전하의 자애를 입어 죽음을 면하게 되었사옵니다. 이제 유배마저 속할 수 있도록 하심은 형률을 집행함에 경중을 잃은 처사이옵니다. 서달을 변방 먼 곳으로 귀양을 보내 후일을 경계하심이 옳을 것이옵니다."

"경의 얘기가 다 옳소. 그러나 조정에 대한 공로도 생각해서 대신들의 문제를 처리함이 좋을 것이오. 부모가 늙어 병든 사람이 아닌데도 독자라는 이유로 죄를 면한 사람이 서달뿐이 아니란 점도 생각해주기 바라오. 이 문제는 앞으로 더 이상 거론하지 않았으면 고맙겠소."

이맹균과 사헌부가 승복할 리 없었다. 대사헌을 필두로 상소가 거듭되었다. 그럴 때마다 탄핵의 사유를 옳다고 인정하면서도, 세종은 조치한 것을 번복하지 않았다. 서달의 문제는 세종 16년까지 이런저런 사안과 관련해서 계속 거론되었고, 그때마다 세종을 난처하게 하며 황희를 괴롭혔다.

요즘의 기준으로는 세종의 처결을 이해하기 힘들다. 엄청난 권력형 범죄였기 때문이다. 그러나 당시는 계급사회였고, 사대부들의 범죄는 역모와 같은 중죄가 아니면 처음부터 정상참작이 되던 시기였다. 그리고 파직되거나 귀양을 가도 다시 관직에 나가는 경우가 상례였던 시기였다.

세종은 관용을 베풀지라도 진실을 원했다. 법치가 확립되어야 하고, 억울한 사람이 없어야 한다는 신념은 확고했다. 특히, 서달의 종자 잉질종처럼 힘없는 백성들에 관해서는 더 살폈다. 실록을 보면, 세종의 언급에서 몇 번이고 강조되는 말이 있다.

"벌 받아야 할 사람이 풀려나고, 죄 없는 사람이 옥살이하는 일은 절대로 없어야 한다."

황희에 관한 실록의 기록 가운데 믿기지 않는 이야기가 몇 나온다. 황희가 역마를 관리하는 아전인 박용의 부인으로부터 말과 술대접을 받고 그를 비호했다는 내용이나 종을 죽이고 황희의 집 북쪽 토굴에 숨어지내던 난신 박포의 아내와 간통했다는 내용, 벼슬을 팔거나 죄를 면해주고 뇌물을 받았다는 내용, 사람들과 일을 의논할 때에는 언사가 온화하고 단아하나 자기에게 거슬리는 자가 있으면 몰래 중상하였다는 내용 등이다.

황희가 청백리로 살았던 사실과는 너무 거리가 먼 이야기다. 정사와 관련되지 않은 이런 기록을 굳이 실록에 덧붙인 것을 보면, 이 기록을 남긴 사관이 황희에게 매우 부정적 생각을 지니고 있었던 것으로 보인다. 황희가 실제로 그런 사람이었다면, 고수인 세종의 눈을 속이고 요직에 그처럼 오랫동안 기용될 수는 없었을 것이다.

황희의 출생과 소신

황희는 황해도 개성에서 판강릉부사 황군서의 아들로 태어났다. 어머니에 대해서는 두 가지의 얘기가 있다. 고려 말 문신인 김우의 딸이라는 이야기가 있고, 또 하나는 모친이 천첩이라는 이야기이다. 얼자는 양반과 천민 여성 사이에 태어난 자식이고, 서자는 양반과 양민 첩 사이에 태어난 자식을 말한다. 황희의 모친이 천첩이었다는 얘기가 된다. 이 기록을 남긴 사관이 어떤 근거로 그런 기록을 남겼는지는 알 수가 없다.

불이익을 무릅쓰고도 나라와 왕을 위해 소신을 굽히지 않은 황희의 일화가 있다. 대표적인 건 양녕의 폐세자 반대이다. 세자를 폐하는 문제는 매우 심각한 문제였다. 태종은 왕자의 난을 통해 왕위를 찬탈했다. 적통성 없는 태종이 장자인 세자를 폐하면 향후 왕위계승과 관련하여 위험한 선례를 남기는 일이라고 황희는 생각했다. 적장자 왕위승계 원칙을 분명히 하지 않는다면 왕위계승을 놓고 신하들이 갈릴 수밖에 없다. 누가 왕이 되느냐에 따라 피바람이 불고, 왕자들 사이에도 쿠데타를 일으킬 가능성이 항상 잠복한다. 태종이 왕자의 난을 통해 보여준 일들이다. 바로 이런 점을 황희는 걱정했다.

태종의 폐세자에 대한 의중이 굳어지고, 신료 대부분도 뜻을 같이하면서 대세는 이미 결정되었는데도, 황희는 조선의 장래를 위해 적자승계 원칙을 파기하면 안 된다고 뜻을 굽히지 않았다. 그 일로 황희는 삭탈관직 되고 귀양을 떠났다.

태조 때 있었던 또 하나의 사례가 있다.

태조 6년 11월 29일, 당시 황희는 간관인 장무습유직에 있었다. 선공감으로 있던 정난이 모친상을 당했다. 태조가 정난에게 기복을 명하려고 했다. 기복이란 왕이 상복 입는 것을 면제하고 직무 복귀를 명하는 것이다.

황희는 선공감의 직무가 기복으로 부를 만큼 중요하지 않다는 이유로 반대하고 나섰다. 선공감은 공조 소속으로 토목에 관련된 일이나 궁궐 혹은 관아의 수리에 관한 일을 책임지는 자리다. 한양으로 도읍을 옮긴 지 오래지 않아 할 일이 많았지만, 그런 일은 다른 사람도 얼마든지 할 수 있다는 것이 황희의 주장이었다. 고위직에 있는 대신들이 반대한다고 해결될 일이 아니라고 설득했지만 황희는 소신을 굽히지 않았다. 그러자 태조가 황희를 직접 불렀다.

"그대는 왜 기복을 반대하는가?"

"기복이란 국가의 중대사를 맡은 신하에게 내리는 것입니다. 다른 사람이 대신할 수 있는 중요하지 않은 직책에 기복을 명하시면, 기복이 남용되어 효의 질서가 무너질 수 있음을 고려하시옵소서."

"이미 내가 결정한 바다. 그대로 따르라!"

"아니되옵니다. 이런 전례를 남기시는 것은 위태한 일이옵니다."

황희는 왕명을 거부하고 끝내 서명하지 않았다. 결과는 파직이었다. 유배를 가지 않고 파직으로 끝난 것만으로도 다행이었다. 당시 왕의 기복 조치에 대해서는 간관인 장무습유의 부서, 즉 동의한다는 서경이 교지에 반드시 있어야 했다. 왕권의 남용을 견제하기 위한 장치였다.

함께한 인재들과
이후의 갈림길

세종 재위 32년 동안에 중요한 자리에서 활동했던 인물들은 모두 이름이 널리 알려져 있다. 세종이 많은 업적을 만들었기 때문에 세종의 유명세에 편승한 까닭도 있지만, 그들이 지니고 있었던 역량을 크게 발휘할 수 있었기 때문이다. 그들이 마음껏 역량을 발휘할 수 있었던 배경에는 세종의 뛰어난 용인술이 있었다.

세종이 다른 왕과 비교해서 인재를 보는 눈도 있고, 인재에 대한 욕심도 컸던 것은 사실이다. 그렇다고 해서 다른 시대에 없었던 인재들이 특별히 세종 때만 있었던 것은 아니다. 그들이 역사에 이름을 남길 수 있었던 것은 조선의 부국강병을 위해 노심초사하면서 열정과 의지로 줄기찬 노력을 기울였던 천고일제, 세종을 만났기 때문이다.

유정현, 이직, 이원, 황희, 허조, 유관, 정흠지, 박은, 김종서, 하연, 황보인, 신상, 맹사성, 신장, 신개, 조말생, 권진, 변계량, 최윤덕, 서선, 조계생, 이수, 정인지, 안순, 최만리, 정초, 최사강, 이맹균, 김익정, 윤회, 이천, 하경복, 노한, 성삼문, 신숙주, 오승, 박연, 하위지, 최항, 박팽년, 이개, 유성원, 유응부, 김빈, 이순지, 신인손, 김담, 권채, 장영실, 안숭선, 탁신, 곽존중….

세종이 함께 일한 인재들은 두 부류로 나눌 수 있다.

한 부류는 원로로서 높은 지위에 있었던 사람들이다. 태종 때부터 일했던 중신들이 대부분이었고 성향은 보수적이었다. 이들의 주된 역할은 정치였다. 안정된 정치 없이 치적을 쌓는다는 것은 어렵다. 이들은 세종의 치적을 안정된 정치로 뒷받침한 신하들이다. 유정현, 이직, 황희, 맹사성, 이원, 변계량, 권진, 허조, 최윤덕, 조말생, 윤회, 김종서, 황보인 등이 이들이다. 이들은 학문적으로 고금을 통달했고 소신도 분명했다.

또 하나의 부류는 집현전을 중심으로 형성된 신진사류들이었다. 세종이 직접 등용한 인재들로 젊고 자질이 뛰어났다. 이들은 원로 중신들보다 진보적이고 진취적이었다. 비록 품계는 조정에서 중간 정도였지만, 세종의 치적에서 매우 주요한 역할을 한 그룹이다. 훈민정음의 검증이나 천문, 농업, 군사, 과학 등에서 세종이 내린 지침과 과제를 충실히 수행한 인재들이었다. 가장 선배인 정인지를 필두로 성삼문, 박팽년, 신숙주, 이개, 하위지 등 집현전 세대가 이들이다. 이들은 세종이 자신은 물론 다음 왕인 문종 시대를 위해서도 준비시킨 인재들이었다.

신진사류의 맏이였던 정인지는 선배답게 원로 그룹과 신진 그룹 사이에서 징검다리 역할을 한 인물이다. 정인지는 별로 내세울 만한 내력이 없는 집안 출신이었지만, 어려서부터 머리가 좋고 학문하기를 좋아했다. 태종 14년의 문과에서 장원을 했으며, 세종 9년의 문과 중시에서도 역시 장원을 했다. 원만한 인품에다 머리가 좋았고 학문도 출중했다.

태종 당시 초년 관료 시절 주로 병조에서 일했다. 여러 가지 일로 우여곡절이 많았다. 몇 차례 하옥되기도 했고, 탄핵도 당했으며 태장에 처해지기도 했다. 병조의 일이 아마 체질에 맞지 않았던 모양이었다.

집현전으로 자리를 옮긴 후부터 정인지는 순탄한 길을 걸으며 두각을 나타냈다. 세종이 무슨 일이든 맡기면 기대에 어긋나지 않았다. 그는 집현전에서 젊은 신진 학자들의 맏형으로 존경과 신뢰의 대상이었다. 세종의 신임 역시 매우 두터웠다.

정인지는 세종이 연구하고 있던 언문이나 음운의 이치를 누구보다 빨리 이해했다. 그런 정인지를 세종은 무척 좋아했고, 훈민정음 관련하여 여러 일을 시켰다. 훈민정음 창제의 막바지에 검증 작업을 도운 것이 정인지의 가장 큰 공이다. 세종이 훈민정음의 서문을 정인지에게 짓도록 한 것도 그런 까닭이다.

정인지는 훈민정음 검증 작업 이외에도 집현전의 학자들을 이끌면서 세종이 준 과제를 성공적으로 수행했다. 대표적인 것만 꼽아도 그가 얼마나 많은 일을 했는지 알 수 있다.

중국의 역법서『대통력』을 개정해서 일식과 월식, 동지와 하지 이후의 일출과 일몰 시각, 밤과 낮의 길이를 이해하기 쉽게 만든『칠정산내편』, 중국의 고대로부터 명나라까지 왕들의 명령 가운데 중요한 것을 선별해서 엮은『사륜요집』, 우리나라와 중국의 역대 사적 중에서 훌륭한 것들을 간추려 편찬한『치평요람』, 그리고 고려 시대의 정치와 경제, 인물 등에 관한 주요 내용을 기전체로 기록한 『고려사』 등을 정리하고 편찬하는 일에 주도적 역할을 했다. 또 『태조실록』의 증수와 『세종실록』의 감수 책임도 맡았다.

조선의 군왕으로 성공하기 위해서는 적어도 세 가지 조건이 뒷받침되어야 했다.

첫째는 정치적 안정이다.

중신들을 중심으로 정치가 안정되지 못하면 왕은 그 소용돌이에 휘말리게 된다. 태조와 태종 때는 개국공신 위주의 조정이었다. 개국 초, 강력한 왕권 아래서 신하들 사이에 분파가 생길 여지가 없었다. 그러나 세종 때에는 개국에 기여한 원로들과 사림 출신의 신진 세력 사이에 갈등이나 충돌이 있을 수 있는 인적 구성이었고 시대적 배경이었다.

그럼에도 노장과 소장 세력이 조화를 이루면서 세종의 치세를 한 뜻으로 뒷받침할 수 있었던 것은 세종의 뛰어난 리더십과 용인술 덕분이다. 세종의 용인술은 적재적소에 인재를 배치하고 그들이 역량을 발휘할 수 있는 여건을 조성해주는 것이었다. 그리고 세종은 무엇보다 신하들을 신의로 대했다. '군신유의'의 취지를 구현한 군신 관계를 구축한 것이다. 세종과 신하는 매우 이상적이고 아름다운 관계였다.

조선의 국운이 기운 것은 인재가 없어서가 아니었다. 인재를 알아볼 줄 알고 그들이 적재적소에서 역량을 펼 수 있도록 배려하는 군주의 자질이 부족했기 때문이다. 세종처럼 신하들과 혼연일체가 되지 못하고, 정치적 상황 혹은 일시적 필요에 따라 신하를 이용하고 버리는 왕들도 많았다. 그런 군주에게 가진 역량을 모두 바쳐 충성하는 신하가 있기도 어려운 일이다.

둘째는 내명부의 안정이다.

중전을 중심으로 후궁들이 화평을 이루지 못한 채 후계 등의 문제를 놓고 암투를 벌인다면, 군왕이 할 수 있는 일은 크게 제약을 받을 수밖에 없다. 여기에 외척들까지 합세하면, 권력 다툼으로 번지면서 군왕은 매우 혼란스러운 상태에 빠지게 된다.

셋째로는 백성의 먹고사는 문제가 달린 농사다.

흉년으로 기근이 계속되고 민심이 흉흉해지면 정국은 안정될 수가 없다. 조선 시대 백성의 최대 희망은 굶주리지 않고, 배불리 먹고 사는 것이었다.

세종은 첫째와 둘째 조건은 갖추었지만, 셋째 조건은 갖추지 못했다. 하늘만 바라보고 농사를 짓던 시절이라 왕이 흉년을 피하기 위해 할 수 있었던 일은 별로 없었다. 세종 재위 동안 유독 가뭄이나 장마의 피해가 심했다. 『농사직설』이나 『칠정산내외편』의 편찬에서 볼 수 있는 바와 같이 조선식 농법과 우리 절기에 맞는 역법을 개발했다. 저수지도 만들고 개간도 했다. 그러나 그것으로 흉년을 피할 수는 없었다. 세종은 연이은 흉년에서 굶어 죽는 백성이 없도록 할 수 있는 모든 조치를 다 했다. 흉년으로 어려움에 치한 백성을 살피도록 일선 지방관들에 대한 감독을 매우 철저하게 했다. 그래서 혹심한 가뭄과 장마, 흉작 등을 극복할 수 있었다.

군주와 신하, 백성이 국난이라고 할 수 있는 흉년을 지혜를 모아 함께 극복했다. 세종은 배고픈 백성으로부터 성군이라는 평을 받을 수 있었고, 인재들과 함께 위대한 많은 치적을 남길 수 있었다.

문종의 즉위와 더불어 세종이 발굴한 집현전의 젊은 인재들이 대간 등의 요직으로 조정에 진출했다. 그들의 실력과 이상이 날개를 달기 시작했다. 그렇지만 그들 앞에는 두 갈래의 길이 기다리고 있었다. 하나는 영달의 길이고, 다른 하나는 죽음보다 더 참혹한 멸문지화의 길이었다. 계유정난으로 왕좌를 찬탈한 수양대군 세조의 편에 설 것인가, 아니면 적통 단종의 편에 서야 할 것인가를 선택해야 하는 갈림길이었다.

세종은 문종이 병치레를 자주 했지만, 자신의 뒤를 이어 훌륭한 성군이 될 것으로 믿었다. 문종 역시 부왕인 세종을 본받아 훌륭한 왕이 되겠다는 생각으로 학문에도 열심이었고, 군주의 자질도 충분히 갖췄다. 그러나 늘 건강이 문제였다.

세종도 불과 몇 년 앞을 내다보지 못한 일이 있었다. 문종과 단종의 문제다. 세자인 문종은 병약했고 세손인 단종은 세종이 승하할 때 겨우 10살이었다. 부왕인 태종의 경우를 보더라도 세종은 어린 손자를 걱정하지 않을 수 없었다. 그래서 황보인과 김종서 등 몇 사람에게 어린 세손을 잘 보호하도록 특별히 부탁도 했다.

세종은 아버지 태종의 거센 성격을 닮은 둘째 아들 진양대군이 마음에 걸렸다. 그래서 그의 군호를 수양대군으로 바꿔주었다. 수양산에서 절의를 지킨 백이와 숙제를 본받으라는 의미였다. 군호까지 바꾸어줄 정도로 세종의 염려가 있었음을 알 수 있다. 세종은 부왕 태종이 왕위 찬탈을 위해 벌인 사단들을 기억하고 있었기 때문이다.

진양과 안평, 임영대군의 교육을 맡았던 김유는 대군들의 성품과 자질에 대해 세종에게 얘기한 적이 있다. 왕자들이 모두 뛰어나지만, 그 가운데 진양대군에게는 왕재가 넘친다고 얘기하였다. 능히 왕을 할 만한 능력이 있지만, 위험한 야심이 있다는 것을 암시한 것이었다. 칭찬으로만 받아들일 수 없는 얘기란 것을 세종이 모를 리가 없었다.

세종은 장래를 염려했다. 그러나 그럴 수는 없을 것이란 믿음도 있었다. 이미 적장자인 세자가 있고, 역시 적장손인 세손이 있었기 때문이다. 그리고 황보인 김종서를 비롯한 강직한 신하들과 집현전의 올곧은 신진 학자들이 보호막을 치고 있었기 때문이다. 그러나 세종의 그런 기대는 불과 몇 년이 지나지 않아 산산조각이 나고 말았다.

세종은 차남인 수양대군에게 많은 일을 맡겼다. 세자가 병약해서 일을 맡을 수 없었기 때문이다. 중국 사신들에 대한 영접과 환송도 수양대군에게 맡겼다. 의당 세자가 해야 할 일이었다. 그러나 주요한 행사의 상당 부분을 수양대군에게 맡긴 것은 범에게 날개를 나게 하는 일이었다. 세자가 꼭 해야 할 일을 건강 때문에 할 수 없을 때, 수양대군에게 대행을 맡기는 일은 어쩔 수 없는 일이다. 그러나 수양대군이 나서지 않더라도 다른 신하들이 할 수 있는 일까지 맡긴 것은 쉽게 납득이 가지 않는 일이다.

대신들의 경사에 참례하는 것이나 집현전 일도 수양대군의 몫이었다. 국정에서 가장 주요한 조세 문제인 공법의 시행을 위해 설치한 전제상정소의 최고 책임자인 도제조도 수양대군이 맡았다. 그 아래의 제조는 판서와 참판들이 맡았다. 이런 일까지 수양대군에게 맡긴 세종의 의도는 무엇이었는지 알 길이 없다. 사실상 수양대군에게 왕 수업을 시킨 것이나 마찬가지이기 때문이다.

　세종이 가장 관심을 가진 사안 가운데 하나가 화포 개발이다. 자주국방
을 위해 세종은 꼭 화포가 필요하다고 판단했다. 세종은 단순히 국방력을
강화한다는 차원이 아니라, 어느 나라에도 예속되지 않은 자주 조선이라
는 지평을 보고 있었다. 화포에 관한 세세한 얘기는 뒤에서 다룬다.

　세종 26년 10월 11일에 양화도에서 주요한 화포 실험이 있었다. 특히,
이 실험은 군함에다 화포를 장착하고 발사하는 실험이어서 세종은 물론
대신들도 매우 관심이 큰 사안이었다. 세종이 친히 거동해야 할 사안이
었지만, 훈민정음의 마무리로 몸이 불편했다. 세종은 자기 대신 수양대
군을 보냈다. 이때 세자는 환절기의 고뿔로 고생하고 있었다.

　이외에도 수양대군이 맡은 주요한 임무는 매우 많았다. 세자가 몸이
약해 세자궁에 머무르면서 학문이나 다듬었다면, 수양대군은 이런저런
실무를 통해 국정 전반을 파악하고 있었다. 제왕학을 실습하고 체득할
수 있는 좋은 계기였다.

　할아버지 태종의 거친 성격을 닮은 수양대군은 여러 가지 일들을 처리
하면서 권력의 속성이나 매력을 충분히 느낄 수 있었을 것이다. 그런 그
가 병약한 형님과 어린 조카를 보면서 부왕 태종과 같은 일을 벌일 수도
있을 것이란 점을 영명한 세종이 예측하지 못한 것은 이해하기 힘들다.
황보인과 김종서, 집현전의 학사들에 이르기까지 문종이 단명할 것을 내
다보고 어린 세손을 부탁했던 세종이 아들 수양대군에 대해서는 특별한
조치를 해두지 않았다.

역사는 조선 최고의 성군 세종이 기대했던 방향과는 정반대로 매우 처참한 길로 들어서고 있었다. 세종 뒤를 이어 왕위에 오른 문종은 재위 2년 3개월이란 짧은 기록을 남기고 38세의 일기로 세상을 떴다. 세자로는 30년이란 긴 세월을 보냈던 그다. 문종의 뒤를 이은 어린 단종은 조선 역사에서 가장 슬프고 비참한 운명의 길을 걷게 된다.

어떤 사가들은 수양대군이 계유정난을 일으키고 단종을 몰아낸 것은 자신이 살기 위한 불가피한 선택이었다고 주장하기도 한다. 문종이 죽고 나서 황보인과 김종서 등 권력의 실세들은 모두 수양대군을 경계했고 여차하면 제거할 덫을 놓고 있었기 때문이다.

이런 주장은 수양대군의 계유정난을 정당화하기 위한 논리나 마찬가지다. 당시 김종서 등 권력의 실세들은 수양대군이 여차하면 역모의 화근이 될 수 있다고 생각했다. 단종을 몇 년만 잘 보호하면 수양대군도 어찌할 수 없을 것이라고 생각했을 뿐이다. 그들이 경호권과 군권 등을 모두 쥐고 있었기 때문이다.

세종은 할아버지와 아버지, 그리고 아들이 쿠데타를 일으킨 진기하고도 불행한 기록을 지닌 왕이다. 문종이 단명할 것을 예견하고 세종이 둘째 아들 수양대군을 왕세제로 봉하고 문종의 뒤를 잇게 했다면 역사는 어떻게 흘렀을까? 세손이 엄연히 존재하고 있는 당시 상황에서 하기 어려운 발상이다. 특히, 세종은 황희가 주장했던 장자 계승을 처음으로 이룬 왕으로서 생각하기 어려운 일이었을 것이다.

세종이 발굴한 인재들은 계유정난의 선택 앞에서 정인지, 최항, 신숙주처럼 세조 편에 서 영달의 길을 걸었다. 그들과 달리 성삼문, 이개, 박팽년, 하위지, 유성원, 유응부 등은 단종 복위를 시도하다 피어보지도 못하고 가족과 함께 형장의 이슬로 사라졌다. 사육신 이외에도 권자신, 김문기 등 70명이 넘는 조정 신료는 300여 명의 가족과 함께 처형되거나 유배의 길을 가야 했다. 조선 역사에서 가장 비극적인 일이고, 조선 인재의 맥을 상당 기간 끊어버리는 불행한 일이었다.

세종 이후 정인지의 길

정인지는 세종 이후 신숙주, 최항 등과 계유정난으로 정권을 잡은 세조에게 협력했다. 당시 50대 중반이었던 정인지는 목숨을 걸고 일편단심의 절개를 지킬 엄두를 내지는 못했다. 현실주의자였다. 30대 초였던 신숙주도 마찬가지였다.

세종과 문종의 사랑을 받았던 두 사람은 단종을 폐위하고 죽이는데 이런저런 역할을 하면서 세조의 신임을 받아 영의정까지 오르는 출세의 길을 걸었다.

박연의 재능을 알아보다

천부적 재능을 타고났더라도 그 재능을 발휘하고 간 사람들보다 뜻을 펴보지도 못하고 세상을 뜬 사람들이 훨씬 많을 것이다. 타고난 재능이 있어도 그것을 발휘할 기회를 얻지 못했기 때문이다. 그래서 자신이 지닌 재능을 마음껏 펼칠 기회를 가진 사람은 행운아다.

세종을 만나 자신이 가진 달란트를 유감없이 발휘하고 간 인재들 가운데서 빼놓을 수 없는 사람이 박연이다. 그를 흔히 고구려의 왕산악, 신라의 우륵과 더불어 우리 역사에서 3대 악성이라고 추앙한다. 그가 이런 명예를 얻을 수 있었던 건 세종을 만난 행운 덕분이다.

박연은 지금의 충청북도 영동군에서 태어났다. 아버지는 고려 말, 종3품직인 삼사의 좌윤을 지낸 박천석이다. 유년 시절 영동의 향교에서 교육을 받았고, 어려서부터 성격이 밝았다. 시문을 흥얼거리기 좋아했고, 피리와 비파 등 악기를 좋아했다. 악기를 잘 다룬다는 사람이 있다고 하면 광대와 같이 천한 사람이라도 마다치 않고 먼 길을 찾아가 연주를 배웠다.

실록에 그가 처음 등장한 것은 세종 5년 3월 17일이다. 의영고의 부사직에 있을 때다. 그는 훈도관으로 겸임을 명받아 의녀들의 교육을 책임지고 있었다. 의영고는 궁궐에서 사용되는 기름, 꿀, 과일 등과 같은 식품들의 조달이나 관리를 맡아보는 호조의 부속 기관이다. 식품 관리나 의녀 교육 등은 박연이 지닌 재능과는 거리가 멀어도 한참이나 먼 것이었다.

태종 5년에 문과에 급제하여 집현전과 사헌부, 세자 시강원 등에서도 근무했다. 학자 문신들이 탐하는 괜찮은 보직이었다. 청환직 또는 청요직이라 불리는 자리로 실력과 강직성을 갖춘 청렴한 인재들이 가는 자리였다. 그곳에서도 별로 재능을 발휘하지 못했던지 박연은 세종 5년이 되도록 별 승진을 하지 못한 채 한직인 의영고의 부사직에 있었다. 의영고 부사직은 종5품이나 6품이 맡는 자리였다.

인생에서 주요한 기회는 몇 차례 스쳐 지나간다. 따라서 기다리는 자에게 기회는 언젠가 반드시 찾아오는 법이다. 마침내 박연에게 자신의 천부적 달란트를 마음껏 발휘할 기회가 찾아왔다. 예조의 악학별좌직에 임명되었기 때문이다.

정확한 임명일은 실록에 나오지 않는다. 다만, 세종 7년 2월 24일 예조에서 박연이 제안한 내용을 세종에게 보고하는 기록이 나온다. 시기를 볼 때, 의영고 부사직에서 바로 예조의 악학별좌로 이동한 것으로 보인다. 악학별좌는 정6품직으로 아아서의 악공을 뽑아 음악 교육을 관장하는 자리다.

이때부터 박연은 세종의 지원 아래 조선 음악에 눈부신 업적을 만들어 간다. 첫 번째 작업이 기존의 악서를 모두 찬집하는 일이었다. 우리의 향악, 당나라의 당악, 그리고 송나라 때부터 내려온 아악의 율조를 분류 정리했다. 그 토대 위에서 박연은 조선의 악보법을 새로 썼다.

세종 8년 4월에는 궁궐의 각종 제례를 주관하는 봉상판관의 겸임을 명받아 악서를 다시 분류 편집했다. 세종 9년에는 아악기로 주요하게 쓰이는 우리 고유의 석경을 만들었다. 남양주에서 나는 돌을 다듬어 만든 석경은 소리가 뛰어났다. 이때부터 석경은 각종 제향을 위한 아악의 연주에서 철로 만든 중국의 편경을 대체하여 사용되었다.

세종 10년 2월 20일 세종이 박연에 대해 평한 말이다. 박연의 악기와 악보, 그리고 악서에 대한 열정을 두고 음악만 아는 고지식한 사람이라는 주위의 평판에 대해 세종이 한 말이다.

"박연은 세상일에 통하지 아니한 학자가 아니라, 세상일에 통달한 학자다."

박연은 세종의 기대와 지원을 배신하지 않았다. 쏟을 수 있는 모든 열정과 재능을 쏟아부었다. 새로운 악기와 악보, 연주 때의 음의 조화를 위한 악기 배열, 악기를 보관하는 틀과 보관소, 악기 파손에 대한 수리, 악공의 육성과 그들의 복식, 녹봉 등에 이르기까지 모든 것을 체계화했다.

춤도 예외가 아니었다. 제례 때 추는 가무와 문무, 그리고 무예의 춤인 무무 등 춤도 창작 보완하여 재정리했다. 춤사위에 맞는 음률과 보폭, 박자에 따른 걸음 수, 무용수의 복식에 이르기까지 박연의 손과 재능을 빌리지 않은 것이 없었다. 민속 음악인 향악과 궁중 음악인 아악을 재편성 분리하여 체계화했다.

세종은 새로운 악기나 음악이 나올 때마다 사정전에서 연주하는 자리를 만들어주고 친히 감상과 격려를 아끼지 않았다. 세종 12년 12월 27

일, 박연이 봉상소윤을 거쳐 종3품직인 대호군으로 있을 때의 일이다. 이 날 세종은 박연을 불렀다.

"우리 악기와 음악이 정비되고 새로운 모습으로 태어나서 난 기쁘기 한 량이 없소."

세종은 박연으로부터 조선의 음악 발전과 앞으로 해야 할 것들에 대해 많은 얘기를 들었다. 그리고 그에게 그간의 노고와 공을 치하하고 털옷과 모자를 내렸다.

해가 바뀐 세종 13년 1월 21일에는 대호군 박연과 그를 도와 보조역을 충실히 했던 경시주부 정양에게 안장을 갖춘 말을 하사했다. 그리고 장악원에서 체아직이라는 임시직으로 박연을 도와 음악에 관한 일을 보던 전악 17명에게는 정식 벼슬이 제수되었다. 박연의 지휘 아래 악기를 만들고 수리했던 기능공 장인 1백3십 명에게는 미곡을 내려 노고를 치하했다. 파격이었다. 세종의 음악에 대한 관심과 지원이 어떠했는지를 알게 해주는 사례다. 조선 군주 가운데 세종은 음악을 이해하고 사랑했던 유일한 군주다.

세종의 전폭적인 지원과 박연의 열정으로 우리 향악과 아악이 마침내 집대성되었다. 그 첫 연주가 세종 15년 1월 1일 문무백관이 모여 하례를 하는 회례연에서 열렸다. 중국 송나라 때부터 빌려 연주했던 중국의 아악을 버리고, 새로운 음과 율조로 된 우리 아악이 탄생하는 역사적인 순간이었다.

중국 음악에 익숙해 있던 신료들이 반신반의했다. 새로운 아악을 폄하하려는 소리도 있었다. 사대주의에 빠져 훈민정음을 폄하했던 그런 태도와 마찬가지였다. 중국의 것을 맹신하고 추종한 머리였다.

"중국의 음을 버리고 스스로 율관을 만드는 것이 옳은 일인가?"

박연이 우리 아악의 구성과 특징에 대해 자세히 설명했다. 박연의 그런 설명을 제대로 이해하면서 알아들을 수 있는 사람이 몇이나 있었는지 모른다. 다만 분명한 것은 세종은 정확히 이해하고 있었다는 사실이다.

"중국의 경은 화하고 합하지 아니한 데, 지금 만든 경이 옳게 된 것 같다. 경석(석경을 만드는 돌)을 얻는 것이 다행이었는데, 지금 소리를 들으니 또한 매우 맑고 아름답소. 율(가락이나 박자)을 만들어 음을 비교한 것은 뜻하지 아니한 데서 나왔으니, 내가 매우 기쁘오. 다만 이칙(경석 12개 가운데 아홉 번째 것) 1매의 소리가 약간 높은 것은 무엇 때문인지 모르겠소."

'화하고 합하지 아니하며'의 의미는 소리가 각기 놀면서 서로 조화를 이루지 않는 것을 의미한다. 박연은 경기도 남양에서 경을 만들 수 있는 질이 매우 좋은 돌을 찾아냈다. 쇠로 만든 편경보다 석경의 소리가 더 청아한 까닭은 온도의 영향을 돌이 쇠보다 덜 받기 때문이다.

세종의 음을 판별하는 능력이 경지에 있음을 알 수 있다. 아홉 번째 소리가 약간 높다는 것을 알고 의문을 제기한 것이다. 박연이 살펴보고 그 연유를 설명했다.

"가늠한 먹이 아직 남아 있으니 다 갈지 아니한 까닭입니다."

돌을 반듯하게 자르기 위해 먹을 묻힌 줄을 그었다. 경석에 붙은 마른 먹을 갈아서 없애자 바른 소리가 나왔다. 배열된 경석에 따른 음의 차이를 알아낸 세종의 능력에 박연을 비롯해서 자리를 같이한 많은 신료가 놀랄 수밖에 없었다.

세종 31년 12월에는 박연이 아악과 구분되는 새로운 음악을 만들었다. 새 음악의 절주는 세종이 만들었다. '절주'란 음의 장단이나 강약 따위가 반복될 때 그 규칙적인 흐름을 의미한다. 세종이 막대기로 땅을 치면서 박자나 강약을 정한 것이다. 그날의 실록은 하룻밤 사이에 세종이 그것을 완성했다고 기록하고 있다. 음악에 대한 세종의 조예가 어느 정도였는지를 가늠하게 해준다.

박연은 세종의 각별한 신임과 지원을 배경으로 당시까지 중국의 악기와 음악에 의존했던 음악사를 단절하고, 조선의 음악사를 새로 썼다. 향악과 아악에 사용될 새로운 악기와 악보를 창작했다. 아악에서도 조회와 연회, 제향에 따라 사용되는 음악을 모두 새로이 만들었다. 이때 만들어진 음악은 지금까지 사용되고 있다.

세종은 박연의 관작도 계속해서 올려주었다. 그는 대호군과 첨지중추원사, 공조와 예조참의, 인순부윤과 중추원부사에까지 올랐다. 단종 1년 7월에는 예문관 대제학으로 승차했다.

세종 25년 9월에 박연이 사헌부의 탄핵을 받았다. 박연이 밤에 병조판서 정연의 집을 찾아간 것이다. 무슨 연유로 정연을 찾은 것인지는 실록에 나와 있지 않다. 사헌부의 탄핵 사유는 분경(권세가에게 하는 사사로운 청탁)이었다.

"박연이 이미 늙었으니 그에게 청탁할 것이 무엇이 있겠는가? 더군다나 박연은 대신인데 어찌 작은 일로 벌할 수 있겠는가?"

세종의 신임이 있어서 박연은 화를 피했다. 그러나 박연의 말년은 순탄치 못했다. 본인의 과실과 아들 때문이었다.

세종 30년 3월 박연은 다시 사헌부의 탄핵을 받았다. 누이가 죽은 지나흘 만에 장례를 마치고 누이의 재산을 챙겨 서울로 올라오고, 악공을 사사로이 동원했다는 내용이었다. 탄핵의 내용이 모두 사실이었기 때문에 세종도 그를 파직시키지 않을 수 없었다. 그러나 세종은 1년 후인 31년 5월 3일 박연을 복권시키고 다시 인수부윤으로 임명했다. 여기까지가 세종과 박연의 인연이었다.

박연은 단종 1년에 학문과 예술의 최고봉이라고 할 수 있는 예문관 대제학에 올랐다. 그러나 영예는 잠시뿐, 금성대군과 가까웠던 셋째 아들 박계우가 계유정난 때 역신으로 몰려 처형되면서 박연 역시 화를 피할수 없었다. 태종과 세종, 문종을 섬긴 원로대신임을 참작해서 고산으로 유배를 갔다. 2년 4개월 만에 경외종편(유배를 풀어주고 서울이 아닌 지역에서 자유롭게 살도록 해주는 조치)에 처해지고 유배가 풀렸으나 이기간을 박연이 어떻게 보냈는지에 대한 기록은 없다. 유배가 풀린지 49일 만인 3월 23일, 위대한 조선의 악성 박연은 81세로 생을 마감했다. 당시로는 매우 장수를 누린 생애였다.

박연이 창삭하고 정비해 놓은 악기, 악보, 악서, 연주 배열, 춤, 복식 등은 조선 말을 거쳐 지금까지 사용되고 있다. 말년이 불운했지만, 박연은 세종을 만나 지니고 있던 재능을 마음껏 발휘했고, 위대한 업적을 남긴 역사적 인물로 남았다.

'인생은 곧 만남'이라는 정의가 있다. 누구를 만나느냐에 따라 그 사람의 인생이 결정된다. 부모에서부터 형제와 자매, 아내와 자식, 친구와 친지 등과의 만남이 곧 인생이다. 아버지를 잘못 만난 소현세자와 사도세자, 형제를 잘못 만난 방석과 방번을 비롯해서 여러 난과 반정, 사화에서 죽임을 당한 무수한 사람들이 모두 사람을 잘못 만났기 때문이었다.

조선 시절 군주를 잘못 만나 죽임을 당한 아까운 인재들이 허다했다. 그러나 세종을 만나 잘못된 사람은 찾기 어렵다. 세종을 만나 고생은 했을지라도 가진 재능을 맘껏 펼치고 역사에 이름을 남긴 인재들은 모두 행운아였다. 박연도 그중 한 사람이다.

천민 장영실 발탁과
과학기술의 발전

조선 초에는 역량이 있으면 천민도 등용했다. 조선 초에 천민이나 양인들이 문관이나 무관에 진출할 수 있었던 것은 조선 개국의 덕이 컸다. 세종의 지시를 받아 과학 기술 분야에서 뛰어난 실력을 발휘한 장영실이 대표적인 예다. 장영실은 세종실록에서 14번 등장한다. 맨 처음 등장은 세종 7년 4월 18일이다. 세종이 평안도 감사에게 지시한 내용이다.

"석등잔 대·중·소 30개를 이제 파견되는 사직 장영실이 말하는 것을 들어서 준비하라!"

'사직'이라면 중앙군사조직인 오위에 속한 정5품 벼슬로 꽤 높은 중견의 공직이다.

세종 7년 5월 8일의 실록을 보면, 장영실은 남원부사 이산이 보낸 뇌물을 빈았다는 이유로 곤장 20대를 맞는다. 뇌물을 받은 사람으로는 대사성 황현을 위시해서 많은 사람의 이름이 나온다. 황희와 변계량의 이름도 등장한다. 뇌물은 별거 아니었다. 기름종이인 유지와 역시 기름을 묻힌 두꺼운 종이로 비가 올 때 머리 위로 덮어쓸 수 있는 안롱이었다.

세종 12년 4월 26일 실록에는 장영실이 명나라를 다녀온 기록이 나온다. 판좌군부사 이징이 명나라에 사은사로 갈 때 일행으로 함께 갔다. 세종이 머리가 영리하고, 눈썰미가 좋은 장영실을 일부러 딸려 보낸 것이다. 명나라의 새로운 문물을 보고 가지고 올 것은 가져오라는 분부였다.

귀국하는 길에 요동에서 이징이 관용인 역마와 종자들을 동원하여 노루사냥을 했다. 명나라 영토에서 사냥을 즐기다가 요동 수비를 책임진 요동도사에게 큰 나무람을 당했다. 국가 위신을 손상한 것이다. 이징은 거기에 화가 났음인지 중국 사람을 구타하기도 했다.

이징은 태조의 이복동생인 의안대군 화의 아들이다. 태종에게 죽임을 당한 방석도 군호가 의안대군이지만 한자가 다르다. 이징은 태종이 무관으로 발탁하고 세종 역시 그대로 썼다. 그러나 문제가 많은 인물이었다. 태종 2년에는 남편이 있는 양민 여성을 취해 성폭행을 저질러 물의를 일으키기도 했다. 세종은 그를 평소 왕실의 일원으로 예우를 했다.

요동에서 있었던 일로 사헌부와 의금부에서 처벌할 것을 주청했다. 이징은 유배되고, 장영실은 장형에 처해 졌다. 그러나 장영실은 매를 맞지 않고 그에 해당하는 벌금을 냈다. 장영실은 이징이 가자고 하면 어쩔 수 없이 사냥에 동행할 수밖에 없었던 처지여서 억울함이 컸을 수도 있다.

그 뒤, 장영실은 세종 16년 7월 1일에는 정4품인 호군이 되었다가 20년 1월에는 종3품인 대호군으로 승진했다. 조선에서 천민 출신으로 종3품까지 간 사람은 장영실뿐이다. 같은 해 9월, 세종은 장영실을 경상도 채방별감으로 보내, 경상도의 창원, 울산, 영해, 청송, 의성 등을 순회하면서 구리와 철 등 광물 채굴을 지휘 감독하게 했다.

마지막 기록은 세종 24년 5월 3일에 나온다. 이날 실록에는 장영실이 불경죄로 직첩을 회수당하고 곤장을 맞는다. 그가 만든 안여(임금이 타는 가마가 달린 수레)의 바퀴가 부러지는 일이 생겼기 때문이다. 실록에서 마지막 장영실에 대한 기록이 곤장형이니 그가 세운 많은 공적에 비해 얄궂은 운명이었다.

장영실에 대해 세종이 직접 언급한 이야기가 실록에 나온다. 세종 15년 9월 16일이다. 비서실장인 지신사 안숭선을 불렀다. 장영실의 호군 임명 문제에 대해 영의정 황희, 좌의정 맹사성과 의논해보라고 지시한 내용이다.

"장영실은 그 아비가 본래 원나라의 소주·항주 사람이고, 어미는 기생이었다. 그의 공교한 솜씨가 보통 사람보다 뛰어나므로 태종께서 보호하시었고, 나도 역시 그를 아낀다. 임인년인가 계묘년 무렵에 상의원 별좌를 시키고자 하였다. 이에 이조판서 허조는 어미가 기생이었음을 이유로 반대하고 병조판서 조말생은 찬성이었다. 두 견해가 일치하지 아니하므로, 뒤에 다시 대신들에게 의논한즉, 유정현 등이 괜찮다고 하기에, 내가 별좌에 임명하였다. 영실의 사람됨이 비단 공교한 솜씨만 있는 것이 아니라, 성질이 똑똑하기가 보통이 아니다. 이제 자격궁루를 만들었는데 비록 내 가르침을 받아서 하였지마는, 이 사람이 아니었더라면 암만해도 만들어 내지 못했을 것이다. 만대에 전할 기물을 만들었으니 그 공이 작지 아니하다. 호군의 관직을 더해 주고자 하니 상의하고 아뢰도록 하오."

장영실이 뛰어난 장인의 솜씨를 인정받아 태종 때부터 보호를 받았음을 알 수 있다. 보호를 받았다는 것은 장영실이 천민일지라도 함부로 다루지 못하도록 했다는 뜻이다. 그러나 태종 시절 장영실이 구체적으로 무엇을 했는지는 기록에 나오지 않는다.

　장영실의 맨 처음 등용은 세종 4년 혹은 5년에 상의원 별좌로 임명된 것이다. 상의원 별좌는 급여도 없는 하급 자리다. 그럼에도 대신들과 두 차례나 논의를 거친 것은 장영실이 천민이었기에 당시 신분 질서에 미치는 영향 때문으로 보인다.

　세종은 이후 장영실이 자격루를 만든 공로를 인정해서 장영실을 정4품 호군으로 승진시키고자 했다. 이때 만든 자동 시보장치의 자격루는 중국에서 사용하고 있던 물시계에 비해 그 정교함이 한발 앞섰다.

　세종의 말 가운데 눈길을 끄는 대목이 있다. '비록 나의 가르침을 받아서 하였지마는'이라는 대목이다. 장영실이 만든 물시계 '자격궁루'가 세종의 아이디어를 토대로 만들어진 것을 알 수 있다. 이처럼 세종 때 만들어진 것 가운데 상당수가 세종의 아이디어에서 출발했다는 점을 주목해야 한다.

장영실은 과학자인가, 기술자인가?

장영실과 관련해서 약간의 오해가 있다. 장영실이 재주가 뛰어나고 과학 기술 발전에 크게 기여한 것은 사실이다. 그러나 세종 당시 물시계나 해시계 등의 제작이 장영실의 단독 작품은 아니다. 이것들이 장영실의 단독 작품처럼 알려지고 조선 시대 과학기술인의 대명사로 여겨지는 것은 오해다. 장영실이 크게 돋보인 것은 그가 천민 출신으로 여러 재주를 인정받아 종3품의 관직에까지 올랐기 때문이다.

역사 교과서에서도 장영실을 크게 다루고 있다. 장영실 과학기술상도 있고 기념관도 있다. 장영실을 주인공으로 제작된 드라마도 있다. 그러다 보니 세종 당시 만들어졌던 과학 기술작품들이 모두 장영실이 만든 것처럼 여기거나 최고의 과학자로 불리는 오해의 소지를 남겼다.

역사의 기록을 토대로 볼 때, 장영실은 과학자가 아니다. 훌륭한 기술자, 장인이었을 뿐이다. 그가 뛰어난 장인의 실력을 발휘한 것은 높이 평가되어야 한다. 그러나 장영실에 의해 빛을 보지 못한 과학자들이 있다. 그 가운데 대표적인 인물이 조선 수학과 천문학의 대가 김빈이다.

일찌감치 깨달은 수학의 중요성

　세종은 과학과 기술의 토대에 산학, 즉 수학이 있다는 것을 인식하고 그 중요성을 일찍이 깨달았다. 그런 세종은 자신이 직접 산학을 배우고 수학자를 키워냈다. 대표적 수학자가 김빈이다. 자격루, 혼천의 등의 개발은 이런 수학적 기초가 있었기에 가능했다.

　조선 초부터 산학은 중인들이 보는 과거인 잡과의 '6예' 가운데 하나로 사대부들이 외면했던 분야다. 6예는 '예, 악, 사, 어, 서, 수'를 가리키는 기능이다. 예는 옷차림새, 악은 음악, 사는 활쏘기, 어는 말타기, 서는 서도, 수는 산법이나 산학으로 불린 수학이다.

　수학은 당시 학문으로도 취급받지 못하고 기술 혹은 기예로 취급한 탓에 수학에 능한 사람을 '능자'라고 불렀다. 사서삼경 등 경서나 역사서에 밝은 사람을 학자라고 하여 서로 구분을 지은 것이다. 관직에는 산학의 경우 종9품직 산학박사 2명이 고작이었다. 그들의 주된 사무는 토지의 측량이나 곡물의 출납 등에 관한 계산과 회계를 담당하는 일이었다.

　산학은 중인들에게도 환영받지 못한 찬밥 과목이었다. 가르치는 사람이나 관련된 서적도 없었기 때문에 배우려는 사람도 거의 없었다. 산법을 공부해서 밥 먹고 살기가 어려웠기 때문이다.

조선 초부터 종9품직의 산학박사를 호조에 2명 두고 토지 측량이나 양곡의 출납 사무를 보게 했지만, 이는 수요에 비해 턱없이 부족한 수였다.

세종 5년 11월 15일 이조에서 건의한 내용이다.

"근년에 산학이 그 직분을 잃어서 각 아문의 아전으로 하여금 윤번으로 산학박사나 중감직(호조에서 전곡 출납을 담당하는 회계 관리)에 임명하였으니 이는 관직을 설치한 취지를 잃은 것입니다. 이제부터 산학박사는 사족(사대부 집안)의 자제로, 중감은 자원하는 중인으로 시험을 거쳐 임용하고 그들에게 항상 산법을 학습하여 회계사무를 전담토록 하게 하소서. 그들의 복식 또한 율학의 예에 의하도록 하심이 마땅하옵니다."

산학이 얼마나 인기가 없었는지 고작 두세 자리에 갈 사람이 없어서 돌아가면서 그 일을 맡아서 해야 할 정도였다. 그래서 격을 높이자고 이조에서 아뢴 것이다. 말인즉슨 양반의 자제로 임용하고 그 복식도 차별을 없애서 문무관의 것을 따라 입도록 하여 격을 높이자는 취지였다.

이 건의를 세종은 옳다고 여겨 제도를 개선토록 했다. 이때부터 양반들의 자제들이 산학박사 직에 나갈 수 있도록 제도가 바뀌었다. 제도만 바뀌었을 뿐, 양반의 자제들이 그 자리에 가기 위해 산학을 공부하지는 않았다. 중인들이 하는 일이라는 인식이 강했고, 그 자리에서 높은 품계로 승진해 갈 전망이 보이지 않았기 때문이다. 제도 개선은 실효를 거두지 못했다.

산학에 대해 세종이 관심을 더 크게 보이게 된 배경에는 흉년에 따른 구휼과 환곡, 조세의 감면과 관련된 문제들이 있었기 때문이다. 각 도와 고을에서 산학을 알고 있는 자가 없었기 때문에 중요한 문제임에도 주먹구구식이 많았다.

이에 대해 의정부 찬성으로 있던 권진이 문제를 제기했다. 세종 10년 8월 18일의 일이다.

"신이 을유년에 외지에 나가 있을 때, 양전(토지의 크기를 계산하는 것)하는 상황을 살펴보니, 경차관(왕이 각 도와 고을에 파견하는 감독관)이 전제(토지에 따른 조세)를 계산하는 법을 알지 못하고 생각에 따라 아무렇게나 계산하여 착오가 매우 많았습니다. 마땅히 경차관으로 파견되기 전에 미리 계산하는 방법을 익히게 하여야 할 것입니다. 전답을 측량하고 계산할 수 있는 자를 선발하여 보내게 되면 착오가 없을 것이옵니다."

세종이 권진의 얘기를 적극 거들었다. 그리고 호조판서 안순에게 지시했다.

"양전의 일은 매우 중요한 것인데, 만일 계산하는 법도 모르는 자를 보낸다면 반드시 착오가 있을 것이니 경의 말은 진실로 옳다. 마땅히 계산법에 능한 사람으로 선발하여 보내도록 하시오."

이런 배경을 통해 세종이 수학의 중요성을 인식하게 되고, 전문가 양성을 위해 중국에 유학생을 보내게 된 것이다. 그리고 천문, 기후, 화포, 농사, 월력 등에 큰 관심을 지니고 있었던 세종은 점차 수학의 뒷받침이 없이는 그런 일들이 가능하지 않음을 인식하게 되었다.

세종은 과학과 기술의 토대에 산법이 있다는 것을 알았다. 그래서 산학을 경서 등과 마찬가지의 학문이라고 여겼다. 수학이 과학 기술의 기초이고, 수학과 관계없이 이루어지는 과학 기술도 없다는 것을 깨달은 세종이 산학을 외면할 수는 없었다. 스스로 산법을 공부했다. 당시 전제 군주가 산법을 공부했다는 것은 매우 놀랄 만한 일이다. 세종을 제외하고 조선 왕 가운데 산법을 공부했다는 기록은 어디에서도 찾아볼 수 없다. 세종이기에 할 수 있었던 공부다.

나라를 이끌 지도자라면 이런 선각적, 선구적 안목이 있어야 한다. 날마다 현실로 다가오는 문제에만 매달리는 건 지도자의 역할이 아니다. 항공모함 함장이라면 조그만 선박의 선장과는 분명 달라야 한다. 세종은 수학의 토대 위에 과학 기술이 있다는 것을 알았고, 과학 기술의 토대 위에서 작지만 강한 나라를 그렸다. 자주 조선의 당당한 미래를 그린 것이다.

세종은 역법에도 조선이 밝지 못함을 늘 안타깝게 생각했다. 그래서 역산에 관한 책도 널리 구했다. 역법 책인 『대명력』, 『회회력』, 『수시력』, 그리고 수학이 주된 역산 책인 『양휘전집』 등이 이때 구해졌다. 세종은 이 가운데서 『양휘전집』을 경상감사에게 명해 동활자로 100권을 인쇄하도록 했다. 세종 15년 8월의 일이다. 인쇄된 책은 집현전, 호조, 서운관 등의 부서에 배포하여 익히도록 했다. 수학이 사대부들의 학문 영역으로 들어가기 시작한 것이다.

수학자 김빈을 키우다

　김빈은 세종이 수학자로 키운 인물이다. 세종 13년 3월 12일, 집현전 교리로 있는 김빈과 한성참군으로 있는 우효강은 세종의 부름을 받았다. 교리는 정5품이고, 참군은 정7품직이다. 세종은 젊은 신하들 가운데 수학적 머리가 좋은 사람을 찾았다. 그 둘이 추천되었다.

　김빈과 우효강에게 세종은 특별 지시를 내렸다.

　"두 사람은 오늘부터 산법(수학)을 익히도록 하라. 산법이 매우 중요함에도 그에 통달한 자가 없구나."

　세종의 특명을 받고 나온 우효강은 무슨 의미인 줄을 몰라 어리둥절했으나 김빈은 세종의 주문을 대강 이해했다. 세종이 정인지와 더불어 밤마다 『산학계몽』을 공부한다는 얘기를 들은 바가 있기 때문이다. 『산학계몽』은 요즘의 '수학개론'이다. 중인계급에서 공부하는 산학을 임금이 머리 싸매고 공부한다는 사실에 김빈은 놀랐다. 이제 그 산학을 자신에게 배우라고 지시한 것이다.

　세종은 학문을 대하며 특이한 면이 있다. 자신이 모르는 바를 누군가를 시켜 공부하게 하지 않았다. 최소한 자신이 해당 분야에 대한 기초적 이해라도 하고 난 다음에 지시했다. 동생 성녕대군이 아플 때는 직접 의서를 읽기까지 했다. 의관들이 알아서 할 일이라고 맡기지 않았다. 관심을 끌거나 의문이 생기는 문제를 적당히 넘기지를 못했다. 반드시 풀어야 직성이 풀리는 성격이었다.

세종의 명에 따라 성실한 김빈은 밤낮으로 열심히 산학을 공부했다. 산학을 공부하면서 역법도 연구했다. 세종은 수시로 김빈을 불러 열심히 하는지를 확인하고 격려했다.

그 결과 그는 세종 시절, 산법과 역법에서 가장 정통한 자로 인정을 받게 된다. 세종은 김빈을 아꼈다. 심지어는 그의 이름이 내명부의 '빈'과 발음이 같다고 하여 새로운 이름을 친히 지어주기도 했다. 김조가 바로 김빈의 새 이름이다. 세종 재위 중반기에 김빈이란 이름이 모든 기록에서 갑자기 사라지게 된 배경이다.

세종 15년 6월 9일 혼천의에 대한 최초의 기록이 매우 짧게 한 문장으로 나온다. 여기에는 김빈의 이름이 나오지 않는다. 그러나 바로 두 달 후인 8월 11일에는 대제학 정초, 지중추원사 이천, 제학 정인지, 응교 김빈이 혼천의를 세종께 바친 기록이 매우 구체적으로 나온다.

혼천의는 천체의 운행과 그 위치를 측정하는 천문관측기구다. 그리고 간의대에서 혼천의를 가지고 천체를 관측한 사람이 바로 김빈이었다. 누구의 주도로 만들어졌는지 자명하다. 그런데도 지금 시중에 나와 있는 책들에는 장영실의 이름만 등장할 뿐 김빈의 이름은 볼 수가 없다. 역사적 사실과 거리가 있다.

세종실록 16년 7월 1일, 이날부터 새로 만들어진 누기, 즉 물시계를 썼다는 기록이 나온다. 그간 사용하던 물시계가 정교하지 못한 탓으로 세종이 새로 만들도록 지시한 것이다. 기록을 옮기면 아래와 같다.

"임금이 예전 누기가 정밀하지 못한 까닭으로 누기를 고쳐 만들기를 명하였다… 길이는 11척 2촌이고, 둘레의 직경은 1척 8촌이다. 살대가 둘인데, 길이가 10척 2촌이고, 앞면에는 12시로 나누고, 매시는 8각인데, 초와 정의 여분이 아울러 1백 각이 된다. 각은 12분으로 나눈다… 김빈에게 명하여 이름과 서를 짓게 했다. …보루각에 새 누기를 놓고 서운관 생으로 하여금 번갈아 입직하여 감독하게 하였다. 장영실은 동래현 관노 출신이었는데 성품이 정교하여 항상 궐내의 공장 일을 맡았다."

여기에서 물시계의 구조와 작동 원리가 자세하게 기록되어 있다. 김빈과 장영실이 새로운 물시계 제작과 관련하여 어떤 역할을 맡았는지 분명하게 나온다.

세종은 김빈으로 하여금 물시계의 이름을 짓게 하고 물시계의 구조와 작동 원리를 설명하는 글을 쓰게 한 것이다. 물시계의 이치와 구조를 모르는 사람에게 그런 글을 쓰게 할 수는 없다. 맨 마지막 부분에 장영실의 이름이 나온다. '공장 일을 맡았다'는 것은 제작을 담당했다는 뜻이다. 수학적 이론과 기술적 설계는 김빈의 머리에서 나왔고, 이를 실물로 만든 것은 장영실이라는 얘기다.

김빈은 물시계인 자격루, 천체 운행과 위치를 관측하는 혼천의 등, 과학기기의 제작에 설계와 수학적 기초를 제공했다. 장영실이 산법이나 역법에 능했다는 기록은 어디에도 없다. 장영실이 솜씨를 발휘해서 만든 과학기기들이 수학적 기초 없이 이루어질 수 있었을까? 아이디어는 세종, 수학적 기초나 이론, 설계는 김빈, 제작은 장영실로 보는 것이 역사적 사실에 부합한다.

세종 15년 8월에 천문연구를 위한 혼천의와 간의대가 완성되었다. 대제학 정초, 지중추원사 이천, 제학 정인지, 응교 김빈이 완성된 혼천의를 올리기 위해 세종을 알현했다. 이 기록에서도 김빈이 수학적 원리를 적용하여 혼천의 제작의 실무 책임자였음을 알 수 있다.

혼천의 관련해서 장영실의 이름은 실록 어디에도 나오지 않는다. 그러나 요즘의 문헌 어디서든 혼천의를 장영실이 제작한 것으로 나온다. 대표적으로 『한국민족문화대백과사전』이나 『두산백과사전』에도 정초, 이천, 정인지, 장영실이 만든 것으로 나오고 조선 수학의 대가 김빈의 이름은 보이지 않는다. 김빈이 이런 평가에 대해 지하에서 씁쓸하게 웃고 있을지도 모른다.

혼천의를 가지고 간의대에서 천문을 연구한 사람은 또 누구인가? 김빈이다. 세종은 내관 최습을 붙여주면서 김빈으로 하여금 간의대에도 근무토록 했다. 천체운항과 현상을 밤에 관측하여 기록하게 한 것이다. 천체를 관측하고 기록해서 그 현상을 연구할 수 있는 인재가 산학을 연구한 김빈일 수밖에 없었다.

김빈은 밤에까지 근무하니 고생이 심했다. 그러나 임금이 인정하고 격려해주니 힘든 줄을 몰랐다. 세종은 간의대를 자주 찾아와 김빈을 격려했다. 때론 세자를 데려와서 천문연구의 중요성을 직접 깨닫게 하기도 했다. 밤잠도 자지 못하고 추위에다 새벽이슬까지 맞아 가면서 일하는 김빈이 고마웠다. 그런 김빈에게 세종이 추위를 염려하여 두꺼운 옷을 친히 하사하기도 했다. 세종 15년 8월 11일 실록에 나온 얘기다.

세종 16년 7월 2일 세종은 주자소의 활자를 새로 만들도록 명했다. 여기에도 김빈과 장영실의 이름이 나란히 나온다. 주조의 기초 원리와 설계는 김빈이고 장인의 기술은 장영실로부터 나왔다는 얘기다.

같은 해, 8월 11일의 기록이다.

"역산법을 아는 사람으로 집현전에 입직하는 김빈 등 31인에게 명하여, 흥천사에 모여서 『강목통감』에 실린 일식을 추산하게 하였다."

장영실의 이름은 여기에 아예 없다. 역법이나 산법을 알지 못했기 때문이다. 『강목통감』은 송나라 주희가 편찬한 『자치통감강목』의 다른 이름이다. 송나라 시절 계산된 일식이 그때까지 그대로 사용되었음을 알 수 있다. 세종이 조선의 수학자들을 흥천사에 합숙시켜 다시 계산해서 정확한 결과를 가져오라고 명한 것이다. 그 대표 역시 김빈이다.

세종 19년 4월 15일 주야의 시간을 알리는 측후기 4개가 만들어졌다. 그 명칭을 '일성정시의'라고 했다. 여기에도 김빈의 수학적 기초와 천문에 관한 지식이 토대를 이루었음은 물론이다. 낮과 밤의 시간이 더 정확해진 것이다. 궁궐 안에 하나를 두고 서운관에도 한 개를 설치했다. 그리고 두 개는 평안도와 함길도 도절제사에게 보냈다. 군사들의 경비 등 근무 시간을 정확히 하기 위함이다. 다른 기관에 주지 않고 전방으로 보낸 것을 보면, 국방에 대한 세종의 관심도 읽을 수 있다.

당일 실록의 기록이다.

"승지 김돈에게 명하여 서와 명을 짓게 하니, 그 글에 이르기를 '구리를 써서 만들었다'로부터 '다하면 처음으로 돌아온다'까지는 임금이 친히 지은 것인데, 승지 김돈이 직제학 김빈에게 보이며 이르기를, '내가 감히 글을 짓고자 함이 아니라, 다만 경들이 이를 수정 보완하여 명과 서를 지어서 오래 전하기를 바랄 뿐입니다' 하였다."

이 기록을 보면 일성정시의를 설명하는 글의 일부를 세종이 직접 썼다. 그리고 마무리를 승지인 김돈에게 쓰게 했다. 김돈이 김빈에게 한 '내가 감히 글을 짓고자 함이 아니라…'는 매우 겸손한 표현이다. 진사 앞에서 문자를 쓸 수 없는 처지를 얘기한 것이다. 그러면서 오래도록 전하기 위해 김빈에게 수정 보완해 주기를 요청한다. 일성정시의 전문가가 누구인지 알 수 있는 대목이다.

조선 수학의 대가 김빈의 공이 여러 면에서 실로 컸음을 알 수 있다. 문종 때에 김빈은 정인지와 함께 세종실록의 편찬에도 참여했다. 그의 벼슬은 예조판서까지 올랐다. 청빈했던 학자, 수학과 역법, 천문학에서 당대 최고의 권위자였던 김빈의 이름이 역사에서 재조명되기를 바란다.

이순지와 김담이 세운
천문과 역법의 기틀

김빈과 더불어 조명받아야 할 두 과학자가 있다. 이순지와 김담이다. 이순지는 김빈의 뒤를 이어 서운관에서 수학과 천문, 역법을 연구했고, 김담은 이순지와 함께 일하다가 그의 뒤를 이어 연구와 천문관측을 계속했다.

세종이 맨 처음 천문에 관한 지시를 내린 것은 세종 4년 윤12월 16일이다. 서운관에 근무하는 사람 중에 천문을 관측하고 계산할 줄 아는 사람이 없음을 알고 예문관 직제학 정흠지와 정랑 김구려를 불러 그 일을 연구, 개발하도록 지시했다. 따라서 정흠지가 조선 최초의 천문연구가라고 할 수 있다.

당시까지 서운관은 궁궐의 주요 행사나 제사, 기우제 등의 시간을 정하는 정도의 기능밖에는 수행하지 못했다. 세종의 지시로 정흠지는 서운관의 기능을 한 단계 업그레이드하였다.

그 뒤를 이어 정초가 일을 맡았고, 정초는 정인지를 추천하여 함께 일했다. 여기에 이천도 수시로 참여하여 머리를 보탰다. 세종의 지시로 수학을 연구한 김빈이 뒤를 이었고, 그 뒤를 이순지와 김담이 이어받았다.

이 인맥을 토대로 조선 최초의 역법인『칠정산내편』과『외편』이 태어났다.

'칠정산'은 일곱 개의 별을 관측해서 그 움직임을 계산한다는 의미이다. 일곱 개의 별은 해와 달, 그리고 수성, 금성, 화성, 목성, 토성을 가리킨다. 그 관측과 계산을 토대로 우리의 위도와 절기에 맞는 정확한 역법이 탄생했다. 정흠지, 정초, 정인지, 이천이 기초를 닦았다면, 그 토대 위에서 조선 천문학과 역법을 당시 세계 최고 수준으로 끌어올린 것은 김빈 이순지 김담의 공이었다.

천문과 역법 연구에 대한 세종의 관심과 지원은 일시적인 것이 아니었다. 세종은 그 중요성을 깨닫고 먼 훗날의 연구까지 대비하였다. 세종 12년 8월 3일의 기록은 세종의 천문과 역법에 관한 인식이 어떠했는지를 알게 해준다.

"천문을 추산하는 일은 전심전력해야만 그 묘한 이치를 알아낼 수 있다. 내가 일식과 월식 때마다 변화의 시각과 분수를 모두 기록하지 않아서 상고할 길이 없으니 이제부터라도 추보한 것과 맞지 않더라도 서운관에서 모두 기록하여 후일의 고찰에 대비토록 하라."

이순지는 세종 9년 문과에 급제했다. 그의 아버지는 태종과 세종 때 문신으로 진라, 충청, 상원 관찰사를 지내고 형조판서 지중추부사 등을 역임한 이맹상이다. 이순지는 좋은 집안에서 태어났고, 어려서부터 머리가 뛰어났다. 그래서 부친을 뛰어넘는 인재가 될 것이라는 칭찬을 어릴 적부터 받았다.

이순지는 세종 15년부터 서운관과 간의대 일을 맡아 천문과 역법을 연구했다. 그리고 세종이 세상을 뜰 때까지 천문과 역법에 관한 임무를 계속했다. 20년 가까운 세월을 명석한 두뇌로 천문과 역법을 연구한 것이다. 조선에서 가장 오랜 시일을 해당 분야의 연구에 힘을 쏟았고, 그래서 최고의 전문가로 명성을 얻었다.

이순지는 『칠정산내외편』 외에도 천문에 관한 대백과라고 할 수 있는 『제가역상집』, 별자리 연구인 『천문유초』, 천문관측계산을 정리한 『일월교식추보법』 등 당대 최고의 천문연구물을 남겼다.

특히 『제가역상집』은 당시까지 존재했던 천문과 역법에 관한 모든 연구물을 총정리하고 검토하여 오류를 교정한 것으로 이순지가 남긴 위대한 성과물이었다. 세종 27년 3월 30일 완성된 『제가역상집』의 발문에서 이순지는 세종과 자신의 역할에 대해 다음과 같이 쓰고 있다.

"전하께서 거룩하신 생각으로 모든 천문기구와 해시계, 물시계, 천문과 역법의 책을 연구하지 않은 것이 없어서 모든 것이 극히 정묘하고 치밀하시었다. 신에게 명하시어, 천문, 역법, 의상, 구루에 관하여 여러 서책에 섞여 나온 것을 찾아내 중복된 것은 덜어내고 긴요한 것은 취하여, 부문을 나누어 한데 모이서 열람하기 편하게 하시었다."

'의상'은 일성정시의와 혼천의 같은 천문기구를 말하고, '구루'는 해시계와 물시계를 의미한다. 이순지가 검토해서 오류를 교정한 역법서만 해도 『대명력』, 『수시력』, 『회회력』, 『통궤』, 『통경』, 『칠정산내외편』에 이른다. 그의 천문과 역법에 관한 실력은 당대 세계 최고 수준이라고 해도 과언이 아니다. 이런 연구의 맥이 계속되지 못한 것은 우리 민족의 불행으로 실로 통탄할 일이다.

이순지의 얘기대로 천문 역법에 관한 많은 책을 읽고 정묘하고 치밀했던 세종이 이순지에 대해 몇 차례 평을 한 것이 실록에 나온다. 25년 11월 17일의 기록이다.

"산학은 국가의 긴요한 사무다. 이순지와 김담이 아니었더라면 어떻게 계량할 수 있었겠는가?"

세종 26년 8월 12일, 농업용수 확보를 위해 저수지를 전국 곳곳에 축조하는 문제를 김종서, 이숙치, 정인지와 논의했다. 저수지 만드는 일이 간단한 일이 아니다. 면적과 수량, 그에 따른 둑의 높이와 두께의 계산 등 수학과 공법을 알고 있어야만 가능한 일이다. 이 일을 누구에게 맡길 것인지 얘기가 나오자 바로 나온 세종의 언급이다.

"지금 이순지, 김담이 산학을 정통하게 연구하였으니 이들에게 이를 맡기고자 하오."

김종서가 말을 이었다.

"옳은 판단이시옵니다. 그러나 지위가 낮으면 여러 관원을 지휘하고 통솔하는 데 어려움이 있을 수 있으니 정인지로 책임을 맡게 하고, 이순지와 김담이 종사관을 맡아 일을 추진하는 것이 좋겠사옵니다."

세종이 옳다고 여겨 김종서의 말대로 했다. 당시 김종서는 예조판서, 정인지는 정2품 대제학, 이순지는 정3품 서운판관, 김담은 종5품의 주부로 있었다. 정3품직이 비록 낮은 품계는 아닐지라도 권력이 별로 없고 연구하는 한직이었기 때문이다.

김담은 아버지가 현감을 지낸 문벌이 별로 없는 집안에서 태어났다. 어려서부터 학문에 출중했고 매우 영민했다. 19세 때인 세종 17년 식년시 문과에 급제했다. 집현전 정자로 있을 때, 세종의 눈에 들었다. 정자는 정9품으로 집현전에서 말단직이다. 그럼에도 김담이 세종의 관심을 끈 이유가 있었다.

세종 18년 12월의 일이다. 이순지가 모친상을 당해서 낙향했다. 당시 세종은 천문연구에 관심이 매우 컸다. 이순지가 간의대를 떠났기에 그를 대신할 사람을 찾고 있었다. 세종은 어명으로 상을 면제하는 기복을 명해 이순지를 다시 부르려고 했다. 그때 이순지와 여러 사람이 김담을 추천했다.
김담에 대한 추천의 말이 '나이가 젊고 총명 민첩하며 영오(매우 뛰어나게 영리함)하다'고 되어 있다. 세종은 그의 수학적 능력을 알아보고 간의대로 보내 천문을 관측하게 했다. 김빈, 이순지의 천문과 역법 연구에 김담이 뒤를 이어 합류하게 된 배경이다.

세종 31년 5월 김담이 아버지가 죽자 사임하고 낙향했다. 세종은 옷과 쌀 10석을 부의로 하사하고 직급을 정4품 호군으로 올려 김담에게 기복을 명하고 불렀다. 김담은 부친의 3년상을 이유로 두 번이나 사임을 청하는 상소를 올렸다. 그러나 세종은 윤허하지 않았다. 이때 사간원에서 하위직인 김담에게 기복을 명하는 것은 옳지 않은 일이라고 반대를 했다. 이에 대해 왕세자가 이렇게 말했다.
"역산을 김담처럼 정밀하게 할 수 있는 자가 없는데 무슨 불가함이 있겠는가?"

세종과 훗날 문종이 되는 세자 모두 김담의 능력을 인정하고 있었다. 세종 31년 12월 22일에 커다란 혜성이 나타났다. 즉각 세종은 이순지와 김담에게 명해 관측하게 했다.

세종 32년 윤1월 7일 실록에 이런 얘기가 나온다. 세종이 재위를 마감하기 직전이다. 당시 중국에서 사신이 왔다. 사신을 정인지가 상대하면서 천문에 관한 얘기가 나왔다. 정인지가 조선의 천문 실력을 자랑삼아 얘기했다. 그러면서 덧붙인 얘기다. 중국 사신이 놀란 것은 물론이다.

"우리 한양은 북극이 지상 38도입니다."

'북극'은 북극고도, 즉 위도를 의미한다. 15세기 조선의 실력으로 우리나라 위도를 계측한 것이다. 서울은 38선 바로 아래쪽이다. 누가 계산한 것인가? 이순지와 김담의 계산이었다.

당시 세계 최고 수준의 천문과 역법에 관한 실력은 세종이 눈을 감으면서 같이 눈을 감게 된다. 참으로 애통할 일이다. 세종이 죽고 김담은 서운관에서 계속 근무하지 않았다. 이조 등 다른 부서로 옮겨 다녔다. 충주목사, 예조참의, 경주부윤 중추원부사 이조판서를 역임하고 세조 10년 7월에 눈을 감았다.

세종은 앞날을 내다보는 혜안을 가졌다. 인재를 알아볼 줄도 알고, 어디에 쓸 줄도 알았다. 군주의 안목은 나라의 앞날을 결정하는 핵심이다. 지금도 마찬가지다. 나라 지도자가 누구냐에 따라 나라의 운명이 결정된다.

세종의 업적을 뒷받침했던 조선의 위대한 수학자요, 천문학자였던 김빈과 이순지, 김담이 역사 밖으로 나와 새롭게 조명되기를 바란다.

과학기술 발전에 큰 업적을 남긴
맹장 이천

    세종 시절의 과학기술을 얘기하려면 빼놓을 수 없는 사람이 한 사람 더 있다. 바로 이천이다. 이천은 폐족이 된 집안 탓에 고려에서는 숨어서 살아야 하는 신세였다. 그의 외숙 염흥방 때문이었다. 염흥방의 여동생이 이천의 어머니였다.

    고려 말의 세도가 염흥방은 도병마사로 홍건적을 토벌하는 등 많은 전공이 있었다. 그러나 나중에는 실세였던 이인임에 빌붙어서 매관매직을 일삼고 양민들의 토지를 강탈하는 등 횡포가 심했다. 그로 인해 백성이나 청빈한 사대부들로부터 원성을 사게 되었다.

    고려가 기울어 가면서 우왕이 최영과 이성계의 강력한 쇄신책을 받아들여 부정한 권문세족에 대한 숙정을 단행할 때, 그는 이성계에 의해 처형되었다. 이때 이천의 부모와 일족 역시 화를 면치 못하고 많이 살해되었다. 그러나 이천은 구사일생으로 살아남았다. 인근의 사찰에 동생 이온과 함께 놀러 갔다가 승려들의 도움으로 목숨을 건졌기 때문이다.

    이천은 따지고 보면 태조 이성계와는 원수지간이다. 이성계가 자신의 부모와 형제를 모두 죽였기 때문이다. 그러나 또 다른 한편으로는 이천은 조선 개국이 없었다면 빛을 볼 수 없었던 신세였다. 고려가 망하지 않았다면, 숨어서 목숨을 연명해야 했기 때문이다. 그는 사찰에 숨어 살면서 글과 무예에 정진했다.

조선이 건국되면서, 반대 세력들에 대한 무마책으로 과거의 죄를 묻지 않는 사면이 이루어졌다. 그런 조치로 이천은 공직에 나갈 기회를 얻었고 과거를 볼 수 있었다. 태조 2년 이천은 18세로 무관으로 임용되어 전선에 배치된다. 태종 2년 실시된 과거에서 무과에 응시하여 당당히 급제했고, 태종 10년 무과중시에서도 다시 급제하여 출세의 길을 열었다. 원수가 세운 조선에 충성해야 하는 얄궂은 운명의 소유자였다.

세종이 즉위하면서 이천은 공조참판직을 맡는다. 세종 1년 8월에는 충청병마절도사를 맡아 왜구 침입에 대비해 병선을 제작 수리하면서 크게 역량을 발휘했다. 그리고 우군첨총제로 충청도에 침입한 왜구를 격퇴했고, 대마도 정벌에 우군부절제사로 참전했다. 이때 혁혁한 공을 세워 그는 좌군동지총제로 승진하면서 세종의 눈에 띄었다.

무장의 임무를 마치고 내직으로 돌아와 이천은 다시 공조참판을 제수받았다. 공조참판으로 있으면서 이천은 과학기술 분야에서 크고 많은 업적을 남긴다. 무장보다는 과학자가 그에게 더 어울리는 명칭이다. 혼천의 제작에도 참여했지만, 이천은 금속의 합금에서 뛰어난 재주를 지니고 있었다. 세종이 즉위하면서 이천은 궁궐의 제사에 사용되는 용기를 금속으로 만들어 포상을 받는 것을 시작으로 세종 시절 금속에 관련된 것은 모두 그의 손을 거쳐야 했다. 당대 최고의 금속 과학자였다.

세종 2년, 공조참판 이천은 세종으로부터 사용 중이던 금속활자의 개선을 지시받았다. 몇 번 인쇄하지도 않았는데 활자가 틀어지고 글자가 바르지 못했기 때문이다. 이천은 새로운 합금과 기법으로 주조하여 활자와 활자판을 만들었다. 이것이 기존의 금속활자를 크게 개선한 '경자자'다. 경자년에 착수했다고 해서 그렇게 불린다.

이천은 세종 4년 6월에 매우 정확한 금속 저울을 만들어 전국으로 1천 5백 개나 보내 백성들의 일상이나 상거래에 활용토록 했다. 또한 앞쪽 바퀴는 작고 뒷바퀴는 크게 만들어 산 위로 쉽게 끌고 올라갈 수 있는 4륜거를 만들기도 했다.

세종 7년에 병조참판, 8년에는 병조참판 겸 중군총제로 공을 세우다가 세종 9년에 다시 공조참판을 제수받았다. 그리고 세종 11년 말에 중군총제로 다시 나가 군수품의 제작에 필수인 동과 철 등 광산의 채굴 상태를 조사하고 지휘했다. 채굴에서부터 제련과 합금에 이르기까지 이천은 뛰어난 재주를 발휘했다.

세종 13년에는 병선의 속도를 빠르게 하고 배의 바닥이 쉽게 썩지 않는 방법을 고안해내기도 했다. 이천은 병선을 개선하는데 연구를 계속해서 1년 후인 14년 12월에는 병선을 견고하게 하면서도 속도를 더 빠르게 낼 수 있는 방법까지 고안해냈다.

현재 해군의 잠수함인 '이천함'은 그의 이름으로 명명된 것이 아니다. 고려 시대의 무장 이천의 이름을 딴 것이다. 고려 명장 이천은 1256년 고려와 몽고의 전쟁에서 20여 척의 전선과 200여 명의 수군을 이끌고 아산만 근해에서 수천 명의 몽골군을 물리친 명장이다.

세종 16년 7월에 이천은 경자자를 대폭 개선한 갑인자를 주조했다. 당시 이천은 군사 문제를 총괄하는 중추원의 종2품직인 지중추원사로 있었다. 세종이 이천을 불러 경자자의 빽빽한 활자 배열과 서체의 변경을 지시해서 만들어진 새로운 활자였다. 이때 이천이 총감독을 하고 집현전 직제학 김돈, 직전 김빈, 호군 장영실, 첨지사역원사 이세형, 사인 정척, 주부 이순지 등이 참여했다.

주연이 이천이고 조연은 장영실이었다는 게 역사적 사실이지만, 한국 드라마에서는 장영실이 주연이고 이천은 그의 조력자로 나온다. 장영실의 과학관과 기념관은 아산에도 있고 부산에도 있다. 그리고 온라인 사이버에는 장영실 테마관도 있다. 그러나 조선의 과학자 이천, 당대 수학과 천문학의 대가였던 김빈, 이순지 등의 기념관은 전국 어디에도 없다. 역사에는 진실과 왜곡이 혼재되어 있다. 왜곡으로 뒤틀리거나 묻힌 부분을 찾아 바로 잡는 것이 '역사 바로 세우기'다. 이천, 김빈, 이순지 등에 대한 역사가 바로 세워져야 한다.

이천은 혼천의 제작과 간의대 건설에도 기여했고, 세종 19년 4월에는 주야 측후기인 일성정시의를 제작 완성하는 데도 큰 공을 세웠다. 그리고 세종 26년 11월에는 군기감에서 무쇠가 아닌 연철 주물로 화포와 다른 병기를 세삭하는 기법을 개발하여 그간 병기 제작에서 겪었던 어려운 문제들을 해결하였다.

세종 18년부터 세종 24년에 이르기까지 이천은 평안도 도절제사로 파저강 유역의 이만주와 그 휘하의 야인들을 토벌하는데 혁혁한 공을 세웠다. 세종은 이천을 신임하여 현장에서 전술과 전략, 인사 문제 등을 직접 처리할 수 있도록 병권을 대폭 위임해주었다. 그의 역량을 믿었기 때문이다.

이천이 세운 전공에 대해 내직에서 시기하고 비판하면서, 그의 공을 폄하하는 사람들도 있었음은 물론이다. 세종은 그럴 때마다 전장에서 고생하는 이천의 든든한 뒷배가 되어주었다. 심지어는 우의정 노한이 이천의 공을 깎아내리고, 폄훼하자 그를 파직시키기도 했다. 정승을 파직시키면서 이천을 신임한 것이다. 세종 19년 10월 17일 일이었다.

세종 20년 12월 25일, 이천이 86세의 노모를 마지막으로 봉양하기 위해 간곡하게 사직을 청했다. 세종이 들어주지 않았음은 물론이다. 대신 노모를 보러 갈 때, 사정전으로 이천을 불렀다. 노모에게 줄 선물을 주면서 따뜻한 위로와 격려를 아끼지 않았다.

세종 25년 1월 그간의 공로로 이천은 정2품직인 중추원사를 제수받았다. 고려 말, 폐족이 되어 구사일생으로 살아남은 이천이 신생 조선의 영군 세종을 만나 큰 신임을 받고 많은 업적과 명예를 남긴 것이다. 그는 무장이면서도 산학과 화학 분야에 매우 능했고, 주어진 임무를 위해 할 수 있는 모든 성심을 다했다. 위대한 업적은 결코 우연의 산물일 수 없다.

제4장

통
치
의
길

경연 1.
배움과 토론, 견제의 장

경연은 고려 때부터 있었던 제도다. 경연을 통해 학자들이 임금에게 학문과 치국의 도를 강론했다. 왕이 잘못을 저지를 경우, 경연에서 학자들이 학문적으로 또는 역사서에 등장하는 고사를 인용하여 그 잘못을 지적했다. 그래서 경연은 왕권의 남용을 견제하는 좋은 기능도 지니고 있었다.

경연에 가장 열심이었던 왕으로 세종과 성종이 꼽힌다. 경연의 참여 횟수는 성종이 세종보다 더 많다. 그 까닭은 세 가지로 설명할 수 있다.

첫째, 성종은 13살에 왕위에 올라 20세가 되어서야 비로소 친정을 했다. 7년 동안은 세조비인 정희왕후가 섭정을 했다. 국정은 신숙주, 한명회, 홍윤성, 김질 등의 대신들이 주로 맡았다. 그 7년 동안 성종은 하루에 세 번씩 아침, 낮, 저녁으로 열리는 조강, 주강, 석강에 성실히 임했다. 국정 밖에서 학문에 전념하는 기간이었다.

둘째는 세종과 성종 때, 왕이 감당해야 할 국사의 양이 달랐다. 두 왕의 치적을 비교하면 쉽게 드러난다. 세종의 치적을 보면 얼마나 많은 시간과 열정을 여러 분야에 쏟아부었는지 알 수 있다. 훈민정음 창제만 해도 그렇다. 세종이 훈민정음 창제를 시작한 시점으로 추정되는 세종 19년부터는 경연에 참석하는 횟수가 현저하게 줄었다. 주야로 훈민정음 창제에 몰두했기 때문이다.

셋째는 성종의 재위 기간은 신생 조선의 기틀이 잡혔던 시기다. 세종 시절에 4군과 6진의 설치, 왜구의 토벌로 내정이 안정될 수 있는 기반이 닦였고, 사실상 세조의 반정인 계유정난을 거치면서 왕권이 한층 강화되어 성종은 경연에 전념할 수 있었다.

하루 세 번의 경연, 즉 조강, 주강, 석강에 왕이 참여한다는 것은 보통 어려운 일이 아니다. 왕의 일정이 그렇게 한가롭지 않기 때문이다. 물론 한가한 일정에서 무료감을 느껴 주색잡기에 빠진 소인배 왕들도 있었다. 그러나 세종의 일정은 눈코 뜰 새가 없었다.

기록에 의하면, 세종의 기상 시간은 새벽 3시 전후였다. 공식 일정은 새벽 5시에 상참으로 시작되었다. '상참'은 의정부와 육조, 삼사와 돈녕부 중추부 한성부 등 중요 기관의 당상관, 주요 직책을 맡은 당하관들이 편전에 모여 왕께 두 번 절하고 알현하는 의식이다. 긴급하고 주요 사안이 있을 때는 회의체로 운영되기도 했다.

매일 열리는 상참과 달리 매달 5일과 11일, 21일과 25일에 4번 열리는 조참이 있었다. 상참은 주요 고위직 관원들이 참여하지만, 조참은 백관이 다 참석한다. 참석하는 신료의 수도 많았지만, 의장물도 많았기 때문에 편전이 아니라 경복궁의 근정전이나 창덕궁의 인정전에서 했다.

상참을 마치면 조반을 하고, 주요 기관의 현안 업무를 아뢰는 조계가 있었다. 그리고 특별한 얘기를 해야 하는 신하들과의 윤대가 있었다. 여기의 내용은 사관이 반드시 배석해서 모두 기록했다.

오후에는 당상관 이상의 고위직들과 개별 면담 혹은 집단 면담을 통해 정사를 논의했다. 그리고 경연에 나가 경연관들과 학문을 토론했다. 수시로 비서실인 승정원의 보고를 들어야 했고, 주요 상소나 지역과 변방에서 올라오는 계고를 읽어야 했다.

이런 일정을 소화하고 침전에 드는 시간은 인경이 지나서였다. 인경은 밤 10시로 통행금지를 알리는 28번의 종소리가 울렸다. 통행금지 해제는 새벽 4시에 33번의 종을 치는 파루가 있었다. 사대문은 인경에 닫히고, 파루에 열렸다.

그 바쁜 와중에서도 세종은 경연에 게으름을 피우지 않았다. 배움과 토론을 통해 새로움으로 자신을 닦고 군주의 길에서 범할 수 있는 오류를 미연에 방지하기 위함이었다. 경연에 참여하는 왕과 신하들은 토론에서 수평적 관계라고 할 수 있었다. 왕이 강자가 아니라, 학문과 경륜이 있는 자가 강자였다.

경연관으로는 정3품 이상의 당상관과 낭청으로 구성된다. 참여 인원은 조강과 주강, 석강에 따라 약간의 차이가 있었다. 당상관으로는 보통 적게는 5~6인, 많으면 15인 정도였다. 낭청은 당하관으로 정4품의 시강관, 정5품의 시독관, 그리고 정6품의 검토관으로 구성되었다.

이들은 강론을 담당한다고 해서 강관이라고도 불렸다. 홍문관의 전한, 응교, 교리, 수찬 등 문관들이 맡았고, 품계는 달랐지만 모두 강론을 맡앉다. 세종 때는 집현전의 학자들도 강관으로 차출되곤 했다. 여기에 사간원의 대간이나 대언, 사관도 참여했다. 실력으로 인정받을 수 없는 자는 경연에 참여하기 어려운 분위기였다.

경연은 강관 한두 사람이 먼저 원문을 읽고 그 뜻을 설명한다. 그러면 왕과 참석자들이 질문도 하고 보충도 하면서 토론하는 자유스러운 형태로 진행되었다. 그리고 정치적 사안과 관련된 부분이 나오면 자연히 그 사안도 협의하는 자리가 되었다. 경서에서 올바른 기준을 찾기 때문에 왕의 독선이나 독단이 개입할 소지가 그만큼 줄어드는 부가적 순기능도 있었다.

세종 즉위년 8월 11일 근정전에서 즉위교서를 발표하고 맨 처음 발표한 인사 내용이 흥미롭다. 경연관에 관한 인사였다. 좌의정 박은과 우의정 이원을 영경연사로, 유창을 옥천부원군으로, 예조판서 변계량과 예문관 대제학 유관을 지경연사로, 예조참판 탁신과 호조참판 이지강을 동지경연사로, 판승문원사 윤회와 판군자감사 정초를 경연시강관으로 삼았다.

모두 학문이 깊은 쟁쟁한 학자들이었다. 왕이 된 자신을 더욱 교육하고 올바른 군주의 길로 인도해야 할 사람들을 맨 먼저 발표한 것이다.

경연에서 강의교재는 특정된 것이 없고, 왕의 학문적 수준에 따라 달랐다. 왕이 특별히 요청하지 않으면, 논어, 맹자, 중용, 대학의 사서와 시경, 서경, 주역, 예기, 춘추의 오경이 기본 교과서라고 할 수 있었다. 왕이 경연장에 나가 즉석에서 책을 지정하기도 했다.

세종 즉위년 11월 13일 경연에서의 일이다. 세종은 즉석에서 강론 교재를 『자치통감』으로 하자고 했다. 북송의 사마광이 20년에 걸쳐 편찬한 편년체 역사서다. 전 294권으로 된 이 책은 역대 왕조를 재조명하여 왕조의 흥망을 분석하고 이를 치도의 규범으로 삼아야 한다는 취지를 담고 있다.

율곡 이이는 『자치통감』을 '제왕학'이라고 했고, 청나라 말기에 변법자강운동을 펼쳤던 량치챠오는 '제왕의 정치교본'이라고 했다.

세종은 『자치통감』을 매우 좋아했다. 집현전 학사들과도 그 내용을 놓고 자주 토론했다. 세종은 자치통감에서 어려운 구절들이 있는 곳에 해설을 붙여 편찬하기를 원했다. 대소 신료는 물론이고 전국의 유생들이 읽어 볼 수 있도록 하기 위함이었다.

그래서 세종은 예문관 대제학 윤회, 예조 좌참판 권도, 집현전 부제학 설순 등에게 어려운 곳에 해설을 붙여 『자치통감훈의』를 편찬하도록 명했다. 윤회에게 책임을 맡기고, 좌승지 권맹손에게 실무 책임을 맡도록 했다. 그리고 집현전 응교 김말 등 11명의 젊은 학자들로 실무단을 구성해주었다. 세종 16년 6월 26일의 일이다.

경연 2.
정책을 발굴하고 백성의 처지를 새기다

세종은 경연을 통해 신하들과 소통하며 끊임없이 새로운 정책을 발굴하기도 했다.

즉위년 11월 13일 경연에서의 일이다.

세종이 경연 교재로 『자치통감』을 즉석에서 제안하자, 당시 학문의 최고봉으로 꼽히는 예문관 대제학 유관이 말했다.

"자치통감은 책의 수효가 너무 많으니, 두루 다 보고 토론하기는 어려울 듯합니다."

좌부대언 김익정*이 거들었다.

"그렇사옵니다. 경연의 내용으로 하기에는 너무 많은 양이옵니다."

"그럼 경들이 추천을 해보시오."

잠시 생각을 한 후, 김익정이 말했다.

"『근사록』을 강하면 어떠하올는지요?"

---

* 　문과 장원급제 출신으로 학문이 뛰어나고 청빈했다. 사헌부 대사헌을 지낼 때는 노부모를 봉양하기 위해 사직했고, 부모 사후 각각 3년을 시묘하여 그 효행으로도 유명하다. 세종의 의중을 정확히 읽고 매사에 빈틈이 없어 왕의 최측근인 지신사로 2년 이상을 일했다. 세종 7년에 대사헌에 오르고, 삼사의 많은 요직을 두루 거쳤다.

"근사록이라? 경의 학문이 출중한 것은 잘 알고 있지만, 어려운 근사록을 얘기할 줄은 몰랐소. 모두 좋다면 그렇게 하지요."

『근사록』은 송나라 때, 성리학의 대가인 주희가 친구인 여조겸과 함께 펴낸 책이다. 자신들과 거의 같은 시대를 살았던 선배 그룹인 주돈이, 정호와 정이 형제, 그리고 장재의 문집에서 발췌한 일종의 성리학 해설서다. 앞과 뒤의 문장 연결에서 내용적으로 건너뛴 부분이 많고 복합적 의미가 내포된 난해한 어휘가 많은 어려운 책이다. 그뿐 아니라, 주역의 설을 인용한 것이 많아서 내용이 매우 추상적이다. 그래서 같은 문장을 놓고도 그 해석이 다양하기도 했다. 학자들 사이에서 까다롭고 난해하기로 소문난 책이다. 그런 난해한 책을 토론해보자고 김익정이 제안한 것이다. 역시 세종과 그 경연관들은 고수였다.

세종 즉위년 12월 20일의 경연 때 있었던 일화다.

교재는 송나라 주자학파의 대가 진덕수가 지은 『대학연의』였다. 사서 가운데 하나인 '대학'을 해설한 책으로 제왕의 수신제가와 치도에 중점을 두었다. 그래서 '제왕서'라고 불리는 책이다. 이런 이유로 한때 선비, 특히 무신이 읽어서는 안 되는 금지된 책이기도 했다. 세자 이외의 왕자들노 내놓고 읽기를 꺼린 책이었다. 왕이 될 사람이 읽어야 하는 책이어서 읽으면 역심이 있는 것으로 오해나 모함을 받았기 때문이다. 저자 진덕수는 호가 서산이어서 그를 진서산이라고도 부른다.

강론의 내용 중에 백성의 곤궁함에 대한 '채미편'과 이를 근심하고 탄식하는 '군아편'이 나왔다. 시강관인 정초가 말했다.

"참으로 진솔한 내용이옵니다. 백성을 보호하기 위한 임금의 어려움과, 민생의 질고와, 국운의 안위에 대해 신들이 비록 바른대로 말하고자 하더라도, 어찌 이와 같이 깊게 얘기할 수 있겠사옵니까? 삼가 생각하옵건대, 전하께서는 진서산의 천고에 빛나는 충론을 취하여 경계로 삼으소서. 우리 백성의 생계가 비록 아내를 팔고 자식을 팔아야 하는 처지까지는 이르지 않았다고 할지라도, 전하께서 오늘의 이 마음을 잊지 않으시면, 국가나 백성이 매우 다행일 것이옵니다."

이에 세종이 말했다.

"내가 마땅히 마음 깊이 품어 잊지 않겠소. 우리 백성이 살아가는데 어찌 그처럼 곤궁한 사람이 없겠소."

예조참판으로 경연관을 맡은 탁신이 말을 이었다.

"입을 것도 없고 먹을 것도 없이 곤궁하여 하소연할 데가 없는 사람이 여염(모여 사는 동네)이나 촌항(시골벽지의 가난한 길거리)에 왜 없겠습니까? 이는 백성을 다스리는 사람이 살피지 못한 것뿐이옵니다."

"내가 궁중에서 나고 자란 탓으로 민생의 가난하고 고생하는 것을 다알지 못한 부분이 있을 것이오."

세종이 깊게 한숨을 쉬었다. 잦은 흉년으로 가난하고 고생하는 백성이 많이 있지만, 그들의 고충을 낱낱이 알지 못하고 있는 자신을 답답하게 여겼다. 다시 정초가 말했다.

"간혹 백성을 찾아 물으면 세세히 알 수 있을 것이옵니다."

"그렇게 하겠소."

정초의 말은 너무도 당연한 의미다. 너무도 당연한 이 말은 사실 매우 무거운 의미를 내포하고 있다. 임금은 백성들의 가난과 고생하는 처지를 반드시 제대로 알아야 함을 강조하는 말이기 때문이다. 그 의미를 세종이 모를 리가 없었다. 이날의 경연에서 백성들의 고단한 삶은 순간에도 잊어서는 안 된다는 교훈을 세종은 다시 새겼다. 모두 청빈한 신하들이었기에 백성의 곤궁함에 대해 떳떳하게 얘기할 수 있었다.

경연은 계속되어 세종 15년 8월 13일 경연의 교재는 『성리대전』이었다. 이 책은 조카인 건문제를 밀어내고 명나라 3대 황제에 오른 영락제가 명하여 호광 등 42명의 쟁쟁한 학자가 송나라 때의 성리학을 총망라하여 편집한 책이다. 1415년에 발간되었다.

『성리대전』이 조선에 들어온 것은 세종 시절 두 차례다. 맨 처음은 세종 1년 12월에 들어왔다. 당시로는 신간 서적이었다. 세종의 이복동생 경녕군 이비가 청나라에 사은사로 갔을 때 가져왔다. 청의 영락제가 그에게 선물로 준 것이다. 두 번째는 세종 8년 11월 24일에 들어왔다. 첨총제 김시우가 진헌사로 갔을 때 청의 홍희제가 사서오경, 『통감강목』과 함께 답례로 보낸 것이다.

세종이 말문을 열었다.

"내가 빈풍칠월도를 보고 농사짓는 일이 얼마나 힘들고 어려운가를 더 살펴 알게 되었소. 나는 농사일이 매우 소중한 것임을 대체로 알지만, 왕실 자손들은 깊은 궁중에서 생장하여 논밭 갈고 곡식 가꾸는 수고로움을 알지 못할 것이니, 그것이 걱정되오."

'빈풍' 또는 '빈풍칠월도'는 주나라 때 어린 조카 성왕을 도왔던 주공이 섭정을 마치고 지은 시가다. 백성들의 농사짓는 어려움을 왕이나 왕실, 대신들에게 인식시키기 위해서 지어 보급한 시가였다. 세종이 다시 말을 이었다.

"궁중의 부녀들이라도 모두 농사짓는 책을 읽거나 누에를 치는 일이 예전에는 있었소. 빈풍을 모방해서 우리도 풍속을 모으고 일하는 모습을 그리면서 찬미하는 노래를 짓는 것이 어떻겠소? 상하 귀천이 모두 농사일의 소중함을 알게 하고, 후손들에게도 전해 주는 것이 좋지 않겠소? 집현전에서는 우리의 조세나 부역, 농업과 잠업의 실상을 수집하고, 거기에 노래로 찬사를 써서 우리나라의 칠월시를 만들도록 하시오."

'칠월시'는 농가월령가다. 세종 시절 농가월령가가 등장하게 된 배경이다. 경연은 학문을 토론하면서 어떤 사안에 대한 왕과 신하들의 인식을 새롭게 하기도 했고, 새로운 정책 아이디어를 찾기도 한 자리였다.

경연관인 지신사 안숭선이 적극 거들었다.

"대체로 대갓집 자손만 해도 할아버지나 아버지 덕에 부유하게 생장하여 농업과 잠업의 소중함이나 그 어려움을 알지 못합니다. 하물며 궁궐 안에만 깊이 있어서 어찌 아래 백성의 농촌 고생을 알겠나이까? 분부하신 대로 칠월도를 모방하여 편찬이 이루어지면 한 시절에만 유익한 것이 아니라 실로 만대의 미담이 될 것이옵니다."

세종은 왕실의 후손들도 농사가 얼마나 힘든 일인지를 꼭 알아야 한다고 생각했다. 그래야 백성들을 이해하고 사랑할 수 있다고 여겼다. 나라를 다스리는 사람이 백성들이 겪는 일상의 고초를 알지 못하고 제대로 다스릴 수는 없다. 세종은 경연에서도 민초들이 겪는 어려움을 늘 주의 깊게 듣고자 했다. 경연관들도 세종에게 백성들의 어려움을 가감 없이 있는 그대로 전했다.

군주와 신하는 상관관계다. 군주를 보면 신하를 알 수 있고, 신하를 보면 군주의 수준을 알 수 있다. 서로 전혀 다른 수준의 조합을 이루기는 어려운 일이다. 가까운 친구를 보면 그 사람을 알 수 있는 것이나 명장 밑에 오합지졸이 없는 것과도 같은 이치다.

'봉생마중 불부자직'이란 말이 있다. 중국 전국시대 '성악설'을 얘기한 순자가 쓴 말이다. 그 뜻은 옆으로 번져 가면서 크는 쑥도 곧게 크는 삼밭에서 자라면 곧게 자라지 않을 수 없다는 의미다. 거꾸로도 마찬가지다. 아무리 곧게 자라는 삼이라도 쑥밭에서 크면 곧게 자랄 수는 없다. 훌륭한 군주의 주위에는 훌륭한 신하들이 있다.

많은 책을 읽고 여러 분야에 걸쳐서 아는 것이 많은 왕이라면, 자칫 겸손을 잃고 오만에 빠질 수도 있다. 특히, 왕의 절대적 권위를 생각한다면 신하들이 '이래야 옳습니다' '저래야 합니다'의 소리가 싫어질 수도 있다. 그러나 세종은 그런 가식적 권위를 싫어했고 경계했다.

세종실록을 보면, 추위나 더위가 심했던 때도 경연을 쉬지 않았다. 한 달 동안 한 번도 경연에 참석하지 못한 달도 있었다. 세종 28년 9월에는 훈민정음 완성을 위한 검증에 몰두한 탓인지 한 번의 경연도 기록에 없다. 이처럼 불가피한 상황이 아니면 세종은 경연에서 늘 자신을 돌아보고 새롭게 하곤 했다. 나라와 백성을 책임진 군주의 겸손과 성실이었다.

청백리의 표상, 유관

유관은 강직한 성품으로 인해 파직과 유배를 반복했던 인물이다. 그의 학문과 재능이 비상함을 잘 알고 있던 태종과 세종은 그를 아껴서 다시 벼슬로 부르곤 했다. 그는 당시로는 매우 드문 고령인 87세까지 장수했다. 82세 때 우의정을 맡은 것이 마지막 벼슬이었고, 평생을 청렴 청빈하게 살다간 인물이었다.

유관의 청빈과 관련하여 내려온 일화다. 그는 말년까지 초가집을 면치 못했다. 어지간한 비가 내리면 오래된 초가집의 이곳저곳이 샐 수밖에 없었다. 그는 방 안에 우산을 늘 두고 살았다. 방에 빗물이 새면 서책이 있는 곳에 우산을 받쳐 들고 있었다. 그의 부인이 보기에 민망해하면, 얼굴에 웃음을 띠고 이렇게 말했다는 기록이 있다.

"우린 우산이 있어서 참 다행이오. 우산도 없는 가난한 집은 이럴 때 어찌하는지 모르겠소."

우산도 없는 가난한 집 걱정을 하는 유관은 자신의 빈곤을 아예 의식조차 못했다. 청빈한 삶을 살았던 청백리들은 살았던 처지를 가난이라고 생각하지 않았다. 누울 집과 입을 옷, 먹을 식량이 있으면 족한 살림이라고 여겼다. 부를 탐하는 요즘 공직자들과는 DNA 구조가 달랐다.

교육의 토대를 닦다

학문을 사랑했던 세종, 학문으로 수신과 치도를 다듬었던 세종의 교육관은 남달랐다. 교육이 있어야 개인도 나라도 구실을 할 수 있다고 믿었다. 그래서 교육으로 백성을 깨우치고 인재를 키우기 원했다.

조선 개국 후, 인재 육성을 위해서 중앙에는 국학으로 성균관, 지방에는 향교를 두었다. 성균관은 조선 최고의 엘리트 교육기관이다. 최고 책임자인 정3품의 대사성을 두고 종9품직까지 모두 23명의 관리를 두었다. 성균관은 4서와 5경을 중심으로 유교 이념을 교육시켜 나라가 필요로 하는 관료를 배출하는 것이 주요 설치 목적이었다.

성균관에는 공자와 설총 등 유명 학자들의 위패를 모신 문묘가 있었고, 매년 봄과 가을에 문묘제례라는 제사를 지냈다. 왕이 문묘제례에 참석해서 제사를 직접 주관하기도 했고, 이를 기념해서 알성시라는 과거를 시행하기도 했다. '알성'은 성인을 뵙고 인사한다는 의미다. 알성시는 비정기 과거였다.

조선의 과거에서 맨 처음 비정기 과거를 시행한 왕은 태종으로 별시라는 과거를 시행했다. 성종은 알성시라는 과거를 시행했고, 중종 때는 증광시를 실시했다. 증광시는 왕실이나 나라에 큰 경사가 있을 때 이를 기념하기 위해 실시한 비정기 과거였다.

성균관 입학정원은 150명이었으나 세종은 그 정원을 2백 명으로 늘렸다. 정원의 절반은 소과, 즉 생원과 진사시에 합격한 사람들이 차지했다. 나머지 절반은 소정의 평가를 거친 유생이나 사부학당 출신 생도에게 주어졌다. 성균관 학생에게는 학문에 정진하도록 학비와 숙식비를 모두 국비로 지원했다.

성균관에는 출석을 점검하는 원점이 있었다. 성균관 식당에 아침과 저녁 식사를 하러 들어갈 때, 입구에서 신원을 확인하고 도기라는 출석부에 서명하면 동그라미 표시를 해주는 것이다. 하루 출석 점수가 1점이었다. 이 원점이 3백 점 이상일 때, 대과에 응시할 수 있는 자격을 주었다. 출석을 독려해서 학문에 열심히 정진하도록 하자는 취지였다.

향교는 지역의 인재 양성을 위해 부나 목, 군과 현에 설치한 공교육 기관이다. 조선 초에 목사가 부임하는 지역보다 큰 지역에는 중앙의 승문원과 성균관, 그리고 교서관의 권지(정식 발령 전의 견습관리)를 향교에 파견해서 교육을 담당하도록 했다. 그러나 벼슬자리에 관심이 있는 이들이 향교 교육에 전념하기란 어려운 일이었다.

군과 현의 향교에는 훈도 또는 학장이라는 직책을 두고 교육을 담당하게 했다. 학장은 그 지역에 사는 유생들 가운데서 학식이나 덕망이 있는 사람을 골라 임명했다. 그러나 정식 관직이 아니어서 녹봉이 없었다. 군역이나 관청에서 동원하는 노역을 면제해주는 혜택 정도였다. 일종의 명예직이었다. 처우가 약했기 때문에 교육에 열심을 다 하는 학장이 드물었다.

태종 때에 향교를 재정비하여 군과 현에는 참외문신(참하관, 7품직 이하의 관리)을 훈도로 하거나 생원이나 진사를 교도로 임명하여 교육을 담당하게 하였다. 향교 교육이 공교육이라는 점에서 가르치는 자를 모두 관직으로 임용한 것은 진일보한 조치였다. 그러나 정작 일선에서 교육을 책임진 교도들에 대한 열악한 처우, 사명감 부족, 감독 미비 등으로 향교 설립의 취지를 제대로 구현하지 못하고 있었다.

세종 때에 와서 비로소 향교 교육이 제 기능을 발휘하기 시작했다. 세종이 지방 교육에 큰 관심을 보이고 지원과 감독 체계를 강화했기 때문이다. 즉위 초에 세종의 관심은 교육의 내실화였다. 제대로 된 교육의 뒷받침 없이는 유능한 인재의 양성은 물론, 백성의 교화도 이루기 어렵다고 판단했기 때문이다.

세종은 전국 지방 교육을 담당하고 있는 향교의 느슨한 교육 실태를 개선토록 지시했다. 당시 지방 수령들이 향교의 생도들을 사역에 동원하기도 했다. 외부의 손님을 맞을 때나 유지들과 술자리에 훈도를 부르는 등 학업을 저해하는 행태도 잦았다. 감독이 없기 때문에 훈도의 출퇴근도 엉망이었다. 정해진 출퇴근 시간도 없고, 교육 시간도 없었다. 훈도의 마음대로 하는 것이 규칙이었다. 이에 대해 세종이 고삐를 바짝 당긴 것이다.

세종 4년 11월의 일이다.

향교에 대한 교육 정상화를 위해 특단의 조치를 마련했다. 향교에 임명되는 교수관이나 교도는 모두 공직으로 했다. 교수관과 교도가 임명을 받은 후에 즉시 부임하지 않거나 부임해서 이런저런 핑계로 교육에 바로 임하지 않을 경우, 그 죄를 물어 벌하도록 했다. 그리고 고을의 수령은 교수나 교도의 출퇴근 등 근무상황을 점검하고, 그 평가를 관찰사에게 보고하도록 했다.

군수와 현감 등 수령은 생도들의 이름과 입학 시점에 관한 학적을 관리하고, 읽은 경서와 교도의 수업 진도를 점검하여 일 년에 두 차례, 6개월마다 관찰사에게 보고하도록 했다. 매우 철저한 관리 감독체계가 마련되었다.

거기서 끝이 아니었다. 상급 기관인 관찰사가 고을을 순시할 때, 교육일정과 진도를 점검하고 약식 고시를 보여 생도들의 학력을 평가토록 했다. 실록의 기록을 보면 향교 교육에 대해 점검해야 할 바를 매우 꼼꼼하게 나열하고 있다. 예를 들면, 어느 경서를 통달한 생도가 몇 명이며, 어느 경서를 잘 외는 생도가 몇 명인지 등등을 점검하고 기록으로 남기게 했기 때문이다.

향교가 자리를 잡아가면서 교수나 교도 자리에 관심과 인기도 높아졌다. 그들은 녹봉을 받는 관직이었기 때문에 국방의무인 군역이나 관청의 사역도 면제되었다. 그리고 학술에 정통하고 교육 성적이 우수하면 관찰사의 추천을 받아 다른 관직으로도 출사할 수 있는 길이 열렸기 때문에 생원과 진사들 사이에서 인기가 있었다.

그러다 보니 성균관에 남아 있는 생원들의 수가 많이 감소했다. 세종 7

년 2월의 기록을 보면, 성균관에 기숙하고 있는 생원들의 수는 40명이 채 되지 않았다. 많은 생원이 향교의 교도로 나갔기 때문이다. 사헌부에서 교도들의 문제를 지적하여 올린 내용의 일부 기록이다.

"각 고을의 교도를 모두 생원으로 임명하기 때문에 서로 다투어 교도를 지망하고, 일단 취직하여 사은 숙배한 뒤에는 개인적 사정을 들어 피할 바를 찾기도 하고, 궁벽한 시골에서 눈가림하여 유학자라 행세하고, 군역도 면제되고, 농사도 짓지 아니하며, 또 가르치는 것도 열심히 하지 않고, 수개월이 되지 않아 인연을 찾아 권문세가에 간청하여 직급을 올리니 이는 실효적이라고 볼 수 없습니다."

세종은 사헌부의 제안을 받아들여 향교의 교도 임명을 매우 엄격하게 고쳤다. 우선 40세 이상이라는 나이 제한을 두었다. 그리고 생원과 유생 중 학문에 조예가 깊은 사람으로 임시 학장으로 삼고 3년간 교육에 대한 평가를 거쳐 교도로 임명하게 했다. 그리고 교도로 임명된 후, 3년간 실적을 보아 직급을 올려주도록 하고 그렇지 않은 자는 수시로 파면하도록 했다. 교도에 대한 매우 엄격한 규제였다. 세종 5년 11월의 일이다.

성균관과 향교 외에도 오부학당 또는 사부학당, 서원과 서당이 있었다. 오부학당은 한양의 동, 서, 남, 북, 중앙에 설치한 공교육 기관으로 8세 이상부터 15세까지의 생도들이 수학했다. 세종 4년 때부터는 한양 북쪽의 북부학당이 빠지고 사부학당 중심으로 운영되었다. 교수와 훈도가 배치되어 교육을 담당했고, 생도들은 기숙사에서 합숙하며 숙식을 제공받았다. 태조 때는 사찰을, 그리고 태종 때는 임시 시설을 사용하다가 일부를 신축하기 시작했고 세종 때에 학당과 기숙사 시설이 완비되었다.

학당에서 교육을 마친 후, 경서에 성적이 우수한 생도는 성균관에 입학하여 공부를 계속할 수 있었다. 세종 4년 10월부터는 성균관과 학당의 생원이나 생도들은 한 달에 8일과 23일 두 차례 휴가를 주어 부모와 가족을 찾아 인사도 하고, 옷가지도 세탁하고 챙길 수 있도록 했다.

교육에 대한 세종의 관심과 배려가 컸기 때문에 점차 학당에 입학하는 학생이 늘었다. 세종 즉위 초만 해도 성균관과 학당 등 모든 교육기관이 정원을 채우지 못했다. 세종은 즉위하자마자 의정부에 지시를 내려 성균관과 학당에 정원이 차지 않는 이유를 조사하여 보고하도록 하고, 교육체계를 바로 잡도록 지시했다. 즉위년 11월의 일이다.

세종의 관심과 적극적 지원에 힘입어 세종 3년부터 성균관과 학당에 점차 학생들이 늘어 교육관과 기숙사를 증설해야만 했다. 그에 따라 교수와 교관이 증원되었음은 물론이다. 가르치는 선생의 직함이 교수와 교관, 훈도와 교도 등 명칭이 정리되지 않고 다양하게 불렸다. 세종은 거의 매년 한 차례씩 술과 고기를 내려 성균관과 학당의 생도들을 격려했다.

사교육으로는 서원과 서당이 있었다. 서원과 서당에 관한 최초의 기록 모두 세종실록에 나온다. 세종의 관심과 지원으로 지역 교육이 활성화되고 백성들의 인식이 개선되면서 교육열이 도드라졌다. 이런 분위기에서 낙향한 전직 관료나 지역의 선비들이 사재로 서원이나 서당을 세우고 학생들을 모아 가르치기 시작했다. 사교육의 출발이었다.

세종 2년 1월 21일 기록에는 김제에서 전 교수관 정곤, 광주에서 생원

최보민이 사재로 서원을 세우고 학동들을 가르쳐 세종의 표창을 받는 기록이 나온다. 서원이나 서당의 경우, 초기에는 교육의 중요성을 생각한 학자들에 의해 무료로 운영되었으나 조선 중기에 접어들면서 학비를 받아 운영되는 곳이 늘게 되었다.

조선의 교육체계는 세종 때에 대강이 가다듬어지고 기틀을 잡았다. 세종이 닦아 놓은 터전 위에서 더 발전적인 교육체계가 마련되고, 교육이 활성화되어야 했다. 그러나 조선 말에 신학문이 소개될 때까지 그토록 오랜 시간 조선의 교육은 세종이 닦아 놓은 토대에서 더 앞으로 나가지 못한 채 제자리걸음을 하고 있었다. 조선의 국운이 기울 수밖에 없었던 이유 가운데 하나다.

독도를 표시한
'세종실록지리지' 등의 서책 편찬

세종은 재위 때 『팔도지리지』와 『자치통감훈의』 편찬을 완료했다. 두 책의 편찬에 막중한 역할을 한 윤회는 고금의 학문과 문장, 술로 유명한 사람이다. 그는 불과 열 살 때부터 송나라 주희가 쓴 역사서 『통감강목』을 읽기 시작해 신동이란 별명이 붙었다. 읽지 않은 책이 없다시피 했고, 한번 읽은 것은 잊지를 않았다. 태종과 세종도 그를 천재라고 불렀다. 태종 1년 4월 9일에 실시된 문과 복시에서 조말생이 1등을 하고, 윤회는 3등을 했으니 두 사람은 고시 동기인 셈이다.

세종 14년 1월 19일, 윤회는 맹사성, 권진, 신장과 함께 새로 편찬한 『팔도지리지』를 세종께 보고했다. 세종이 『팔도지리지』를 편찬한 이유는 조선의 영토를 분명하게 하고, 각 지역의 특성을 제대로 살펴 올바른 행정을 하려는데 있었다. 이 『팔도지리지』는 세종 6년인 1424년 편찬을 시작해서 세종 14년, 1432년에 완성했으니 8년에 걸친 역작이다. 이후 이 지리지는 단종 2년인 1454년에 『세종실록지리지』로 편찬되는데, 여기에 울릉도인 '무릉'과 독도인 '우산'에 대한 위치 정보 등 자세한 기록이 나온다. 두 섬은 강원도 삼척군 또는 삼척도호부의 울진현 소속으로 서술되어있다.

독도와 울릉도에 관한 최초의 기록은 고려 인종의 지시로 1145년 편찬이 완성된 김부식의 『삼국사기』에 나온다. 역사적 사료에 입증되어 있음에도 불구하고 독도의 영유권을 주장하는 일본의 억지야말로 역사적 사실에 대한 파렴치한 왜곡이자 국가적 양심을 의심케 하는 반지성적 행태다.

독도에 대한 일본의 최초 기록은 1667년에 편찬된 『은주시청합기』에 나온다. 따라서 『삼국사기』는 522년, 『세종실록지리지』는 무려 213년이 앞선다. '은주'는 현재의 '오키섬'을 말하고, 거기에서 보고 들은 얘기들을 합해 놓은 기록이라는 의미의 책이다. 정식 행정 문서도 아니다. 일본은 1954년 외교문서를 통해 독도가 일본의 영토라는 근거로 이 '합기'를 제시했다. 그러나 연대가 『삼국사기』나 『세종실록지리지』의 기록보다 너무 늦은 데다가 해석상 오히려 독도가 한국의 영토라는 근거가 될 수도 있다는 점에서 최근의 주장에서는 이 합기를 언급하지 않는다.

태종 17년 2월 8일의 기록에도 두 섬이 나온다. 태종이 김인우라는 사람을 안무사로 삼아 우산과 무릉에 들어가 그곳 주민들을 육지로 데리고 나오도록 했다는 내용이다. 당시 우산도와 무릉도는 일종의 도피처였다. 병역이나 노역, 토지세 등을 피해 위험한 뱃길이 가로놓인 두 섬으로 도망을 가서 살았기 때문이다. 이를 보더라도 독도가 명백한 우리 땅임을 알 수 있다.

두 책의 편찬 책임을 맡은 윤회는 날마다 그날의 작업 결과를 세종에게 서면으로 보고했다. 그러면 세종은 밤이 깊도록 촛대와 호롱불 밑에서 읽어보고 오류를 교정했다. 세종의 학문에 대한 열정이었다. 다른 군주들의 경우에는 '편찬하라!'는 지시로 끝나고 말 일이었으나 세종은 달랐다. 세종은 무슨 일을 지시하고 그 일을 잊어버리지 않았다. 지시한 내용을 확인하고 직접 검증했다. 신하들을 믿지 못해서가 아니었다. 의도한 최선의 결과에 대한 집착이었다. 실력과 열정이 없이는 불가능한 일이었다. 어찌 보면 세종은 일을 만들어서 고생을 자초하는 스타일이었다. 그 많은 치적에는 세종의 크고 작은 고초가 스며 있지 않은 것이 없었다.

세종 16년 12월 11일, 이날도 하루를 마감하고 결과를 가져온 윤회, 권도, 설순과의 대화다.

"근일에 이 글을 다시 보면서 독서하는 것이 얼마나 유익한가를 새삼 느꼈소. 총명이 날마다 더해지는 것 같은 느낌이 들어 실로 기쁘오. 수면 시간이 많이 줄어 걱정이오만…."

"밤에 가는 글씨를 보면서 눈병이 나실까 염려되옵니다."

"경의 말이 맞소. 눈에 간혹 침침한 기운이 도니 내 조금 쉬도록 해야겠소."

마침내 세종 18년 4월 4일에 『자치통감훈의』가 빛을 보게 되었다. 세종은 주자소에 명해 출판한 다음 신료들에게 나누어주도록 했다. 세종은 기쁘기도 했고, 슬프기도 했다. 그로부터 이십여 일 전인 3월 12일, 혼신의 노력을 다해 책을 마무리한 아끼던 신하 윤회가 57세를 일기로 세상을 떴기 때문이다. 윤회는 2년간 풍질, 즉 중풍 증세를 보이면서도 세종이 맡긴 일에 최선을 다했다. 세종은 유능한 의관을 보내 진찰하게 하고 왕실에서 쓰는 좋은 약재를 보내기도 했다.

그의 부음에 세종의 슬픔은 매우 컸다. 애도의 의미로 임금과 대소 신료들이 참석하는 조회를 열지 않았고, 시장인 저자도 철시토록 했다. 임금이 장례 제사를 내리고, 세자와 함께 조문했다. 세종이 그에게 내린 시호는 '문도'다. 학문을 좋아하고 자신의 마음을 늘 의리로 제어했다는 의미다.

술을 사랑했던 문장가, 윤회

세종이 아끼던 신하 중 윤회가 있다. 태종에게도 아낌을 받았던 윤회는 세종 때 집현전 부제학, 병조판서를 거쳐 예문관 대제학까지 승차한 인물이다.

애주가였던 윤회는 죽기 전 술에 관한 기화로도 유명하다. 그를 아낀 태종과 세종이 술을 끊도록 엄하게 얘기했지만, 어명으로도 애주가였던 그의 술을 막지는 못했다. 워낙 술을 좋아했고, 마시면 두주불사였다. 문과에 급제하고 7개월 뒤인 태종 1년 11월 3일 술로 인해 순군옥에 하옥되었다. 당시 윤회는 교역의 문서를 담당하는 응봉사의 하급관리인 종8품직 녹사로 있었다. 사신관에 가서 명나라에 보내는 마필의 마적을 기록해야 하는데 그만 술에 취해 깊은 잠에 빠지고 말았다. 그가 하옥된 연유다.

세종 시절에 두주불사한 세 명의 술꾼은 윤회와 신장, 남수문이다. 신장은 신숙주의 아버지다. 신장 역시 예문관 대제학을 지낸 유학의 권위 있는 학자다. 세종은 윤회를 매우 아꼈다. 그의 학문과 문장이 탁월했기 때문이다. 당시 사람들은 변계량과 윤회, 남수문을 3대 문장가라고 했다. 세 사람 모두 한번 붓을 잡으면 그야말로 일필휘지였다. 남수문은 직집현전으로 있을 때, 아깝게도 35세의 나이로 빨리 죽었다.

남수문은 문장뿐만 아니라 국가경영을 위한 논리에서도 뛰어났다. 그는 세종 8년, 18세로 문과에 급제하고, 세종 18년 젊은 문신들을 대상으로 실시한 문과 중시에서 장원을 했다. 그의 실력이 출중함을 안 세종은 그를 매우 아꼈다. 그래서 집현전 부수찬으로 있을 때, 그를 불러 대군들의 교육을 맡겼다.

남수문은 국가통치와 국제관계에서 '덕치교화'를 근본에 두어야 함을 강조했다. 백성이나 외적을 다스리는 데 권력이나 무력은 근본적이고 장기적인 대처가 아니라고 했다. 덕으로 백성을 교화할 때, 진정한 통치력이 발현되고, 마찬가지로 덕치에 의해 내부의 기강과 질서가 잡히고 그 감화력으로 외적을 굴복시키는 것이 진정한 방책이라고 주장했다. 이른바 유교적 덕치주의에 토대를 둔 남수문의 '외세대응론'이다.

세종은 그의 경세론을 높이 평가했을 뿐만 아니라, 문장 실력 또한 인정했다. 그래서 새로운 서책이 편찬되면 남수문에게 발문을 쓰도록 했다. '발문'이라 함은 본문의 내용이나 발간의 취지 등을 요약해서 쓴 것을 의미하며 때론 서문과 같은 취지로 사용된다. 세종 19년 펴낸 병법서 『장감박의』나 세종 24년의 흥천사 중수 때의 불사 취지문인 '설선문'이 대표적인 것으로 남아 있을 뿐, 그의 문장 대부분이 유실되고 전해오지 못함은 매우 안타까운 일이다.

윤회는 남수문처럼 대문장가이기도 했다. 윤회는 세종 2년 9월 13일, 사헌부 장령으로 있는 허성으로부터 탄핵을 받았다. 술 때문이었다. 세종이 백관을 거느리고 종묘에 고하는 엄숙한 제례에서 윤회가 술에 취해 비틀거린 것이다. 당시 윤회는 병조참의로 있었다. 고시 동기인 조말생이 두 단계 위인 병조판서로 있었으니 술을 좋아한 탓으로 벼슬길이 좀 더딘 편이었다. 윤회는 고지식한 성격이었으나, 조말생은 처신에 매우 능한 사람이었다. 조말생은 많은 부정비리도 저질렀고 그로 인해 여러 차례 탄핵도 당했지만, 일을 처리하는 능력은 탁월했다. 그가 많은 부정과 그로 인한 탄핵에도 불구하고 승차(벼슬이 오름)의 길을 걸었던 이유다.

세종이 윤회를 탄핵한 허성을 조용히 불렀다. 여기의 허성은 홍길동전으로 유명한 허균의 형이자 조선 대표적 여류시인인 허난설헌의 오라버니인 허성과 다른 사람이다. 시기적으로 더 앞선 인물이다. 그는 태종 때, 식년문과에 급제한 후, 세종 때 예조판서와 예문관 대제학, 이조판서를 역임한 인물이다. 학문과 실력이 출중하고 성품이 매우 강직해서 불의를 보고는 결코 묵과하지 못했다. 세종이 아낄 수밖에 없는 인새였다. 그가 왕이 행차한 종묘제례에 술에 취한 윤회를 보고 그냥 넘어갈 리가 없었다.

세종이 부복한 허성에게 입을 열었다.

"오늘 부른 이유는 윤회 때문일세. 잘 알다시피 윤회는 술을 좋아하고, 술을 마시면 곧 취하는 사람이지 않은가. 취중의 실수이니 더 이상 거론하지 말게나."

"전하, 신료가 공무 중에 술을 마신 것이나, 특히 전하께서 주례하시는 엄숙한 행사에 참례하면서 술을 마신 행위는 벌을 받아 마땅하옵니다."

"알겠네. 내가 따끔하게 주의를 줄 것이니 더 이상 거론하지 말면 좋겠네. 내 부탁이네."

다음 날, 세종이 윤회를 불렀다.

"경은 총명하고 학문이 뛰어난 사람인데, 술 마시기를 도에 넘치게 하는 것이 결점이오. 이제부터 상왕전이나 내가 하사하는 술 이외에는 과음하지 마시오."

꾸중이나 벌이라고 볼 수 없는 얘기다. 세종의 그 말에도 윤회는 자신이 없었던지 대답을 하지 않고 머리만 숙이고 있었다. 그 마음을 읽은 세종도 그 이상의 다짐을 두지는 않았다. 실록을 보면, 군신 사이의 의례에 관해 세종이 보인 관용의 품은 매우 넓었다.

한 번은 윤회가 낮술에 크게 취했는데 세종이 찾았다. 제문을 급히 지어야 할 일이 생긴 것이다. 윤회가 술에 취해 걸음을 제대로 걷지 못하고 부축을 받고 세종 앞에 부복했다.

"어허! 또 그렇게 취했구려. 글을 쓸 수 있겠소?"

세종이 제문의 취지를 대충 얘기했다.

"예, 써보겠사옵니다."

윤회가 혀꼬부라진 소리로 대답했다. 종이와 필묵이 윤회 앞에 놓였다. 윤회는 부축한 내관에게 목덜미를 뒤에서 잡아 달라고 부탁했다. 글을 쓰면서 몸을 가누지 못하고 앞으로 쓰러지는 것을 막기 위함이었다. 붓을 들었다. 줄줄 써내려 갔다. 취중임에도 순간의 막힘이 없었다. 다 쓰고 나서 윤회가 말했다.

"전하! 송구하옵니다. 저만 취한 것이 아니라 붓도 취해서 서체가 바르지 못하옵니다."

취했으니 글씨가 제대로 써질 리가 없었다. 바르게 써지지 않은 글씨를 두고 '붓도 취했다'고 했다. 글을 받아 본 세종이 무릎을 쳤다. 참으로 명문이었다. 크게 감탄한 세종이 말했다.

"경은 술에 취해도 글에는 지장이 없는 모양이오. 앞으로 건강을 생각해서 어떤 자리에서도 세잔까지만 들고 그 이상의 술은 들지 마시오. 알겠소?"

"예, 전하! 명심하겠사옵니다."

역시 혀가 꼬부라진 소리로 답하고 부축을 받아 물러갔다. 세종은 윤회가 쓴 제문을 다시 읽어보았다. 읽을수록 명문이었다. 세종은 윤회의 건강을 염려했다. 그 이후, 윤회는 어느 자리에서건 세잔까지만 술을 마셨다. 그러나 술잔은 커다란 대접이었다. 이 얘기를 전해 들은 세종은 술을 말리려다 오히려 술을 더 마시게 한 셈이 되었다고 웃었다.

나라와 백성을 위하는 게 대의

　군주는 대의와 소의를 가릴 줄 알아야 하고, 대의를 위해 소의를 희생할 수도 있어야 한다. 군신 관계나 국정에서 대의의 기준은 하나뿐이다. 나라와 백성에 대한 유익이 그 기준이다. 그걸 따르고 지키는 것이 대의다. 따라서 사람을 등용할 때도 대의에 동참할 수 있는 소신과 역량이 있는가가 기준이 되어야 한다.

　그러나 대의보다 소의에 매달린 지도자들이 동서고금에 매우 많다. 우리나라의 근현대사에서도 지도자들이 소의에 따라 인재를 등용한 경우가 몹시 흔했다. 소의의 기준은 여럿이다.

　어떤 지도자는 충성도가 사람 쓰는 기준이었다. 실력이 없어도 충성하고 고분고분 시킨 대로 하면 중용하는 경우다. 권력이 큰 자리일수록 충성도를 인사의 기준으로 쓰는 경향이 컸다. 충성도에는 때론 출세 욕심으로 맹목적 추종이나 아부 아첨이 따른다.

　뜻을 같이한 동지, 또는 이른바 가신그룹이라는 사람들을 중용한 지도자도 있었다. 정치적 목표를 향해 오랫동안 함께 고생한 사람들을 중용한 경우다. 함께 투쟁했다고 해서 역량에 맞지 않는 자리에 앉히는 것은 대의보다 소의를 따른 인사다.

논공행상에 따라 자리를 주는 것도 역시 소의에 매달린 인사다. '대의 멸친'이라는 경구가 있다. 대의를 위해서라면 가까운 사람들을 버릴 줄 알아야 한다는 의미다. 그래서 '토사구팽'이란 말도 나왔다. 인재를 널리 구하지 않고 가까운 사람들과만 일하려고 하는 지도자는 대의에 따르기 어렵다. 출중한 사람들로 그들을 대체하지 못하면 결국 끼리끼리의 소의 집단으로 전락하고 말기 때문이다.

나라를 경영하는 자에게는 비판이나 반대와 같은 고언, 쓴소리하는 사람들이 주위에 있어야 한다. 성공의 길잡이이기 때문이다. 인간의 생각과 판단에는 한계가 있을 수밖에 없다. 자신의 생각과 판단을 과신하고 고집하면 독선이다. 독선은 정당한 비판의 쓴소리를 용납하지 않는다. 권력을 쥔 사람들이 흔히 범하는 실수다. 높은 자리에 올라갈수록, 권력이 커질수록 충언이나 쓴소리가 싫어지는 것이 보통이다. 높은 자리와 큰 권력이 인간의 오만을 자극하기 때문이다. 지도자라면 그것을 극복할 수 있어야 한다.

권력자 앞에서 쓴소리를 자유스럽게 할 수 있는 사람은 드물다. 그레서 권력자는 주위에서 쓴소리를 듣기가 쉽지 않다. 착각과 환상, 사실 왜곡에 빠지기 쉬운 까닭이다. 쓴소리가 있다면, 그 쓴소리는 매우 의미 있는 소리임을 알아야 한다. 작은 기업의 경영인도 회사를 위해 능력 있는 사람을 쓰려고 한다. 하물며 나라를 경영하는 지도자가 자기가 편한 고분고분한 사람들하고만 일하려고 한다면 자질이 부족해도 보통 부족한

게 아니다.

절대 군주 앞에서 쓴소리와 불충의 경계는 불분명하다. 쓴소리는 무엄에 가깝고 무엄은 불충에 접해 있기 때문이다. 그리고 그 불충은 유배나 사약이 기다리는 경우가 많다.

세종은 쓴소리를 많이 들었던 군주였다. 그중에는 무엄과 불충의 경계를 넘은 것도 많았다. 세종은 쓴소리에 담긴 의미를 읽으려고 했다. 귀도 컸고 품도 컸다. 쓴소리로 유배나 사약을 받은 신하는 없었다. 세종은 자신과 나라를 위한 대의가 무엇인지 알고 있었기 때문이다.

가뭄과 장마, 추위로 고달픈 세월이 많았지만, 신하들은 부여받은 일에 열정을 쏟았고 백성들은 세종을 칭송했다.

신뢰를 거두지 않는 인사관리

　세종의 인사관리는 특이했다. 실력과 경륜에서 인정하고 신임하면 그 신하를 죽을 때까지 놓아주지 않았다. 고려나 조선의 태조, 태종 때도 공이 큰 원로를 예우하는 관행이 있었지만, 세종은 그 이상으로 한번 중용한 인재는 웬만한 실책도 감싸주며 끝까지 놓아주지 않았다.

　세종의 곁에 있었던 원로 그룹은 조정의 요직에서 모두 20년 이상을 보냈다. 세종은 신임하는 원로들이 병이 들거나 연로해서 출근하기 어려워도 놓아주지 않았다. 아무리 사임을 청해도 윤허가 없었다. 노환으로 거동이 불편하면 조회 참석이나 등청을 면해주었다. 그 대신 집에 머무르면서 주요 사안을 보고받고 결재하도록 했다. 재택근무까지 시킨 것이다.

　당시로썬 매우 고령인 70이 넘는 중신들에게는 몸이 불편하면 궤장(팔걸이 방석과 지팡이)을 하사하면서까지 자리를 유지케 했다. 충효 사상이 지배하던 시기에 원로는 존귀한 지위였다.

　세종 8년 5월 15일 좌의정 유정현이 병으로 죽었다. 유정현은 태종 말기에 영의정까지 지낸 인물이다. 대마도 정벌 때는 삼군도통사를 맡았다. 결단력이 있고 매우 청렴한 사람이었다. 영의정까지 지낸 그를 세종은 좌의정에 앉히고 물러나지 못하게 잡았다. 그는 죽기 전 몇 차례나 사임을 원했다. 그러다 죽기 사흘 전에야 윤허를 받아 자리를 면할 수 있었다. 그의 나이 72세였다. 벼슬의 최고봉인 영의정 자리에 있었던 유정현에게 좌의정 자리를 주고 사임을 허락하지 않았던 세종의 판단은 무엇이었는지 알 수가 없다.

좌의정 허조 역시 병으로 몇 차례 사임을 청했다. 허조는 꼿꼿한 인품에다 청백리로 유명한 인물이다. 평소 식사도 배부르게 먹는 것을 호사로 여기고 겨우 배고픔을 면할 정도로만 먹었다는 일화가 있다. 세종 21년 11월 21일 위독해진 허조가 다시 사임을 청했다. 세종은 윤허하지 않고 의원과 약재를 보냈다. 집에서 일을 보라는 지시도 덧붙였다. 그로부터 한 달 뒤인 12월 28일 허조는 71세로 세상을 떴다.

명장 최윤덕의 경우도 역시 마찬가지다. 최윤덕은 60살이 되기 전인 평안도 병마절도사로 있을 때부터 위장병으로 식사를 제대로 하지 못했다. 식사 대신 단술로 연명해야 할 정도로 건강이 좋지 않았다. 세종이 그런 사정을 잘 알고 있었음에도 최윤덕을 놓아주지 않고 계속 전선을 맡겼다.

최윤덕은 우의정과 좌의정을 거쳐, 말년인 세종 26년 11월 17일에 삼군도총제부를 개편한 중추원의 수장인 영중추원사로 보임을 받았다. 몇번이고 사임을 원했지만, 세종은 윤허하지 않았다. 세종 27년 11월 6일 죽기 한 달 전, 병이 심히 위독해서 누워지내야 했다. 그때, 세종은 약재와 궤장을 보냈다. 최윤덕 역시 끝내 사임을 허락받지 못하고 그로부터 한 달 뒤인 12월 5일 70세를 일기로 세상을 떴다.

요즘으로서는 도저히 이해할 수 없는 일이다. 일할 사람이 없어서도 아니다. 유능한 인재들이 얼마든지 있었다. 원로들은 정사에서 물러나 조용히 쉬다가 생을 마감하도록 배려할 만도 했다. 중신들로 그 자리를 채우면 정무가 더 효율적으로 관리될 수도 있었다.

세종이 원로들에게 그처럼 은퇴를 윤허하지 않은 이유는 정확히 알 길이 없다. 경륜이 출중한 사람들은 죽을 때까지 국가를 위해 희생하라는 것이었을지도 모른다. 평생 충절을 바친 신하를 끝까지 놓아주지 않는 것은 신하에게는 큰 명예였을 수 있다. 죽는 날까지 왕의 신임이 그치지 않았다는 얘기이기 때문이다.

고려 때도 그랬고 조선에 들어와서도 공이 많은 원로를 예우한다는 차원에서 나이가 많거나 건강이 좋지 않으면 벼슬만 주고 실무는 면제해주는 것이 통례였다. 세종 때도 그런 경우가 있었지만, 세종의 경우는 앞에서 예를 든 것처럼 특이했다. 죽어야 비로소 해방되는 사람들이 유독 많았던 세종 시절이다.

세종의 인사에서 두드러진 또 하나의 특징은 흠이 있어도 역량이 있으면 중용했다는 점이다. 황희와 맹사성 등 서달의 사건에 연루되어 파직되거나 유배에 처해졌던 인사들이 꽤 많았다. 그들은 중죄에 연루되었음에도 얼마 뒤에 대부분 복직이 되었다.

공권력을 이용해 살인사건을 조작하고 은폐하려 했다면 도덕적 흠결로서는 이보다 더 클 수가 없다. 요즘에 그런 일이 있다면, 수년의 옥살이는 물론이고 재기란 상상하기도 힘들다.

세종 9년 6월 17일 서달 사건이 들통나고 황희와 맹사성은 의금부에 하옥된다. 그런데 바로 다음 날 보석이 되고, 21일 파직된다. 그리고 7월 4일 세종은 황희와 맹사성을 좌의정과 우의정으로 복직시킨다. 하루 하옥, 나흘 뒤 파직 조치, 보름 뒤에 다시 부른 것이다. 일년이 지난 것도 아니다. 왜 그렇게 빨리 중대한 범죄를 저지른 신하들을 다시 불렀는지 이해하기 매우 힘들다. 그런 인사를 두고 사헌부와 사간원의 반대가 심했음은 물론이다.

세종은 탄핵 상소의 내용이 모두 옳다면서도 대신들의 퇴출은 신중하게 해야 한다고 받아들이지 않았다. 역모의 범죄가 아니라면, 유배나 파직, 그리고 복권이 일반화되어 있던 게 당시 관행이었다. 그럴지라도 황희와 맹사성 등에 대한 이른 복직조치는 이해하기 어렵다. 옳고 그름에 대한 사리판단이 누구보다 뛰어났던 세종이었기에 그런 인사조치는 납득하기가 참 어렵다.

병조판서와 예문관 대제학을 지낸 조말생의 경우도 마찬가지다. 조말생은 태종 때부터 신임을 받아온 인물이다. 문과 장원급제 출신으로 머리도 좋고 역량이 있었다. 그러나 이런저런 비리에 연루된 사람이다. 그래서 세종 재위 동안 죄과와 관련하여 가장 많은 탄핵 상소를 받은 사람이다.

세종 8년 5월 13일 사헌부의 탄핵 상소에 의하면, 조말생은 여러 차례 돈을 받고 벼슬을 팔았다. 또한 남의 땅과 노비를 빼앗기도 했으며 양민을 천민으로 만들기도 하는 등 부패의 질이 매우 나빴다. 좌사간 박안신 등이 조말생을 극형에 처할 것을 탄핵상소하고 거듭 청했으나 세종은 듣지 않았다. 부왕인 태종이 매우 신임하고 아꼈던 조말생을 죽일 수 없다고 했다.

세종은 조말생을 파직하고 평산으로 귀양을 보냈다. 그가 수뢰한 재물은 모두 몰수 조치했다. 대사헌 권도 등 사헌부의 대간들이 모두 나서 평산에 부처하는 것만으로는 벌이 가볍다며 엄히 국문하여 사형에 처해야 한다고 주장했다.

세종은 여전히 대신을 함부로 죽일 수 없다는 것과 아버지 태종이 아낀 신하였기 때문에 더욱 중벌할 수 없다며 신하들의 주장을 수용하지 않았다. 그리고 세종 10년 윤4월 1일에 조말생을 유배지에서 석방하고, 4월 13일에 조말생의 직첩을 되돌려주었다. 직첩은 벼슬의 임명장을 말한다. 죄인이었던 사람에게 직첩을 돌려주는 것은 요즘의 사면에 해당한다. 직첩을 돌려주어서는 안 된다는 상소가 줄을 이었으나 여전히 세종은 듣지 않았다.

사간원의 대간들이 5월 3일부터 5일까지 3일 동안 단체로 몰려가 부당함을 고하고 집단으로 사표를 제출해도 세종은 꿈쩍하지 않았다. 세종이 실천하려고 늘 애썼던 덕치의 기준이 이 일과 관련해서는 모호하고 이해하기 어렵다.

세종은 14년 12월 8일 조말생에게 군정과 군기를 맡아보는 동지중추원사의 직을 제수했다. 이때도 대사헌 신개 등 대간들의 반대 상소가 줄을 이었음은 물론이다.

조말생에 대한 세종의 조치가 있을 때마다 사헌부와 사간원의 반대 상소는 매우 거셌다. 그렇게 많은 상소에도 세종은 어떤 판단에서인지 귀를 막고 꿈쩍하지 않았다.

세종 19년 9월 4일에는 조말생을 지중추원사 겸 의금부 제조에 임명했다. 대사헌을 위시한 간관들이 불가하다고 벌떼처럼 일어나 반대했다. 지난 죄들에 대해 의금부 심문을 받아야 할 사람을 의금부 최고 감독자인 제조에 임명한 것은 도저히 사리에 맞지 않는 인사라는 지적이었다.

거센 반대로 시간이 흐르다 석 달이 지난 12월 1일 세종은 인사를 다시 했다. 성삼문의 조부인 성달생을 지중추원사, 조말생을 예문관 대제학으로 임명했다.

이번에도 조말생이 사직상소를 올렸다. 구절마다 그의 진심이 담겼음을 알 수 있다.

"나이 많아서 돌아갈 자리를 구하는 것은 옛날부터 정한 규칙이요, 벼슬을 탐하여 돌아가기를 잊어버리는 것은 신하 된 자가 깊이 경계할 바입니다. 오랫동안 높은 자리에 후한 봉록을 주시니 분수에 넘친 것이었고, 바로 저의 작은 그릇을 쉽게 채웠습니다. 그러나 지난날의 허물을 벗을 수 없고, 후회한들 어찌 미치겠습니까? 더구나 겸직한 관직은 모두 조정에서 중요한 자리이오니 자리의 기준을 엎을까 두렵사옵니다. 전날 잘못된 것을 돌아보면 우러러 전하께서 알아주시는 데에 부끄럽고, 세론에도 심히 부끄럽습니다."

그 후, 조말생은 함길도 관찰사, 경상·전라·충청도 도순문사, 판중추원사, 예문관 대제학을 거쳐 세종 28년에 정1품의 영중추원사에 이르렀다. 풍질로 몸이 불편한 데도 세종은 놓아주지 않고 중책을 더한 것이다.

조말생은 세종 28년 11월 28일 마지막 사임 상소를 올렸다.

"신의 나이가 지금 77세이고, 금년 5월부터는 풍질이 점점 더하여 거동이 어렵게 되었습니다. 늙고 병든 신하가 녹봉을 축내면서 돌아가기를 잊어버리고 관청을 자기 집처럼 여긴다면 어찌 옳은 일이겠습니까? 삼가 바라옵건대, 신의 지극한 심정을 살피시고 향리로 돌아가도록 윤허해 주시옵소서."

그의 소원처럼 향리로 돌아가 조용히 여생을 정리할 시간을 줄 만도 했으나 세종은 윤허하지 않았다. 조말생은 다섯 달 뒤인 다음 해 4월 27일 세상을 떴다. 그 역시 죽음으로 직책에서 해방될 수 있었다.

조말생은 장원급제 실력이 얘기하듯 머리가 명석하여 판단이 빨랐고, 무슨 일을 맡기든 성과를 올렸다. 특히, 군사에 관해서 매우 밝았다. 태종과 세종 때 병조판서를 역임한 배경이다. 함길도 관찰사로 있을 때는 자주 말썽을 일으켰던 여진족의 국경침략을 근절시켰다. 도순문사를 맡았을 때도 성을 보수하거나 새로 쌓는 일에 실력을 발휘해서 국방력을 기르는 데 크게 공을 세웠다.

조말생의 열한 번에 걸친 사임 상소를 보면, 자신의 과오에 대한 절절한 반성과 세종의 신임에 대한 감읍이 크게 담겨있다. 세종은 버리기에는 능력이 너무 출중하다고 판단해서였는지, 아니면 부왕이 아끼던 신하를 버릴 수 없다는 판단이었는지 큰 흠결을 지닌 조말생을 끝까지 버리지 않고 감쌌나.

세종이 황희, 맹사성, 조말생 등 큰 범죄를 저지른 중신들을 끝까지 감싸고 중용한 것은 수신이나 군신의 도리에 대한 세종의 신념이나 통치철학과는 엇박자를 내는 일이다. 그 의도가 무엇이었는지 알 길이 없다.

신하에게도 인정한 의사결정의 몫

세종은 절대 군주였으면서도 늘 자신의 독선과 독단을 경계하면서 신하들의 견해를 경청했다. 신하들을 인격적으로 따뜻하게 대우했을 뿐만 아니라, 의사결정에서 그들의 몫을 인정했다. 강압적이거나 권위로 합리적 의견을 묵살하지 않았다. 물론 주요 국정에 대한 최종 결정은 세종의 몫이었기 때문에 신하들의 합리적 견해와 다른 결정을 하기도 했다. 그럴 때도 신하들을 설득하려고 했고, 때로는 사정을 하기도 했다. 그래서 세종은 조선에서 왕권과 신권(신하의 권한)의 가장 이상적 조화를 이룬 군주로 평가된다.

세종 7년 11월 26일이다. 세종이 서연관의 저작 정의민을 불렀다.

"세자가 항상 궁중에만 있어서 활기가 넘치지 못하니 병이라도 날까 염려가 되네. 내가 대궐 밖으로 행차를 나갈 때도 세자를 데리고 간 적이 없네. 그 까닭은 궐 밖의 유희를 구경하고 학문의 뜻을 빼앗길까 염려해서네. 내일은 방포 행사라 유희와는 거리가 있기에 세자와 동행하고 싶네. 세자의 빈객들에게 그래도 좋은지 물어보고 답을 가져오게. 빈객들이 불가하다고 하면 데리고 가지 않겠네."

빈객은 세자의 서연관 교육을 책임진 선생들이다. 정의민이 세자의 빈객인 조말생, 이맹균, 탁신, 이수를 찾아 세종의 뜻을 전했다. 모두 내일의 행사가 학문을 방해할 일은 아니니 동행해도 좋다고 했다.

정의문이 돌아와서 그 답을 아뢰었다.

"내일의 행사는 학문의 뜻을 빼앗을 일이 아니니 빈객 모두 가하다고 답했사옵니다."

"그럼 세자에게 내일 나를 수행하도록 전하게."

대궐 밖 행사에 세자를 데리고 가도 되는지를 선생들에게 물어 허락을 받는 게 세종 스타일이다. 그냥 데리고 나가면 그만이고 시비할 사람도 없다. 세종은 달랐다. 신하들의 몫을 인정하고 존중했다.

그 행사는 군기감 주관으로 화포를 발사하고 그 화력을 측정하는 훈련이다. 화력과 동시에 포성이 얼마만큼 멀리서도 들리는가를 측정했다. 세종이 세자를 데리고 가고자 하는 데는 깊은 뜻이 있었다. 자주국방의 중요성을 가르치기 위해서였다. 세자는 세종을 닮아 책을 좋아했다. 몸이 약한 데다 성품 또한 부드러운 편이었다. 그런 세자가 국방에 관심을 혹여 놓칠까를 우려했다.

세종은 인사에서도 왕권과 신권의 소화를 도모했다. 정2품 이상의 최고직급에 해당하는 인사는 왕권의 영역에 두었다. 황희와 맹사성, 조말생의 인사에서 볼 수 있듯이 삼사의 탄핵과 반대 상소에도 아랑곳하지 않고 자신의 판단을 고집스럽게 굽히지 않았다.

그러나 세종은 종2품 이하의 직은 인사를 주관하는 의정부와 이조의 의견을 두루 들었다. 정3품직 이하의 인사에 대해서는 의정부와 이조에 상당한 결정권을 부여했다. 그리고 주요 인사의 경우는 정승이나 판서, 지신사 등등의 의견을 두루 들어 결정했다. 바로 이런 점이 독단적 인사를 했다고 얘기하기 어려운 이유다.

세종 13년 6월의 일이다. 전라도와 충청도의 감사를 발령해야 하는 문제가 있었다. 당시 감사는 종2품직이었다. 세종은 충청도 감사에 호조참의로 있는 박곤을 염두에 두고 있었다. 전년에 최윤덕을 전라·충청·경상도 삼도순문사로 보내 남도의 성곽 등 방위력을 점검하도록 했을 때, 첨총제 박곤이 부관을 맡아 최윤덕을 보좌했다. 삼도의 성곽을 두루 살피고 보수하면서 박곤이 성실과 역량을 발휘했다는 점을 세종은 알고 있었다.

세종이 박곤을 충청감사로 보내고자 하는 의중을 밝히자, 지신사 안숭선과 좌부대언 윤수가 반대를 했다. 박곤 장모의 정숙지 못한 처신을 지적했고, 세종은 그들의 뜻을 받아들였다.

얼마 지나지 않아 세종 14년 2월에 다시 충청감사직에 변화가 있었다. 이번에도 세종은 호조참의 박곤을 충청감사로 보내고 싶었다. 세종은 장모의 허물을 들어 박곤을 오래도록 연좌시키는 것은 바람직스럽지 않다고 생각했다. 그러나 이번에는 사헌부가 반대했다.

세종은 박곤을 충청감사로 보내고 싶은 생각이 간절해서 우회로를 택했다. 세 정승인 황희, 맹사성, 권진을 불러 속내를 밝히고 의견을 물었다. 그들의 지원을 얻고 싶어서였는데 역시 처가의 허물을 들어 그들도 반대했다.

여기서 재미있는 점은 영의정 황희가 처족의 허물을 들어 반대했다는 사실이다. 황희가 사람을 죽인 사위 서달의 사건을 은폐하기 위해 권력을 동원한 일을 생각한다면, 처족을 문제 삼는다는 건 낯 뜨거운 일이다. 황희의 다른 면모다. 결국 세종은 대신들의 반대를 수용했다. 세종이 충청감사 인사를 원하는 대로 하지 못했다. 놀라운 일이다.

세종은 비교적 원칙에 충실했다. 신하들의 몫이라고 생각되는 것은 반드시 신하들의 의견을 들었다. 간혹 신하들과 견해 차이로 부딪치는 경우가 있었고, 신하들의 반대에도 불구하고 어떤 일을 강행한 때도 있었다. 그럴 때는 신하들의 의견을 듣고 설득하려고 했다. 부왕 태종처럼 왕권으로 누르려고 하지 않았다. 신하들의 몫을 인정했다.

'춘풍추상'이라는 말이 있다. 상대에게는 따뜻하게 하고, 지도자일수록 자신에게 엄격해야 한다는 말이다. 지도자는 지켜야 할 선을 분명히 해야 한다. 아래 사람에게 권위를 내세워 지켜야 할 선을 넘는 사람은 지도자의 자질이 없다. 권위는 때때로 자질을 갖추지 못한 지도자의 독단과 독선을 위한 창이나 방패로 이용된다. 지도자가 경계해야 할 바다.

넓은 품으로 직언에 귀 기울이다

예나 오늘이나 윗사람에게 쓴소리를 하는 건 어렵다. 생살여탈권을 쥔 절대 군주에게 직언을 한다는 건 더더욱 어렵다.

세종은 절대 군주였지만 넓은 품과 활짝 열린 귀를 가졌다. 자신의 결정을 반대하거나 모멸에 가까운 상소일지라도 그 때문에 사람을 내치지도 버리지도 않았다. 세종에게도 대쪽 같은 삼사의 대간과 소신 있는 신하들이 버티고 있었다. 선왕인 태종의 경우 반대하는 신하를 파직하거나 하옥시키는 등의 일이 허다했다. 자신의 권위에 대한 도전이라고 여기고 용납하지 않았다. 세종은 달랐다. 반대의견을 수용할 수 없는 경우에도 반드시 그 취지를 경청했다.

직언이라면, 최만리를 빼놓고 얘기할 수 없다. 최만리는 한글 창제에 반대한 대표적 인물이다. 그런 이유로 최만리라면 매우 부정적 이미지가 떠오른다. 그러나 최만리는 세종이 아낀 매우 올곧은 인물이다. 당대 최고의 학자요, 문신 가운데 한 사람이다. 소신과 학문으로 무장한 대표적 대쪽이다.

세종 2년 3월 16일에 재정비 신설된 집현전에는 문관 가운데서 학식과 행실이 뛰어난 젊은 학자들을 엄선해서 배치했다. 그들은 경전과 역사를 더 깊게 연구하여 강론하고 임금의 자문에 응했다. 그때 최만리는 가장 젊은 학자로 정7품직인 박사에 임명되었다. 그의 뛰어남이 일찍부터 세종의 눈에 들어온 것이다.

그 이후, 최만리의 대부분 경력은 집현전에서 이루어졌다. 정5품의 교리, 정4품의 응교를 거쳐 정3품의 직제학과 부제학에 이르렀다. 부제학은 실질적인 집현전의 수장이다. 그 위에 종2품의 제학과 정2품의 대제학, 그리고 정1품의 영전사가 있었으나 겸직으로 명예직이었다. 부제학 승차 후, 잠시 강원도 관찰사로 1년 정도 나갔지만 바로 집현전으로 복귀했다. 최만리의 학문에 대한 세종의 신임이 어떠했는지는 그의 경력에서 읽을 수 있다.

최만리는 또 조선의 대표적 청백리 가운데 한 사람이다. 부엌살림 외에는 이렇다 할 가재도구 하나 없이 살았다. 그의 성품은 대쪽이었다. 잘못되었다고 생각하는 문제에 대해서는 반드시 반대를 제기했던 대표적 인물이다. 다른 신하들의 상소와 달리 최만리의 상소는 정곡을 찌르는 예리한 직언이 매우 많았다.

세종 23년 11월의 일이다. 세종은 흥천사 사리각에서 경찬회(불상을 만들었거나 법당을 지었을 때 여는 기념 법회)를 열고자 했다. 유교를 숭상하고 불교를 배척했던 숭유억불의 조선에서 불교나 사찰의 문제는 항상 뜨거운 논쟁을 일으키곤 했다.

흥천사는 신덕왕후 강씨가 죽자 그녀의 명복을 빌기 위해 지금의 서울 성북구 돈암동에 태조가 지은 절이다. 태조 4년인 1396년에 창건하기 시작하여 1397년에 170여 칸이나 되는 대가람(큰 사찰)이 완성되었다. 다음 해인 1398년에는 절의 북쪽에 사리전이 세워졌다.

세종 11년에 흥천사를 크게 중창하고, 19년에는 사리전을 증수했다. 22년 9월에는 대장경을 흥천사에 봉안했다. 그리고 이 절을 정부가 정기적으로 보수 관리하도록 명했다. 세종이 이 절의 중창이나 보수를 하는 데 약간의 반대가 있었다. 그러나 크게 논쟁의 대상이 되지는 않았다. 세종의 할아버지 태조가 지은 절이었기 때문이다.

세종이 새로 보수를 마치고 경찬회를 열겠다고 하자 상황은 달랐다. 사간원을 선두로 유생들과 신료들이 대대적으로 들고 일어났다. 반대 상소가 빗발쳤다. 법회를 여는 것은 사실상 불교를 신앙하는 것이라고 반대했다. 왕이 법회를 주관하는 것은, 이를 보고 백성에게 불교를 믿도록 만든다는 이유였다. 그 반대 상소 가운데 가장 심한 정도로 직언을 한 것이 바로 최만리의 상소였다.

최만리는 세종 23년 11월 10일부터 22일까지 여섯 차례의 반대 상소를 올렸다. 이틀에 한 번 반대 상소를 한 셈이다. 19일에는 법회를 중단하지 않으면 사직하겠다는 상소도 있었다. 상소문에 쓰인 표현들은 왕이 듣기에 매우 불손할 정도로 신랄했다.

최만리가 올린 상소들 가운데서 발췌한 일부다.

"전하께서 흥천사에 장차 사리부도의 경찬회를 베푼다고 하니, 신 등은 놀라움을 금치 못합니다. 더군다나 '이미 결정한 일'이라고 하시는 것은 무슨 말씀이옵니까? 전하의 이 말씀은 국가의 복이 아니옵니다. 어찌

하여 오랑캐의 신을 섬겨서 쓸데없는 허비를 하여 나라의 근본인 백성의 재물을 손상시키려 하십니까?"

최만리는 부처를 오랑캐의 신으로 썼다.

"전하께서는 어찌하여 경계할 만한 것은 경계하지 않으시고, 본받을 것은 본받지 아니하시옵니까? 성상의 이번 처사는 하나도 옳은 것이 없고, 옳지 못한 것은 다섯 가지가 있사오니, 신이 하나하나 아뢸까 합니다."

참으로 대단한 직언이다. 마치 선생이 학생을 꾸짖는 형식이다. 이런 직언을 하는 최만리나 이를 포용하는 세종이나 막상막하다.

"전하께서는 태종대왕의 유훈을 생각하지 아니하십니까? 태종대왕의 영혼이 하늘에 계신다면 전하를 어떻게 생각하시겠습니까? 대저 옳음을 옳다고 하면서 능히 쓰지 아니하며 악함을 싫어하면서도 능히 버리지 못함은, 나라를 가진 임금이 깊이 경계할 바입니다. 전하께서 불교의 그름을 알지 못하신다면 그만이겠지만, 어찌하여 그 말을 옳다고 하시면서 능히 쓰지 못하십니까? 대신은 임금의 팔과 다리이고 대간은 임금의 귀와 눈인데, 어찌 팔과 다리, 눈과 귀를 폐하고 능히 나라를 잘 다스리는 이가 있사오리까? 전하께서 대신과 대간의 말을 들을 것이 못 된다고 하신다면, 전하께서 듣고 믿으시는 이는 도대체 어떤 사람이옵니까?"

강직한 성품이 아니고서는 생사여탈을 쥔 군주에게 이런 정도의 이야기를 하기란 매우 어렵다. 불손하다고 여길 정도의 간언이다. 강직한 간언을 할 때는 최소한 파직에다 귀양 정도는 각오해야 하던 시절이었다. 최만리다웠다.

요즈음 대통령에게 이런 직언을 할 수 있는 장관이나 고위 공직자를 찾아보기 어렵다. 또 이런 정도의 직언을 듣고도 화를 내지 않을 넉넉한 품의 대통령도 보기 힘들다. 유감이고 안타까운 일이다. 우리나라에서는 법전에 없는 괘씸죄가 제일 무섭다고 한다. 괘씸죄의 범위는 듣는 사람의 품과 반비례한다. 듣는 사람의 품이 크면 괘씸죄의 범위는 좁다. 그러나 듣는 사람이 협량일 경우, 괘씸죄의 범위는 더 넓어진다.

정부의 정책이 잘못되어 문제가 되어도 고위 공직자들은 입을 열지 못한다. 시시비비를 얘기할 수가 없다. 인사권자를 의식해서다. 올곧은 옛 선비나 신하들이 웃을 일이다. 파직이나 귀양, 더 잘못되면 목숨까지도 내놓아야 했던 시절에도 그들은 군주에게 직언을 주저하지 않았다.

최만리의 상소에 대한 세종의 비답(상소에 대한 왕의 답) 또한 놀랍다. 세종의 넓은 아량과 깊이를 읽을 수 있다.

"내가 경의 말을 아름답게 여기오. 경은 지금 불교의 피해가 크게 일어나서 화가 박두하여 구제하기 어렵다고 지적했소. 그러나 나는 그런 정도에 이르지는 않았다고 생각하오. 역대의 제왕도 숭상하지 아니하는 이가 없었으되, 나는 혹신하지 않았소. 이미 절을 수리하였으니, 따라서 제사함은 예에 맞는 당연한 비라고 여기오."

강직한 지적을 아름답게 여기면서 부드럽게 받았다. 매우 차분한 논리다. 세종이 또 말했다.

"경들이 나의 잘못을 바로 지적하여 상소하면 말한 바가 비록 지나칠지라도 내가 어찌 비난할 수 있으리오."

왕의 잘못을 신하들은 마땅히 지적해야 한다. 설혹 그 표현이 지나치더라도 왕은 이를 비난해서는 안 된다는 것이 세종의 생각이었다. 표현을 보면 세종도 최만리의 표현이 좀 지나치다는 것을 알고 있다. 연이어 최만리는 자신의 주장이 관철되지 않으면 자리에서 물러나겠다는 사직 상소를 올렸다. 세종이 이를 윤허하지 않았음은 물론이다.

건강한 조직이나 사회는 시시비비가 분명하다. 옳은 것을 옳다고 하지 못하고, 틀린 것을 틀렸다고 말하지 못하는 조직이나 사회는 죽은 것과 다름없다. 나라를 경영하는 지도자나 고위 공직에 있는 사람들이 새길 일이다.

때론 질책과 분노로 이끌다

세종은 다른 상소와 달리 훈민정음에 대한 반대 상소에는 분노했다. 덕치를 구현하기 위해 노력한 군주지만 참을 수 없는 일도 있을 수밖에 없다. 세종이 누구를 시켜서 할 수도 없고, 널리 공표하면서 할 수 있는 일도 아니었던 것이 훈민정음 창제였다. 혼자 심혈을 쏟았던 고독한 연구였다.

세종 26년 2월 20일의 일이다. 집현전 부제학인 최만리를 필두로, 직제학 신석조, 직전 김문, 응교 정창손, 부교리 하위지, 부수찬 송처검, 저작랑 조근이 언문 창제의 부당함을 상소했다. 최만리가 직계 부하들과 함께 작심하고 행동한 것이다.

"혹시 중국에라도 흘러들어 가서 비난하여 말하는 자가 있으면, 어찌 대국을 섬기고 중화를 사모하는 데에 부끄러움이 없사오리까… 이제 따로 언문을 만드는 것은 중국을 버리고 스스로 이적과 같아지려는 것입니다… 예로부터 사용하던 폐단 없는 글을 고쳐서 따로 야비하고 상스러운 무익한 글자를 창조하시나이까?"

한 마디로 도를 넘는 상소다. 임금에게 올리는 상소라고 보기 힘들 정도다. 사대를 전제로 비아냥거리기까지 했다. 언문을 만든다는 것은 '스스로 이적과 같아지려는 것'이라고 했다. 정말 심한 표현이다. '이적'이라 함은 당시에 두만강 건너에 사는 떠돌이 여진족들을 비하해서 부르던 말이다. 한글을 '야비하고 상스러운 무익한 글자'라고도 했다.

 말할 수 없는 고충을 홀로 감내하면서 오직 나라와 백성의 장래를 내다보면서 훈민정음을 만드는데 온갖 심혈을 다해온 세종이었다. 틀린 것을 준엄하게 지적한다고 해도 거기에는 지켜야 할 군신의 예의가 있다. 한 마디로 금도를 벗어난 지적이고 시비였다.

 "27자의 언문으로도 족히 세상에 입신할 수 있다고 할 것이오니, 무엇 때문에 고심노사하여 성리의 학문을 궁리하려 하겠습니까? 성현의 문자를 알지 못하고 배우지 않아서 벽을 대하는 것처럼 사리의 옳고 그름에 어두울 것이오니, 언문에만 능숙한들 장차 무엇에 쓸 것이옵니까? 이번의 언문은 새롭고 기이한 한 가지 기예에 지나지 못한 것으로서, 학문에 방해됨이 있고 정치에 유익함이 없으므로 아무리 생각해본들 그 옳은 것을 볼 수 없사옵니다."

 언문 무용론이다. 학문이나 정치에도 아무런 쓸모가 없다고 했다. '언문은 새롭고 기이한 하나의 기예에 지나지 않는다'고 폄하했다. 상소 전체가 미치 작심하고 심한 표현을 쓴 것처럼 보인다. 세종이 생각한 우리말에 맞는 문자의 의미나 먼 앞날을 내다본 훈민정음 창제의 취지를 전혀 이해하지 못한 것이다. 세종이 꿈꾸고 내다 본 먼 지평을 그들의 안목으로는 볼 수 없었던 것이다.

태종 때 이렇게 금도를 어긴 표현으로 대들었다면, 목이 열 개라도 부지할 수 없었다. 병조참판 강상인이 몇 사람과 같이 한 자리에서 군제에 관한 문제도 세종으로 일원화했으면 좋겠다는 발언을 두고, 상왕 태종은 그 자리에 있던 사람들과 세종의 장인 심온까지 결부시켜 모두 주살했다. 그래서 태종 때는 양녕이 저지른 온갖 비행을 보고도 수군댈 뿐 제대로 지적한 상소 하나 없었다.

'누울 자리 봐 가며 발 뻗는다'라는 속담이 있다. 세종의 품이 넉넉하다는 것을 알고 이렇게 심한 표현을 썼겠지만 선을 넘었다. 왕이 장난이나 놀이 삼아 한 것도 이처럼 시비할 수는 없는 일이다. 훈민정음 창제를 사대주의와 중화사상, 유교와 성리학에 대한 정면 도전으로 이해하고 시비한 것이다.

상소문을 보고 세종은 기가 막혔다. 얼마나 많은 날을 밤잠을 설치면서 고심했던가. 촛불 밑에서 운학과 운서에 관한 책들과 얼마나 씨름했던가. 백성을 가르쳐 깨어나게 해야 한다는 일념 때문이었다. 백성이 깨어나지 않으면 중화의 블랙홀에서 조선이 빠져나올 수 없다는 긴 안목의 발로였다. 그래서 시력이 떨어지고 몸에 풍증이 생겨도 참고 탐구를 계속했다.

그런데 이렇게 심한 말로 시비할 수 있단 말인가! 상소를 읽고 세종은 나라와 백성을 위한 충정을 이렇게도 몰라주는 신하들이 미웠다. 수많은 서책과 싸웠던 밤들이 머리를 스쳤다. 문제가 잘 풀리지 않으면 밖에 나와 하늘의 달과 별을 쳐다보고 묻기도 했다. 누구에게도 털어놓을 수 없는 답답함이 가슴에 가득했던 날들이었다. 그래서 뜬 눈으로 새벽을 맞은 날이 몇 날이었던가!

　자신이 겪은 고초를 생각해서도 화가 났다. 자신들만 생각하고 불쌍한 백성이나 나라의 장래를 생각하지 않는 신하들이 미웠다. 그래서 최만리 등 상소한 신하들을 모두 불렀다.

　"내가 경들의 상소를 읽고 참으로 착잡한 심정이오. 우리 문자를 만들려고 하는 내 뜻을 그대들은 제대로 알기나 하는가? 이두를 백성의 편리를 위해 만들었다고 평가하지 않았는가? 내가 만들고자 하는 언문 역시 백성을 생각해서 한 것이오. 그런데 이두를 만든 설총은 옳다고 하면서, 내가 하는 일은 그르다고 하는 것은 도대체 왜 그런 것인가? 경들이 운서를 제대로 알고나 있는가? 사성칠음에 자모가 몇이던가? 내가 이를 바로 잡지 않으면 도대체 누가 나서서 이를 바로 잡을 것인가?"

　세종의 부드러우면서도 준엄한 질책에 누구 하나 입을 열지 못했다. 중국의 예속 하에 언제까지 있어야 하고, 우리 문자가 왜 필요하고 중요한가를 얘기할 수는 없었다. 백성을 깨워야 한다는 얘기도, 한자 문화의 예속에서 벗어나야 한다는 얘기도 할 수 없었다. 신분 질서와 사대를 무너뜨리는 일이었기에 당시로서는 감당하기 어려운 대소동을 초래하는 일이된다. 명나라 조정에 그 얘기가 알려지면, 세종의 왕위는 지켜질 수가 없다. 하고 싶어도 할 수 없는 말들이 너무 많았다. 세종은 답답했다.

　세종의 질책은 이어진다.

　"새롭고 기이한 하나의 기예라고 했는가? 내가 매로 사냥을 하는 예도 아닌데 경들의 말은 너무 지나치지 않는가?"

이에 최만리가 답했다.

"새롭고 기이한 한 가지의 기예라 하온 것은 특히 문세(글의 기세와 힘)에 인하여 이 말을 한 것이옵고 다른 의미가 있어서 그러한 것은 아니옵니다."

세종이 김문에게 물었다.

"그대는 지난번에 이르기를 언문 제작에 불가함이 없다고 하지 않았는가? 이번에는 불가하다고 하니 도대체 진의가 무엇인가?"

정창손에게도 질책이 내렸다.

"그대의 얘기를 들으면 그대는 매우 속 좁은 선비다. 지난번, 내가 '만일 언문으로 삼강행실을 번역하여 민간에 반포하면 쉽게 깨달아서 충신, 효자, 열녀가 반드시 많이 나올 것'이라고 했다. 그랬더니, 그대는 '사람이 행하고 행하지 않는 것은 사람의 자질 여하에 있는 것인데, 삼강행실을 어찌 꼭 언문으로 번역한 후에야 본받을 것이냐?'고 했다. 상황에 따라 말이 바뀌니 어찌 이치를 아는 선비의 말이라고 할 수 있겠는가?"

최만리 등 상소한 신하들은 어안이 벙벙했다. 그동안 많은 상소에도 세종은 화를 내지 않았기 때문이다. 세종은 잠시 생각에 잠겼다. 이들을 어떻게 해야 할 것인가. 수년 동안의 고초를 생각하면 분하기도 했다. 그냥 넘어갈 수는 없었다.

"내가 경들을 부른 것은 처음부터 죄주려 한 것이 아니있소. 다만 경들의 상소에 대해 한두 가지 물어보려 하였던 것이오. 그런데 사리를 돌아보지 않고 말을 바꿔 대답하니 벌을 피하기 어렵겠소."

세종은 이들을 모두 의금부에 하옥시켰다. 그러나 세종은 그날 밤 의금부에 지시하여 다음 날 아침에 모두 석방하도록 했다. 하룻밤 투옥은 세종의 경고였다. 실록을 보면, 대신들이 잘못을 저질렀을 경우, 하룻밤 의금부에 투옥하는 예가 나온다. 하룻밤 투옥은 신하들에 대한 경고 조치로 자성의 시간을 준 것이다.

이 상소로 정창손은 파직된다. 김문에 대해서는 전후 말을 바꾼 사유를 조사해서 보고하라고 했다. 정창손의 경우, 두 번이나 한글 창제를 놓고 비아냥 조로 얘기했기 때문이다. 세종은 말을 바꾸거나 거짓말을 하는 것은 절대 용납하지 않았다.

훈민정음 창제를 반대한 상소는 최만리가 마지막이었다. 그는 집현전에 다시 나가지 않았다. 세종의 부름이 있었지만, 그는 칩거했다. 최만리는 '최고집'의 원조다. 언문 창제는 무익한 것이라는 자기 소신에 묶였다. 결국 세종의 부름에도 칭병하다 이듬해 10월 23일 세상을 떴다. 세종은 당대 최고의 학자인 최만리가 자신이 그리는 조선의 미래를 보지 못한 것을 매우 애석하게 여겼다. 세종이 내다본 경지를 최만리는 끝내 보지 못하고 눈을 감은 것이다.

정창손은 파직된 후, 4개월 후에 다시 집현전 응교로 원직에 복직했다. 다음 해, 세종 27년 7월에는 사헌부 집의로 승차했다. 정창손이 사헌부로 승차한 것은 학문 연구에만 전념하는 집현전 학사들이 정부 요직에 나가는 계기가 되었다. 세종 30년 5월에는 집현전의 사실상 수장인 부제학에 임명되었다.

세종은 죄를 지었을지라도 결코 사람을 미워하지 않았다. 권위에 집착한 왕이라면 용서가 쉽지 않다. 최만리의 죽음에 대해서도 안타까워했다. 그래서 벌을 준 사람도 반성할 시간이 지나면 다시 불렀다.

세종은 소헌왕후가 죽자 불경 간행이나 불사에 관심을 기울였다. 사헌부 집의와 집현전 부제학으로 있던 정창손은 이때에도 심하게 반대를 했다. 그로 인해 다시 파직과 복직을 했다. 정창손이 다시 상소하고 뜻을 굽히지 않는 가운데 사임을 청했다. 세종은 윤허하지 않았다. 그러자 정창손은 출근 거부투쟁으로 맞섰다. 태종 시절이라면 언감생심, 어림도 없는 행태였다. 물고가 났을 일이다. 그러나 세종은 달랐다.

세종 30년 7월 24일, 세종은 집현전 부제학 정창손 등을 불렀다.

"어제 내가 경들의 임금 되기가 부끄럽다 하였지마는, 경들이 나를 임금으로 생각한다면 나와서 근무하는 것이 옳지 않겠는가?"

이에 정창손이 말했다.

"신 등의 직책은 전곡을 출납하는 소임이 아니고, 분주하게 일하는 수고로움도 없사옵니다. 다만 전하의 좌우에서 자문에 대비하고, 만일 말할 일이 있으면 숨김없이 진달하여 성덕을 도와야 하는 직책이옵니다. 그런데 지금 전하께서 저희의 말을 듣지 않으시니, 이것은 저희가 전하를 제대로 보필하지 못한 것이옵니다. 직책은 다하지 못하고 사람 수만 채워 있는 것이오니 차라리 직사(직을 맡아 일을 보는 것)를 파하여 주소서."

세종이 말을 이었다.

"경들이 끝내 나를 임금으로 여기지 않는다면 더 할 말이 없소. 그러나 어쩔 수 없이 신하가 된다면 나와서 사진(직책에 나와 일을 보는 것)하는 것이 어떠하오?"

"어디 간들 전하의 신하가 아니겠습니까? 특별히 그 직책에 맞지 않기 때문에 사퇴하는 것이옵니다."

신하들은 배짱이고, 왕이 사정하는 처지다. 갑과 을이 완전히 바뀐 상태다. 생살여탈권을 쥔 절대 군주였지만, 세종은 사리에 어긋난 일을 하지 않았다. 냉철한 이성의 소유자였다. 권력이나 권위의 힘을 빌려 일을 처리하지 않았다. 이런 세종을 잘 알고 있는 탓인지 신하들의 태도는 이해하기 어려울 정도로 당당했다.

이런 얘기도 있다. 실록에 나오는 얘기는 아니다. 세종이 어느 날 황희를 불러 답답한 심사를 눈물로 호소했다.

"집현전의 18명의 학사들이 내가 간언을 들어주지 않은 것 때문에 모두 사직서를 내고 출사하지 않으니 어떻게 하면 좋겠소?"

"소신이 알아보겠사옵니다."

황희는 정승의 신분이었지만, 소장 학사들의 집을 일일이 다니면서 설득을 했다. 그 왕에 그 신하였다. 이 얘기는 임진왜란 때 의병을 일으켜 싸운 조헌의 문집인 『중봉집』에 나온다.

지도자는 넉넉한 품을 가진 사람이어야 한다. 세종처럼 넉넉한 품을 가지고 쓴소리도 포용할 수 있는 지도자는 네 편과 내 편이 따로 있을 수 없다. 옳고 바른 것을 취할 수 있는 통합의 리더십이다. 옳고 바름을 취하지 않고 편을 가르고 자기편의 주장에 기대는 것은 지도자로서 심히 부족한 소인배 자질이다.

세종이 윤허하지 않자 정창손 등이 물러가서 다시 사직상소를 올렸다.

이에 세종은 며칠 후, 승정원을 통해 정창손 등의 직무 복귀를 간곡하게 권했다. 결국 그들은 직무에 복귀했다.

신하들은 옳다고 생각하는 바를 직언했고 왕은 신하들을 아꼈다. 군신 관계의 정수다. 자신의 판단이나 결정에 반대하는 신하들을 끌어안은 세종의 리더십이다. 사리에 어긋난 반대를 한 신하들도 일시 좌천이나 파직을 시킨 경우가 있었다. 그러나 끝내 그들을 버리지는 않았다.

요즘 자리에 연연해서 해야 할 말을 못 하는 고관대작들은 배울 점이 크다. 올바른 소신을 지키기 위해 자리에 연연하지 않는다면, 그것은 나라를 위해서나 자신을 위해서 좋은 일이고 명예로운 일이다. 소신을 바로 하지 못하고 자리에 미련을 둔다면 나라는 물론 결국 자신에게도 불행한 일이다.

신분 사회에서의
동등한 한 표 여론조사

세종은 어떻게 공평한 토지세를 부과할 수 있을지를 두고 매우 오랫동안 고심했다. 당시 조세의 가장 주요한 부분은 토지세다. 농사가 산업의 근간이었기에 농작물 경작에 대한 조세가 나라의 재정이나 백성의 생활에 매우 큰 영향을 주었다. 따라서 공평한 토지세의 부과는 무엇보다 중요한 일이었다.

고려 말 공양왕 3년, 1391년에 과전법이 도입되었다. 과전법은 세종 26년에 공법이 전국적으로 시행될 때까지 수정과 보완을 거치면서 토지세의 골간을 유지했다. 과전법에 의한 토지는 공전과 사전의 구분에 따라 27종의 전등으로 나누었다. 토지의 등급과 작황에 따라 각기 다른 세율을 적용하여 조세를 거두어들이는 제도였다. 이를 답험손실법 혹은 손실답험법이라고 부른다.

답험손실법은 매년 작황을 조사해서 조세의 부과나 감면을 결정했다. 좋은 취지에도 불구하고 공전에서의 경우, 작황 평가를 담당하는 관리의 조작이나 농간이 개입했다. 사전의 경우에는 지주의 횡포가 있었다. 이를 방지하기 위해 조사를 담당하는 경차관을 파견했지만 일일이 확인하기란 쉬운 일이 아니었다.

세종도 처음에는 제도 자체의 문제라고 여기지 않았다. 운용과정에 불합리한 문제들이 있다고 생각했다. 추수 직후의 납세 기한 촉박, 전년도 조세 기준의 편의적 적용, 경차관제의 실효성, 고을 수령과 관리들의 답험에 따른 비리 등을 개선하려고 노력했다. 그러나 여전히 불합리한 점들이 반복해서 나타나곤 했다.

세종 12년 3월 5일 호조에서는 답험손실법의 적폐를 지적하면서 새로운 공법의 시행을 건의했다.

"청하옵건대 이제부터는 공법에 의거하여 전답 1결마다 조세로 10두를 거두고, 다만 평안도와 함길도는 1결에 7두를 거두게 하옵소서. 그렇게 하면 예전부터 내려오는 폐단을 덜게 되고 백성의 생계를 넉넉하게 할 것입니다. 태풍이나 서리, 장마나 가뭄으로 인하여 농사를 완전히 그르친 사람에게는 조세를 전부 면제하게 하소서."

토지의 단위인 1결은 토지의 질에 따라 다르지만 대략 1만 제곱미터, 3천 평의 크기였다. 면적 기준이 아니라, 보통 30두의 작황을 중심으로 결정한다. 호조의 건의를 받은 세종은 조세제도가 전 백성에게 영향을 주는 중대 사안이라는 점에서 많은 생각을 했다. 그리고 누구도 생각지 못한 발상을 제시했다. 여론조사를 지시한 것이다. 당시 여론조사의 발상이 어떻게 가능했는지 알 수가 없다.

세종의 지시다.

"정부와 육조, 각 관아의 품관, 서울 안의 전함(퇴직 공무원), 각 도의 감사와 수령 등 각 품관으로부터 농사짓는 백성에 이르기까지 모두 가부를 물어서 아뢰도록 하라."

놀랍고 파격적인 발상이다. 절대 군주 시대에 새로운 조세제도의 도입을 놓고 일반 백성들에게까지 의견을 구하는 것은 세계사에 유례가 없는 일이다. 세종은 백성들의 생활을 염려하고 실제 농사를 짓는 그들의 의견을 듣는 것이 중요하다고 판단한 것이다.

우리 헌법도 제72조에서 '대통령은 필요하다고 인정할 때에는 외교·국방·통일 기타 국가 안위에 관한 중요정책을 국민투표에 부칠 수 있다'고 명시하고 있다. 세종의 제안은 일종의 국민투표다. 6백 년 전, 신분의 차별이 분명하던 시절에 어떻게 이런 발상이 가능했는지 거듭 놀랄 수밖에 없다.

세종 12년 8월 10일 호조에서 여론조사의 결과를 세종께 보고했다. 의정부와 육조의 3품 이하 현직에 있는 259명과 전직 443명 등은 찬성이었다. 반대는 현직 393명과 전직 117명이었다. 관료들 사이에서 현직은 반대가 많았고, 전직에서는 찬성이 많은 점이 흥미롭다.

지역마다 사정에 따라 의견이 달랐다. 비교적 평야가 있고 비옥한 경기도, 경상도, 전라도 지역은 찬성이 압도적이었다. 산간과 척박한 땅이 많은 평안도, 황해도, 충청도, 강원도, 함길도는 반대가 훨씬 많았다. 전체적으로 찬성이 98,657표, 반대가 74,149표였다.

당시 도의 관찰사나 수령 방백들의 견해가 서로 다른 것을 보면, 여론조사가 얼마나 민주적으로 시행되었는가를 알 수 있다. 벼슬에 있는 신료들도 서로 의견이 달랐고, 농사를 짓는 양민들의 의견도 서로 달랐다.

찬반에 대한 관권의 개입에 의한 여론조작 없이 자유스러운 의사표시였다는 얘기다.

이외에도 여러 의견이 개진되었다. 집현전 부제학 정인지는 경기도의 한두 고을에 우선 시험한 다음 각 도에 모두 시행하자는 안을 제시했다. 단계적 실시 방안이다. 직제학 유효통은 상전과 중전 외에 하전을 다시 2등으로 나누어 1결마다 부담을 더 주거나, 혹은 10두를 감하게 하자는 방안을 제시했다.

의견이 분분했다. 지역마다 사정이 다르고, 지역 내에서도 사정이 달라서 더 숙고해야 할 문제였다. 예로부터 토지제도를 바로 잡아 조세를 공평하게 하는 것은 국사 가운데 가장 어려운 일 중 하나였다. 이날 호조로부터 보고를 받은 세종은 난감했다. 여론조사 결과를 토대로 결론을 내리기에는 반대가 만만치 않았기 때문이다. 그래서 반대가 줄어들 수 있는 방책을 강구하라고 의정부와 호조에 다시 지시했다.

이로부터 토지세의 문제는 수많은 논의를 거쳐 매년 수정과 보완을 거듭했다. 세종 18년 윤6월 18일에 공법을 심의하고 보완하기 위해서 공법상정소가 설치되었다. 세종 20년 7월에는 비교적 문제가 적은 경상도와 전라도에 공법을 우선적으로 실시하고, 23년에는 충청도에도 공법을 적용하였다.

부분적으로 공법을 시행하면서 문제를 점검했다. 해를 넘기면서 보완을 거듭했다. 그 결과 공법은 세종 26년에 이르러서 토지를 6등급으로 나눈 전분육등법과 작황을 매년 9등급으로 나눈 연분구등법을 골간으로 그 틀을 완성하게 되었다. 참으로 오랜 시간의 연구와 검토를 거친 접근이었다. 공평 과세에 대한 세종의 의지가 바탕이 된 공법이었다.

주요 정책 결정을 위해 여론조사를 했다는 것은 당시로서는 상상하기 어려운 획기적인 조치였다. 전수조사라는 발상 자체도 놀랍지만, 사실 당시의 여론조사는 기존의 신분 질서를 파괴하는 것이나 마찬가지다. 최고 품계인 정1품이나 최하위직인 종9품이 동일하게 한 표였기 때문이다. 관찰사나 아전도 동일한 한 표였고, 더 나아가 영의정이나 농사를 짓는 양민도 공히 한 표였다.

신분 질서가 명백한 사회에서 어떻게 이런 일이 가능했고, 당시 사대부들은 여론조사를 어떻게 받아들였을지 궁금하다. 놀라운 것은 여론조사에 반대하는 상소가 한 건도 없었다는 점이다.

이 여론조사를 통해 세종은 무엇을 생각했는지 모른다. 단지 공평한 조세제의 확립만 생각했던 것인가. 아니면 왕후장상의 씨가 따로 있더냐, 너도 한 표 나도 한 표라는 의식이 바닥 백성들로부터 깨어나기를 기대했던 것인가.

어떤 사안이든 전후좌우를 살피지 못하거나, 표면과 이면의 의미를 이해하시 못할 세종이 아니다. 그렇다면 세종은 과연 어떤 생각으로 당시로서는 기상천외의 발상인 여론조사라는 방식을 택했던 것일까. 풀리지 않는 수수께끼다.

제5장

위대한 유산, 한글

한글이 없었다면…

우리나라의 문맹률은 제로에 가깝다. 누구나 쉽게 배울 수 있는 한글의 우수성 덕분이다. 정인지가 훈민정음 서문에서 밝힌 대로, 머리가 좀 있는 사람은 아침나절도 지나기 전에 배울 수 있다. 한글의 우수성은 세계의 언어학계가 독창성이나 과학성을 들어 세계에서 가장 뛰어난 문자임을 인정한 지 오래다.

한글은 자음 14개와 모음 10개 모두 24개의 문자 체계다. 이 24개로 모든 소리를 표현할 수 있다. 훈민정음 서문에서 정인지는 바람 소리나 학의 울음소리는 물론 개 짖는 소리까지 표현할 수 있는 문자라고 했다. 세계 어느 문자가 이렇게 표현할 수 있는가?

쉽게 배우는 한글의 우수성은 문맹률을 비교하면 금방 나타난다. 세계 최강국이라는 미국은 최근 통계에서 성인 10%가 문맹이다. 중국은 최근 15세 이상 문맹률이 1.6%라고 발표했다. 중국의 문맹률이 이렇게 낮을 수 있을까. 중국다운 뻔뻔한 통계다. 한자가 전부 몇 자인가. 중국인들 가운데서도 아는 사람이 없다. 오직 신만이 아는 일이다. 청나라 최고 군주인 강희제도 한자가 도대체 몇 자인지 궁금했다. 당대의 유명 학자들을 30명이나 동원해서 한자를 정리하도록 명했더니 조사하고 정리하는 데만도 5년이나 걸렸다. 1716년, 작업 결과가 『강희자전』으로 나왔는데 여기에 수록된 한자가 무려 4만7천35자. 그 뒤에 나온 조사에서는 이보다 더 많다. 이 한자를 중심으로 한다면 중국의 문맹률은 100%다. 중국이 초·중등 교육에서 사용하는 기본 1천5백자를 토대로 조사한 것이라고 해도 문맹률 1.6%는 믿기 어려운 수치다.

세종이 한글을 창제하지 않았다면, 우리는 지금 어떤 문자를 쓰고 있을까? 두말할 것도 없이 중국의 한자를 쓰고 있을 것이다. '하늘 천 땅지…', 초등학교 교실에서 날마다 이 소리가 들린다면 생각만으로도 끔찍하다. 한글 없이 국가나 한민족의 정체성을 유지하고 인정받을 수 있었을까? 한자를 계속 우리 문자로 사용했다면, 중국의 거대한 땅덩어리와 엄청난 인구라는 블랙홀로 빨려 들어가 한반도는 이미 중화되어 공중 분해되어 버렸을지도 모른다. 한글이야말로 나라와 민족을 지킨 최후의 병기요, 보루라고 할 수 있다.

지금도 한자를 사용하고 있다면 우리의 문맹률은 중국과 비슷할 것이다. 그런 문맹률로 오늘의 한국을 만들 수 있었을까? 이런 사실에도 불구하고 한글을 읽고 쓰면서 세종에 대해 우리는 감사를 모른다. 마치 공기가 없으면 살 수 없으면서도 공기의 고마움을 모르고 사는 것처럼 세종이나 한글에 대한 감사를 잊고 산다. 우리 민족의 정통성과 문화국가의 유지도 한글이 없었다면 불가능했을 일이다.

세종이 한글을 창제하지 않았다면, 다른 누군가가 우리 글자를 만들었을 수도 있지 않았을까? 한 마디로 천만의 말씀이다. 조선 역사를 읽으면 그럴만한 군주가 보이는가? 사대에 어긋나는 천박한 문자라고 여겼던 왕들이다.

그렇다면 뛰어난 문신이나 선비가 만들었을 수도 있지 않았을까! 이것도 천만의 말씀이다. 조선의 학풍은 완전히 유교의 그늘에 있었다. 유교의 경서가 교과서였고, 한문에 대한 이해가 실력의 가늠자였다. 엘리트 등용문인 과거가 한문 실력이 없이는 답안을 제대로 작성할 수가 없었다.

한자와 한문은 또한 조선에서 신분 질서의 경계였다. 양반들은 한자를 익혔고, 평민들은 한자를 몰랐다. 출생부터 신분이 결정되었지만, 한자를 모르기 때문에 천한 백성이었다. 그런 한자 문화의 지배하에서 어떤 선비가 우리 문자를 만들어야겠다는 생각을 할 수 있었을까? 단언컨대, 세종이 우리 문자를 만들지 않았다면, 우리는 지금 우리글을 갖고 있을 수가 없다.

세종 32년 2월 22일의 실록에 세종의 죽음에 대한 제문이 실려 있다. 거기에 세종의 탁월함과 여러 치적이 나열되고 칭송되어 있다. 그러나 유감스럽게도 훈민정음 창제에 대한 언급이나 칭송은 없다. 당시 한자 문화를 숭상하던 사대부 대신들이 훈민정음을 어떻게 보았는지를 짐작할 수 있다.

어떤 사람들은 '언문'이라는 표현에 거부감을 느끼기도 하지만, 그럴 필요가 없다. 매우 자연스럽고 옳은 표현이다. 세종의 한글 창제는 사대부들을 위함이 아니었다. 자기의 생각이나 말을 글로 표현할 수 없는 불쌍한 백성들을 위함이었다. 당시 그런 백성들을 '아래 것들' 혹은 '상것들', '천한 것들'이라 불렀다. 따라서 그들을 위한 훈민정음은 사대부들이 한

자를 부른 '진문'이 아니라, 백성의 글 '언문'이 되어야 마땅하다. '언' 자가 비하적 의미를 담고 있다고 해서 거부할 일이 아니다. 세종도 그 표현을 굳이 싫어하지 않았다.

안타까운 것은 세종이 만든 언문이 우리 민족의 앞날을 기약하는 최대의 보증이라는 것을 당시 사대부나 백성 누구도 알지 못했다는 점이다. 세종이 내다본 나라, 자주적이고 독립적 문화민족과 문화국가의 먼 지평을 누구도 보지 못했던 것이다.

훈민정음에 대한 실록의 기록은 세종 25년 12월 30일에 최초로 등장한다.

"이달 임금이 친히 언문 28자를 만드셨다. 그 글자가 옛 전자(주나라 때 사용했던 한자 서체)를 모방하고 초성, 중성, 종성으로 나뉘어 합한 연후에 글자를 이루었다. 무릇 문자에 관한 것과 이어(시중의 속된 표현)에 관한 것을 모두 쓸 수 있고, 글자는 비록 간단하고 요약하지마는 전환하는 것이 무궁하니 이것을 훈민정음이라고 일렀다."

매우 짧은 기록이다. 그러면서도 '문자'와 '이어', '간단' '요약', '전환' '무궁'으로 한글의 특성을 제대로 기록하고 있다.

세종이 훈민정음 창제를 언제부터 시작했는지도 기록에 없다. 실록이 아닌 다른 문헌에서도 찾을 수가 없다. 문자 창제가 어떤 과정을 거쳤는지도 역시 알 수가 없다. 세종은 왜 그런 기록을 전혀 남기지 않았을까? 세종은 훈민정음 창제라는 엄청난 중대사를 왜 이렇게 간단하게 실록에 남겼을까?

거기에 대해서 세 가지의 추론이 가능하다.

첫째는 중국의 시비를 생각할 수 있다. 당시 명나라는 가장 강성한 시기로 조선에 매우 고압적이었다. 별 볼 일 없는 자들이나 사내구실도 못하는 환관들이 사신으로 와서 이런저런 시비를 해도 왕과 대신들이 모두 머리를 숙이는 눈물겨운 처지였다. 요구하면 요구한 대로 주지 않을 수 없었고, 무슨 일이건 하라면 하지 않을 수 없었다. 한자를 두고 새 문자가 왜 필요하냐고 시비를 걸고, 폐기하라면 하지 않을 수 없는 시대였다. 만약 당시 중국이 알고 시비를 걸어 폐기하라고 했다면 어찌 되었을까? 생각만으로도 끔찍한 일이다. 한글 창제에 반대한 최만리의 상소에도 여기에 관련된 내용이 있다.

둘째는 사대주의와 한자 문화를 생각할 수 있다. 고려 시절부터 오랫동안 중국에 예속되어 있었기 때문에 당시 사대는 매우 자연스러웠다. 모두에게 의식화되어 있었다고 해도 과언이 아니다. 그래서 사대가 문제라고 생각하는 사람들이 없었다. 오히려 대국에 지켜야 할 예의라고 여겼다.

사대부 출신은 죽어도 그의 사대는 묘비에 살아있을 정도였다. 사대부의 묘비에 흔히 '유명조선국'이라는 말로 묘비의 글이 시작한다. 그리고 그 말에 이어 벼슬과 이름이 쓰인 것을 볼 수 있다. '유명조선국'이란 말은 '명나라 아래 있는 조선국'이라는 의미다. 사대부가 죽었어도 평소 지녔던 사대 정신은 무덤에 세워놓은 묘비에 살아있는 셈이다.

그런 의식 가운데 관료와 선비들은 모두 중국과 한자 문화를 숭상했다. 세종이 한글 창제를 시작하면서 학자들을 동원하고 공식으로 공표

했다면 엄청난 반발에 직면했을 것은 불을 보듯 뻔하다. 기존의 문화와 학문 체계를 뒤집는 일을 한다고 여겼을 것이다. 세종은 그런 마찰을 충분히 알고 우회로를 택했을 것이다.

셋째는 세종은 훈민정음을 맨 처음 언급할 때 완성이 아니라 미완성으로 검증의 단계가 더 필요하다고 여겼을 수 있다. 그 기록 이후로도 세종은 몇 년 동안 운서에 대한 관심을 꾸준히 가지고 있었기 때문이다. 성삼문과 신숙주 등을 요동에 보내기도 했고, 중국에서 오는 학자 출신 사신들에게 음운에 대해 물어볼 것을 지시하기도 했다. 검증을 위해서였다.

왜 훈민정음이라고 했을까? 이 명칭도 시사하는 바가 크다. 백성에게 한자의 바른 음을 가르치는 글자라는 것이다. 우리말과 중국말이 서로 다르고, 한자에 대한 음이 서로 달랐기 때문에 통일된 바른 음을 만들어 백성에게 가르치겠다는 것이다. 있을 수 있는 명나라의 시비에 대처할 수 있는 명칭이라고 할 수 있다.

세종 25년 12월 30일 이전의 기록이 전혀 없다는 것은 세종이 훈민정음 창제를 은밀하게 홀로 진행했다는 얘기다. 어느 단계에서부터 누가 참여했는지 알 수가 없다. 정인지가 쓴 훈민정음 서문이나 신숙주가 쓴 『동국정운』의 서문을 유심히 보면 세종의 단독 작품임을 알 수 있다. 그들이 창제 과정에 참여했다면, 그렇게 하나하나를 세종에게 물어보고 지시받을 필요가 없었을 것이다.

문자를 창안한다는 것은 매우 어려운 일이다. 문자 창제가 쉬운 일이라면 아직도 독자적인 문자를 가지지 못한 나라들이 그렇게 많이 있을

수 있겠는가. 아무나 할 수 있는 일도 아니다. 보통의 머리와 집념으로는
할 수 없는 일이다. 자투리 시간을 이용해서 할 수 있는 일도 아니다. 여
러 서책을 참고하면서 오랜 시간 집중적인 연구를 해야 가능한 일이다.
지금 지구상에 사용하는 문자 가운데 창제자가 있는 글은 한글이 유일
하다는 점만 보아도 문자를 쉽게 만들 수 있는 일이 아님을 알 수 있다.

　세종은 낮에는 정사를 보아야 했다. 훈민정음 연구는 밤에 이루어질
수밖에 없었다. 수많은 날, 밤잠을 제대로 못 자고 문자와 발음에 관한
고전과 운서를 읽어야 했고, 자음과 모음 하나하나에 수도 없이 고심을
반복했을 것이 분명하다. 불쌍한 백성과 자주 국가를 향한 열정이 없었
다면, 어찌 그 수많은 고심을 다 이겨낼 수 있었을 것인가!

백성이 쉽게 배울 수 있는 문자

'애민'에 투철했던 세종은 신분 차별에서 무거운 삶의 무게에 짓눌려 사는 처지도 가련했지만, 글을 모른 채 까막눈으로 살아가는 백성의 처지가 안타까웠다. 그렇다고 백성들에게 어렵기 짝이 없는 한자를 배우게 할 수도 없었다. 백성의 이런 현실과 이에 대한 세종의 안타까움이 백성이 쉬 배울 수 있는 문자 창제를 꿈꾸게 했다. 중국의 한자로는 생각이나 보고 들은 것을 정확하게 기록하기도 어려웠다. 사고나 표현 방식도 다르고 문화나 생활 양식도 다르기 때문이다. 세종은 우리의 생각과 뜻을 정확히 표현할 수 있는 문자가 필요함을 느꼈다.

세종이 언제부터 우리 글을 만들어야겠다고 결심했는지는 알 길이 없다. 관련된 아무런 기록이 없기 때문이다.

태조 때, 조선 최초의 법령집인 육전을 이두로 편찬한 적이 있다. 이 사실은 세종실록 13년 5월 13일에도 나온다. '경제육전'이라고도 부르는 육전을 구태여 이두로 편찬한 까닭은 무엇일까? 그것은 얘기한 대로, 우리말을 정확하게 한자로 표기하는 데 한계가 따르기 때문이었다.

이두에 관한 기록은 여러 곳에서 나오는데, 그 명칭은 다양하다. 훈민정음의 서문이나 세종실록에서는 '이두'라고 하고, 선조실록에서는 '이도'라고 나온다. 이외에도 여러 문헌에서 이서, 이도, 이토, 이찰, 이문으로 불리기도 하고, 이두에 대한 한자 표기를 달리하기도 한다. 이두는 실제로 조사와 어미를 나타내는 토씨가 중심이다. 그 밖에도 명사와 대명사, 서술어인 형용사와 부사 등의 표시로도 사용되었다. 따라서 한자와 이두를 합해서 적는다면, 우리말의 뜻을 한결 정확하고 자연스럽게 하는 장점이 있다.

세종도 한자 표현상의 문제를 누구보다 잘 알고 있었다. 세종 8년 10월 27일의 기록이다. 당시의 법전인 육전과 관련한 세종의 언급이다.

"율문(법률의 조문)이 모두 한문과 이두로 복잡하게 기록되어 있어서 비록 문신이라도 모두 알기가 어려운 일이다."

또 세종 12년 4월 12일의 기록이다.

"지금 하윤이 지은 원육전을 보니, 그 글이 쉬운 말로 되었지만 여러 군데에 조리가 통하지 않는 곳이 있어서 다 알기 어렵다. 조준이 편찬한 방언육전은 사람들이 다 알기 쉬우므로 오히려 이것을 쓰는 것이 옳지 않겠는가?"

'방언육전'은 이두문으로 기록된 육전을 말한다. 좌의정 황희가 답했다.

"방언육전을 쓰는 것도 가합니다."

총제 하연은 반대를 했다.

"지금 속육전을 이미 한문으로 편찬하였고, 원육전도 한문으로 써야 마땅할 것이오니 방언을 쓸 수는 없습니다. 그리고 그 알삽하고 알기 어려운 곳은 고치게 함이 마땅할 것입니다."

이에 세종이 다시 말했다.

"원육전과 속육전이 각각 다르니, 비록 방언으로 된 것과 한문으로 된 것을 함께 쓸지라도 무엇이 해롭겠는가?"

원육전은 조준이 편찬한 최초의 육전이고, 속육전은 태종 7년 8월에 속육전 편찬소를 설치하고 하륜을 책임자로 하여 태종 13년 2월에 편찬한 『경제육전속집상절』이다. 속육전은 1차 왕자의 난이 있었던 태조 7년부터 태종 7년까지 사안에 따른 왕의 명령이나 결정을 모아 편찬했다. 체제는 원육전을 그대로 따랐으나, 이두로 표기된 부분은 다시 한문으로 고쳐졌다. 세종 시절에 편찬된 '신속육전'과 '신찬경제속육전'도 흔히 속육전이라고 부른다.

세종 14년 11월 7일의 일이다. 세종은 상참을 받고 신하들과 정사를 논했다. 형벌에 관한 얘기가 나왔다.

"비록 사리를 아는 사람이라 할지라도, 율문에 의거하여 판결이 내려진 뒤에야 죄의 경중을 알게 되거늘, 하물며 배우지 못한 백성들이 어찌 범죄한 바가 크고 작음을 알아서 스스로 고치겠는가! 백성이 모두 다 율문을 알게 할 수는 없을 터이니, 별도로 큰 죄목만이라도 뽑아 적고, 이를 이두문으로 번역해서 반포한다면, 여린 백성들도 범죄의 경중을 알고 피할 줄을 알지 않겠는가?"

상민인 백성들은 당시 법을 알지 못했다. 그래서 무엇이 죄에 해당하는지조차 알지 못한 채 죄를 짓고 벌을 받아야 했다. 세종은 그것을 안타깝게 여긴 것이다.

이조판서 허조가 말했다.

"신은 폐단이 일어나지 않을까 두렵사옵니다. 백성 중에 간악한 자가 율문을 알게 되면, 죄의 크고 작은 것을 헤아려서 두려워하고 삼가기보다는 법을 농간하는 무리가 이로부터 일어날 것이옵니다."

세종이 말을 받았다.

"그렇다면 백성들이 알지도 못하고 죄를 범하게 하는 것이 옳겠는가? 백성이 법을 알지 못하게 하고, 범법한 자를 벌주게 되면 속임수의 술책에 가깝지 않겠는가? 태조와 태종께서 율문을 읽게 하는 방법을 모색하신 것은 사람마다 모두 알게 하고자 함이니, 경들은 고전을 상고하고 의논해서 아뢰도록 하오."

허조가 물러간 후, 세종이 다시 말했다.

"허 판서의 생각에는, 백성들이 율문을 알게 되면 쟁송이 그치지 않을 것이고, 그에 따라 윗사람을 능멸하는 폐단도 점점 늘게 될 것이라 하오. 그렇지만 백성이 법이 금하는 바를 알도록 하고 두려워 피하게 함이 옳지 않겠는가?"

허조는 사대부 중심적 사고로 작은 부작용을 우려했다. 그러나 세종은 힘없는 백성의 편에서 사안을 판단했다. 세종은 집현전에서 백성들에게 어떻게 법률을 익히게 할 수 있는가를 연구하여 보고하도록 명했다.

백성들에게 한자를 배우도록 할 수도 없었다. 이두로 된 율문일지라도 한자를 어느 정도 배운 중인 신분의 사람들만 이해할 수 있었다. 그러나 한자와 이두를 알지 못하는 양민이나 천민들은 율문의 내용을 알 길이 없었다. 다시 말해서 어떤 행위가 죄가 되는지조차 몰랐다. 이 점이 세종을 답답하게 하였다.

세종은 이런 일련의 과정을 거치면서 어떻게 하면 쉽게 백성들에게 글을 가르칠 수 있을 것인가를 생각했다. 한번 의문이 들면 그 의문을 풀지 않고는 견딜 수 없는 세종이었다. 세종의 고민은 깊어지기 시작했다.

문자를 모른 채 수백 년 까막눈으로 살아온 백성의 안타까운 현실을 보고 어떻게 해야 할 것인가를 고민한 사람들이 지배층에는 없었다. 단지 타고난 운명을 피할 길이 없는 사람들로 여겼을 뿐이다. 의당 그렇게 살아야 할 하찮은 존재들로 여겼다. 그러나 세종은 달랐다. 세종은 다른 사람들이 생각하지 못한 것을 생각했고, 보지 못한 바를 보는 뛰어남이 있었다. 바로 이점이 세종의 영명함과 위대함이라고 할 수 있다.

세종이 백성들의 안타까운 현실을 지적한 그런 시점이 어린 백성을 위해 새롭고 쉬운 문자의 필요성을 느끼게 한 때라고 추정할 수 있다. 그럼 실제 세종은 우리 글 창제를 언제부터 시작했을까? 이것 역시 세종을 빼놓고는 아무도 모른다. 여기에도 기록의 추적을 통한 추론이 있을 뿐이다.

세종 18년 4월 12일의 실록을 보면, 세종은 정부의 업무처리 체계에 중대 전환을 지시한다. 이른바 육조직계제에서 의정부서사제로 바꾼 것이다. 의정부서사제는 태조 때 시행되다가, 태종 4년에 육조직계제로 바꿨다. 이를 다시 세종이 의정부서사제로 돌린 것이다.

육조직계제는 임금이 이·호·예·병·형·공의 육조로부터 직접 업무를 보고받고 처결하는 시스템을 말한다. 왕권 중심이다. 의정부서사제는 의정부에서 육조의 일상 업무를 보고받고 처결하는 제도다. 주요한 사안의 경우만 왕에게 보고된다. 왕의 업무가 줄어들 수밖에 없고, 시간적 여유를 가질 수 있다. 무슨 연유로 세종은 그 시점에서 갑자기 의정부서사제를 취한 것일까?

그로부터 1년이 채 되지 않은 시점인 세종 19년 1월 3일에는 더 파격적인 조치를 내린다. 인사와 병조, 국방 사무, 그리고 사형에 처할 주요 범죄 사건을 제외하고 세자에게 다른 모든 업무를 맡겨 처리토록 하겠다는 지시다. 1월 9일과 3월 27일 반복해서 세종은 건강상의 이유를 들어 세자에게 사무를 위임해서 처결토록 하겠다고 했다.

심지어는 4월 1일 세자에게 아예 섭정을 맡기겠다고도 했다. 황희를 필두로 모든 대신이 이제 겨우 마흔을 넘긴 나이에 세자의 섭정이 무슨 말씀이냐고 반대하고 나섰다.

이때, 세종은 팔과 다리에 약간의 풍증이 있고 안질을 앓고 있다는 기록이 나온다. 세종의 풍증에 관한 기록이 이때 처음 나온 것은 아니다. 이미 20대 때도 풍기가 있었다는 기록이 있다. 세종 8년 5월 11일의 기록이다. 지신사 곽존중과 대언 정흠지 등이 세종께 술을 드시라고 권하는 말이 나온다. 당시 세종은 가뭄이 심해지자 술과 고기를 들지 않았다.

"성상의 옥체에는 본래 풍기가 있으신 데 요사이 가뭄으로 술을 드시지 않으셨습니다. 몇 해 전에 가뭄 때문에도 근심하여 병이 되었는데 금년에도 가뭄으로 술을 드시지 않으면 병이 재발할까 우려되옵니다."

세종은 어려서부터 육식을 즐겼고 책을 좋아했기 때문인지 일찍부터 풍기가 있었다. 혈액순환에 도움이 된다는 점에서 세종은 평소 약간씩 반주를 했다. 몸을 아낄 만도 했지만, 세종은 일에 대한 열정이 매우 컸다. 이루고자 하는 바를 위해서는 몸을 돌보지 않는 스타일이었다.

낮에는 정사에 시달리고 밤에는 음운에 관한 책들을 읽으면서 문자를 고안하기 위해 촛불 밑에서 자신을 혹사시킨 것이다. 한동안 나타나지 않았던 풍질이 안질까지 수반하고 마흔을 갓 넘긴 젊은 세종을 찾아온 까닭이다.

다음 해인 세종 20년 5월 27일에는 세종께서 다시 세자에게 서무를 대행토록 하겠다고 했다. 신인손과 김돈, 허후 등이 나서서 극력 반대를 했다.

"성상의 춘추가 아직 높지 않고, 병세는 날로 치유되어 가고 있사온데, 어찌 돌연 이 같은 성지를 토로하시옵니까? 바라옵건대, 이 뜻을 노정하지 마옵시고, 다만 어쩔 수 없으시다면 마땅히 서무를 덜어서 의정부에 맡기시옵소서."

대신들은 세종이 한사코 업무에서 손을 떼려고 하는 연유를 알지 못했다. 그 이후로도 세종은 세자에게 국사의 처결을 위임하려고 했다. 대신들은 그때마다 강력히 반대하고 나섰다. 대신들의 반대가 있었지만, 세종은 이런저런 일의 상당 부분을 세자에게 맡겼다. 세종은 병세가 심각하지도 않은 상태에서 국사를 직접 처결하지 않으려고 한 의도는 무엇이었을까?

세종의 평소 성품과 일에 대한 열징으로 본다면 그만한 병세에 일을 회피하려는 까닭을 신하들이 이해할 수 없었을 것이다. 무엇인가 시간을 집중해서 해야 할 일이 있었기 때문이었다. 바로 훈민정음의 창제였다.

세종 24년 7월 28일의 일이다. 세종은 자신을 대신한 세자의 업무처리를 지원하기 위해 첨사원 설치를 다음과 같이 승정원에 지시했다.

"중국의 황태자는 강관을 두고 또 첨사부를 세워서 서무를 처리하게 하는데, 우리는 동궁에 서연관을 두고 경연만 관리하고 있으니 충분치 않다. 사무를 처리하는 관원을 배치토록 하라."

도승지 조서강이 말했다.

"개국 이래, 동궁에는 서연관만 두었어도 부족함이 없었는데, 하루아침에 갑자기 새 관원의 제도를 설치하는 것은 온당하지 않습니다. 더욱이 우리나라가 어찌 감히 중국 황태자의 일을 하나하나 본받아 따라서 할 수 있겠습니까? 이와 같은 큰일은 마땅히 의정부와 더불어 의논하는 것이 좋겠습니다."

세종이 답했다.

"중국 황태자와 우리 세자는 비록 크고 작은 차이는 있으나 그 일은 매 한 가지나 마찬가지요. 그대들은 말리지 마시오."

조서강의 편협한 시각이 안타깝다. '어찌 감히 중국 황태자를 따라 할 수 있겠느냐'는 그의 말에서 수직적 사대주의의 냄새가 물씬 풍긴다. 세종은 단지 크고 작은 차이일 뿐이지 본질의 문제는 아니라고 보는 수평적 시각이다.

세종이 대신들의 완강한 반대에도 한사코 처리하는 업무를 줄이려고 하는 이런 일련의 과정을 볼 때, 한글 창제에 관심을 두고 연구를 시작한 시점은 세종 18년 전후로 추정할 수 있다. 그리고 세종 24년 첨사원을 설치하고 세자에게 서무를 위임할 때는 연구의 막바지 단계에 접어드는 시점이라고 판단된다. 왜냐하면 그로부터 1년 5개월 뒤인 세종 25년 12월 30일에 훈민정음 창제를 발표하기 때문이다.

우리 글과 자주국 조선

아무리 학식이 높고 뛰어난 재주를 지닌 사람이라 할지라도 새 문자를 만드는 일은 결코 쉬운 일이 아니다. 세종으로서도 지극히 어려운 과업이었다. 한글을 제외한 모든 문자가 오랜 세월을 거치며 변형되고 진화, 모방했을 뿐 창제한 문자는 한글이 유일하다는 사실이 이를 보여준다.

문자의 창제 자체가 어렵기도 하지만 한자에 빠져 중국을 숭배하는 조선에서 한자를 버리고 새로운 문자를 만드는 시도 역시도 강고한 반대에 부닥칠 게 뻔했다. 세종이 자신의 건강을 해치면서까지 수년의 고초를 겪고 훈민정음을 만들었을 때, 대소 신료들 사이에 이에 대한 시비가 분분했을 정도였다. 세종이 발탁하고 아끼던 집현전의 신진 학자들 사이에서도 의견이 갈리는 판이었다. 새로운 글이 던질 파장을 세종은 충분히 예상하고 있었다.

당시 집현전의 실질적 수장이라고 할 수 있는 부제학 최만리를 비롯해서 신석조, 김문, 정창손, 하위지 등은 훈민정음에 적극 반대한 그룹이다. 반면에 정인지, 신숙주, 성삼문, 박팽년, 이개 등은 세종의 뜻을 이해했다.

훈민정음 창제가 발표되고 두 달 후에 최만리 등의 반대 상소가 있었다. 앞에서 설명한 대로 그들의 상소는 매우 불손했다. 최만리 등을 불러 놓고 세종께서 나무라는 말 가운데 매우 의미심장한 대목이 있다.

첫째는 '백성을 위함이다'라는 말이다. 여기서 백성은 중인과 양민, 천민을 의미한다. 한자 문화를 숭상하는 사대부를 위해 글을 만들었다는 얘기는 말이 안 되기 때문이다. 백성을 위함이라는 말은 바로 나라를 위함이라는 말과 맥을 같이 한다. 세종은 백성이 나라의 근본임을 늘 강조했다. 사대부들과 다른 세종의 인식이었다. 그런 인식의 토대 위에서 세종은 백성을 위한 우리 글을 생각했고, 조선의 앞날을 그렸다.

세종 5년 7월 3일 전국에 내린 교지의 내용이다.
"백성은 나라의 근본이니 근본이 튼튼해야만 나라가 평안하다. 백성이 곧 나라요, 나라가 또한 백성이다."

당시 조선은 신생국으로 매사에서 명나라의 눈치를 보아야만 했다. 세종 재위 32년 동안 명나라는 제3대 영락제에서 홍희제와 선덕제를 거쳐 제6대 정통제까지 모두 4명의 황제가 바뀌었다. 명나라의 전성기였던 시기다. 작은 나라 조선은 명나라의 요구에 순응할 수밖에 없는 상황이었다.

세종 즉위년 9월 4일 명나라 흠차환관(황제가 파견한 환관) 육선재가 사신으로 왔다. 사내 구실 못하는 내시다. 태종이 세종으로 양위를 주청한 것에 대한 명나라 황제의 허락하는 칙서를 가지고 왔다. 육선재는 10일을 죽치고 있으면서 이런저런 대접을 받고 내정에 간섭까지 했다.

9월 13일 육선재가 돌아갈 때는 상왕 태종과 세종, 백관이 모화루까지 나가 전송을 했다. 슬픈 현실이었다. 나라가 있고 백성이 있는데 왕위의 승계까지 조사를 당하고 승낙을 받아야 하는 현실을 세종은 과연 어떻게 받아들였을까?

약소국 조선의 입장에서 달리 어떻게 할 도리가 없었다. 세종의 가슴이 답답했다. 매년 조공을 바치고, 조공 이외에도 요구하는 것들을 들어주지 않을 수 없었다. 금, 황칠, 종이도 바치고 수많은 말도 바쳤다. 심지어 조선의 어린 딸들도 보내야 했다. 말도 통하지 않는 수천 리 이국땅으로 어린 조선의 딸들을 보낸다는 것은 부모는 물론이요, 뜻있는 모든 사람에게 피눈물이 맺히고 가슴이 갈래갈래 찢기는 아픔일 수밖에 없었다.

매년 두 차례 오는 사신 접대가 이만저만한 골칫거리가 아니었다. 사신들의 오만방자한 거들먹거림을 보아야 했다. 그들은 공공연히 뇌물을 요구하기도 했고, 사적으로 가져온 물건의 물물교환을 요구하기도 했다. 날마다 대신들이 나가서 좋은 음식과 술을 대접해야만 했다. 짧으면 열흘이요, 길면 한 달도 머물렀다. 올 때는 세자가 대신들과 함께 영접을 나가야 했고, 갈 때는 왕이 세자와 백관을 데리고 환송을 나가야 했다.

조선에서도 매년 한두 차례 사신을 보내야 했다. 빈손으로 보내는 것이 아니라 이런저런 진상품을 챙겨 가지고 갔다. 사신이 명나라에 머무는 동안 그들로부터 어떤 요구를 받을지 몰라 전전긍긍해야 했다.

수백 년이 흐른 지금에도 그런 역사적 사실에 회가 치밀어 오를진대, 현실로 당해야 했던 세종은 그 슬픈 현실에서 무엇을 생각했을까? 왜 한글 창제에 그토록 매달렸을까? 왜 이천을 시켜 경자자와 갑인자의 금속활자를 만들고 편찬 사업에 주력했을까? 왜 화포 개발에 28년이라는 긴 세월 동안 일관되게 집착했을까? 왜 무관을 양성하고 정기적인 군사훈련과 병법서 간행, 화약과 무기 개발, 그리고 군함 개량에 진력하게 했을까?

김빈과 이천, 장영실을 시켜 물시계인 자격루와 옥루, 해시계인 앙부일구를 만들고 측우기를 만들었을까? 천문연구를 위해 서운관을 설치하고 천체운행을 연구하게 했을까? 간의대를 만들어 혼천의를 설치하고 천문현상을 관측하고 기록하게 했을까? 왜 산법과 역법을 연구하도록 했을까?

수많은 과학기술에 매달린 이유는 무엇일까? 4군과 6진을 설치해서 국경선을 분명히 하려고 한 것은 또 무슨 까닭이었을까? 칠정산내외편은 무엇이고 농사직설을 또 무엇인가?

세종이 집념을 보인 이런 일들이 지향하는 지평은 과연 어디였을까!

부국강병에 의한 조선의 자주독립을 그렸기 때문이 아니겠는가! 자주독립을 빼고는 달리 설명할 길이 없다. 그렇다. 세종은 중국의 압박으로 인한 설움에서 해방되기를 원했다. 세종의 꿈은 백성이 나라다운 나라에서 사는 것이었다.

훈민정음의 창제도 바로 그런 꿈의 일단이었다. 중국의 문자를 빌려 쓰는 것도 예속이다. 어려운 한자보다는 쉽게 깨우칠 수 있는 우리 문자로 글을 읽고 생각한 바를 쓰면서 백성이 깨어나기를 원했다.

훈민정음 창제에 반대 상소를 한 최만리 등을 불러놓고 한 세종의 의미심장한 말이다.

"백성을 위함이다. 내가 아니면 누가 나서서 이를 바로 잡을 것이냐?"

세종은 자신이 하지 않으면 아무도 할 수 없다는 것을 알고 있었다. 당시 시대적 상황도 그렇고, 운서나 음운에 대해 깊이 있는 연구를 한 사람도 없었다. 우리 고유의 문자에 의한 통일된 음운 체계가 왜 필요한지를 제대로 인식한 사람도 없었다. 결국 자신이 할 수밖에 없는 일이라고 세종은 결심하고 나선 것이다.

세종의 독자적 창작물,
세계 유일 창제 문자

　세계의 유수한 언어학자들이 인정하는데도 한글이 독창적인 문자가 아니라고 초를 치는 학자들이 있다. 관련 학회에서도 이런저런 사례를 들면서 한글의 독창성에 문제를 제기하곤 한다. 모방과 창조의 기준을 어디에 두어야 하는가? 세종과 한글에 대한 모독이다.

　파스파 문자를 들어 모방설을 얘기하는 학자도 있다. '파스파'란 원나라 국사를 지낸 티베트 출신의 승려다. 1265년 원의 세조인 쿠빌라이 칸의 명을 받아 파스파가 문자를 만들었다. 문자가 없던 몽골족의 말을 한자로 표기하기가 어려웠기 때문이었다. 파스파 문자는 완성도 되기 전인 1269년에 반포되었다가 사용되지 못하고 사라져버렸다. 같은 소리글자인 티베트 문자를 사각형 네모꼴로 변형시킨 것으로 복잡하기가 이루 말할 수 없다.

　처음부터 완성되어 등장한 문자가 세상에 어디에 있는가? 한자도 그렇고 영어의 알파벳도 고유한 것이 아니다. 오랜 세월을 두고 변형되고 진화한 것이거나 아니면 모양을 모방한 것들이다. 특정인이 창제한 문자는 세계에서 한글이 유일하다.

독어, 불어, 영어 등 서구 문자들은 기원전 13세기 전후에 레바논인들의 조상인 페니키아인들이 사용했던 문자에 그 뿌리를 두고 있다. 페니키아 문자가 그리스로 건너가 그리스 문자로 변형되었고, 다시 로마로 건너가 로마 문자가 되었다. 서구 문자들의 모태다. 이 문자들은 창조가 아니라 모방과 진화라고 할 수밖에 없다. 문자의 형태를 뿌리에서 찾을 수 있기 때문이다.

한글은 그 뿌리를 어디서 찾을 수 있는가? 알파벳에도 'C, H, I, L, O'가 있고, 한글에도 'ㄷ, ㅐ, ㅣ, ㄴ, ㅇ'이 있다. 서로 빼닮았다. 그렇다고 영어와 한글이 뿌리를 같이 하고 있다고 해야 하는가? 알파벳이 먼저 나왔으니 한글이 거기서 몇 자를 모방해 왔다고 할 수 있겠는가?

한글처럼 독창성을 지닌 문자는 없다. 세계문자학회에서 인정하는 바다. 창제 당시와 지금 사용되고 있는 한글에서 약간의 변형이 있었지만, 한글처럼 완성도가 높은 문자를 찾기 어렵다.

훈민정음 창제를 발표한 세종 25년 12월 30일 실록에서도 '옛 전자를 모방하고'라는 표현이 나온다. '전자'라 함은 중국의 한자가 제 틀을 갖추기 전에 사용되었던 초기의 서체다.

최만리 등의 상소문에 언문 제작에 대한 언급에도 전자의 모방 얘기가 나온다.

"언문을 제작하신 것이 지극히 신묘하여… 글자의 형상은 비록 옛날의 전문을 모방하였을지라도 음을 쓰고 글자를 합하는 것은 모두 옛것에 반대되니 실로 의거할 데가 없사옵니다…"

최만리 등도 언문 제작이 참으로 신묘하다고 했다. 그리고 일부 문자의 형태가 전자에서 모방했을지라도 글자를 합한 것은 옛 문자와 반대되니 실로 그 근거를 찾기가 어렵다고 했다. 그렇다면 이것을 모방이라고 할 수 있는가? 모방의 범위를 어떻게 설정해야 하는가? 긴 악보에서 한두 마디 음이 같다고 해서 표절이고 모방이라고 할 수 있는가?

한글의 독창성을 두고 이러쿵저러쿵 시비하는 것은 말이 안 된다. 포크레인을 보고 주걱이나 삽을 모방한 것이라고 시비하는 것과 마찬가지다. 인류가 향유하고 있는 모든 문명과 문화가 어느 날 갑자기 하늘에서 뚝 떨어져 나온 것이 있는가? 앞에 나온 것을 참고하고 발전시켜 여기까지 온 것이다. 모방이라는 말로 한글의 독창성에 시비를 거는 이유를 이해하기 어렵다.

세종은 훈민정음을 발표하고 난 직후, 만든 문자의 검증 작업에 들어갔다. 매우 신속한 조치였다. 세종 26년 2월 16일의 일이다. 집현전 교리 최항, 부교리 박팽년, 부수찬 신숙주, 이선로, 이개, 그리고 돈녕부 주부 강희안 등에 명하여 언문으로 『운회』를 번역하도록 했다. 그리고 세자와 진양대군 이유, 안평대군 이용도 그 일에 참여하도록 했다. 쟁쟁한 학자들이 있음에도 세자와 왕자들까지 합류시킨 세종의 의도는 또 무엇이었을까?

여기에도 깊은 뜻이 있다. 다음 보위를 이을 세자도 알아야 하고, 왕실에서도 알기를 원했기 때문이다. 세종은 추후 집현전 대제학 정인지와 수찬 성삼문을 합류시켜 인력을 보강하였다.

『운회』는 한자를 어떻게 발음해야 하는가를 적은 중국의 대표적 음운서다. 이 책은 1297년 원나라 때 황공소와 그의 제자 웅충이 발간한『고금운회거요』를 가리킨다. 이『운회』의 언문 번역은 완성을 보지 못한 가운데『동국정운』의 편찬 사업에 흡수되었다.

세종은 27년 1월 7일에도 성균관 주부 성삼문과 집현전 부수찬 신숙주, 행사용과 손수산을 요동에 보냈다. 당시 명나라의 언어학자 황찬이 요동으로 유배와 있었기 때문이다. 성삼문과 신숙주는 세종의 명을 받들어 요동을 13차례나 다녀왔다. 운서에 표기된 발음에 관한 문제를 황찬에게 물어보도록 했다. 이 또한 훈민정음으로 한자음을 제대로 표기할 수 있는지를 거듭 확인하기 위함이었다.

세종 28년 9월 29일의 실록은 '이달에 훈민정음이 완성되었다'고 쓰고 있다. 그러니까 훈민정음 창제를 발표하고 나서 3년 가까운 시간 동안 검증을 위한 연구는 계속된 셈이다. 완성된 훈민정음에 예조판서 정인지가 다음과 같은 서문을 썼다.

"천지자연의 소리가 있으면 반드시 천지자연의 글이 있게 되니… 중국의 글자를 빌려서 그 일용에 통하게 하니, 이것이 둥근 장부가 네모진 구멍에 들어가 서로 어긋남과 같은네 어찌 능히 통하여 막힘이 없겠는가."

우리말과 중국 문자의 표현이 일치하지 않음에 대한 기가 막힌 비유다. 둥근 원과 네모가 어찌 정확히 맞을 수 있겠는가. 정인지의 명석한 설명이다. 그의 서문은 계속된다.

"계해년 겨울에 우리 전하께서 정음 28자를 처음으로 만들어 예의를 간략하게 들어 보이고 명칭을 훈민정음이라 하였다… 28자로써 전환하여 다함이 없이 간략하면서도 요령이 있고 자세하면서도 통달하게 되었다. 그런 까닭으로 지혜로운 사람은 아침나절이 되기 전에 이를 이해하고, 어리석은 사람도 열흘 안에 능히 배울 수 있다… 바람 소리와 학의 울음이든지, 닭 울음소리나 개 짖는 소리까지도 모두 표현해 쓸 수가 있게 되었다. 마침내 해석을 상세히 하여 여러 사람에게 이해시키라고 명하시니, 이에 신이 집현전 응교 최항, 부교리 박팽년과 신숙주, 수찬 성삼문, 돈녕부 주부 강희안, 행집현전 부수찬 이개, 이선로 등과 모든 해석과 범례를 지어 그 경개를 서술하여 이를 본 사람으로 하여금 스승이 없어도 스스로 깨달을 수 있게 한 것이다…"

정인지의 훈민정음 서문에는 해석과 범례를 위해 참여한 최항 등의 이름이 모두 열거되어 나온다. 한글 창제가 다른 신하들의 참여를 통해 이루어졌다면, 그 사람들의 이름도 기록에 분명히 나왔을 것이다. 그러나 그런 기록은 전혀 없다. 세종이 친히 만들었다는 '친제'라는 표현이 있을 뿐이다. 훈민정음 28자는 세종의 독자적 창작물이다. 정인지도 그 점을 분명히 하고 있다.

한글 창제에 담긴
먼 미래의 지평

세종은 한글 창제에 끊임없이 열정을 쏟으며 무엇을 꿈꾸었던 것일까? 그가 바라본 지평은 모든 백성이 문자를 아는 문화민족, 이를 발판으로 약소국 조선이 자주 독립국가로 발돋움하는 건 아니었을까?

지칠 줄 모르는 의지와 열정, 위대한 업적은 세종이 바라본 지향점이 조선의 자주독립이었다는 사실을 빼놓고는 달리 설명할 길이 없다. 이점은 실록을 읽을수록 더 분명해진다.

훈민정음이 완성되고 나서 정확히 1년 뒤인 세종 29년 9월 29일에 『동국정운』이 완성되었다. 신숙주가 쓴 서문에도 훈민정음이 세종의 독자적 창작임을 밝히는 대목이 나온다. 『동국정운』은 훈민정음을 통해 한자에 표준화된 음을 정하려는 목적으로 세종이 지시한 편찬 사업이다.

세종 30년 10월에 전 6권으로 편찬되었다. 그 서문을 보자.

"우리 주상 전하께서… 만기를 살피시는 여가에 이 일에 생각을 두시어… 신들이 재주와 학식이 얕고 짧으며… 뜻을 받들기에 미달하여 매번 지시하심과 돌보심을 번거롭게 하였고… 하나의 합침과 하나의 나눔이나 한 성음과 한자 운마다 모두 성상의 결재를 받고… 어제하신 훈민정음으로 그 음을 정하고… 글이 완성되매 이름을 하사하시기를 '동국정운'이라 하시고… 우리 성상께서 성운에 마음을 두시고 고금을 참작하시어 지침을 만드시니 억만 대의 모든 후생들을 위해 길을 열어주신 것이다."

세종이 국가의 대소사를 처리하는 가운데서도 시간을 내어 훈민정음 제작에 뜻을 두었다고 밝히고 있다. 그리고 '어제하신 훈민정음', 즉 훈민정음이 세종의 창작임을 분명히 하고 있다. 동국정운의 저술에서도 매번 지시하심과 돌보심이 있었고, 한 자 한 자의 운마다 결재를 받았음을 적고 있다.

여기서 눈길을 크게 끄는 부분은 '억만 대의 후생들을 위함'이라고 밝히고 있는 점이다. 백성을 위한 문자로서의 영속성과 미래성을 언급한 것이다. 그리고 길을 열어주신 것이라고 했는데 무슨 길을 열어주신 것인가? 자주 문화와 문명, 자주 국가의 길이 아니겠는가! 정인지나 신숙주도 훈민정음의 검증과정이나 시행과정에 참여하면서 마침내 세종께서 내다보는 미래의 지평을 대략 보게 된 것이다.

세종은 훈민정음의 창제 이후, 검증 작업을 계속하면서도 훈민정음을 이용하여 집필하도록 했다. 언문에 의한 최초의 집필이 바로 『용비어천가』다. 세종은 우찬성 권제, 우참찬 정인지, 공조참판 안지를 필두로 성삼문, 박팽년, 이개로 하여금 언문으로 조선 왕조 창업을 예찬하는 글을 쓰게 했다. 세종 27년 4월 5일 완성된 『용비어천가』는 125장의 노래로 구성되었다.

세종은 소헌왕후가 죽고 난 후, 수양대군을 시켜 소헌왕후의 명복을 빌고 왕후의 불심을 기리기 위해서 언문으로 석가모니의 전기를 쓰도록 했다. 바로 『석보상절』이다. 여기에 부처의 공덕을 기리는 찬불가 성격의 노래를 지어 만든 것이 『월인천강지곡』으로 『용비어천가』와 함께 우리글 최초의 가사다.

『월인천강지곡』이 언제 작성되었는지 정확한 기록은 없다. 그러나 세종 29년에서 30년 사이임은 틀림없다. 언문으로 쓰고 한자로 주를 달았다. 최초의 언문판 금속활자로 찍어낸 책이다.

세종은 훈민정음으로 직접 교지를 쓰기도 했다. 세종 28년 10월 10일의 언문 사용에 대한 기록이다.

"임금이 대간의 죄를 일일이 들어 언문으로 써서, 환관 김득상에게 명하여 의금부와 승정원에 보이게 하였다."

세종께서 언문 교지를 내린 이유는 직접 언문을 써본다는 의미도 있지만, 그보다는 더 큰 메시지를 담고 있다. 임금의 언문 교지를 받아 본 의금부와 승정원 신료들은 어떻게 생각했을까? 자신들도 언문을 알아야 한다는 생각을 분명 했을 것이다. 이것은 대소 신료들에게 세종이 언문을 알아야 한다는 메시지를 던진 것이다. 한자를 참 문자인 '진자', '진문'이라고 하던 신하들에게 언문을 모두 배우도록 지시할 수는 없었다. 그렇지만 세종의 언문 교지는 그보다 자연스러우면서도 강력한 권유를 담고 있다. 역시 세종의 방법은 절묘했다. 우회로를 택해서 정문의 일침을 가한 것이다.

세종은 28년 12월 26일, 이조에 훈민정음을 시험과목으로 넣을 것을 명했다.

"금후로는 이과와 이전의 임용 때에는 훈민정음도 아울러 시험해서 선발하라"

또 세종 29년 4월 20일 역시 같은 지시를 했다.

"이제부터는 함길도 자제로서 이과 시험에 응시하는 자는 다른 도의 예에 따라 6재를 시험하되 점수를 갑절로 주도록 하라. 다음 식년부터 시작하되, 먼저 훈민정음을 시험하여 입격한 자에게만 다른 시험을 보게 할 것이며, 각 관아의 이과 시험에도 모두 훈민정음을 시험하도록 하라."

이과는 각 관아에 아전과 같은 하급 관리를 뽑는 시험이다. 유생들이 보는 과거에도 훈민정음을 시험 보게 했다면, 전국적으로 유생들로부터 안 된다는 상소가 빗발쳤을 것이다. 그래서 중인이나 양민이 보는 하급 시험에서부터 훈민정음을 시험하도록 한 것이다. 중인이나 양인들을 상대로 자연스럽게 훈민정음에 대한 교육이 시작된 것이다. 우리 글로 깨우치고자 한 대상도 바로 천인을 포함한 그들이었다.

세종께서 훈민정음을 창제한 후에도 그 검증과 시행에 큰 관심을 보였다. 훈민정음이야말로 가장 큰 필생의 과업이라고 여긴 흔적이 있다. 세종 31년 12월 28일의 일이다. 이 시점은 세종이 죽음을 불과 두 달여 남겨 놓은 때다. 병이 위중한 상황에서도 훈민정음에 대한 집념의 끈을 놓지 못했다. 자신의 죽음 이후에 언문이 조선에 대해 어떤 변화를 가져올 것인지 분명히 알고 있었기 때문이다.

명나라에서 사신으로 한림원 시강인 예겸과 형과급사중인 사마순이 도착했다는 보고를 받고 세종은 다음과 같이 명했다.

"지금 오는 사신은 환관이 아니라 모두 유학자들이다. 그간 교열한 운서에 대해 물어야 하니 사신이 입경한 뒤에 신숙주, 성삼문 등으로 그들의 숙소인 태평관에 왕래하게 하고 손수산과 임효선으로 하여금 통역을 맡게 하라."

성삼문 등은 사신들이 돌아갈 때까지 함께 하면서 한자음에 관하여 묻고 또 훈민정음에 의한 표기가 맞는지를 거듭 확인했다. 세종은 죽음을 앞두고 병상에 누운 채, 이에 대한 보고를 받았다. 죽음이 임박했다는 것을 알고 있던 세종이 훈민정음의 완성에 보인 집념은 어떻게 해석해야 할 것인가! 참으로 숭고한 모습이 아닐 수 없다.

세종이 죽음을 눈앞에 둔 마지막까지 훈민정음에 심혈을 기울인 이 기록을 대한민국 국민이라면 알아야 하고 기억해야 한다. 호롱불 밑에서 여러 서책을 펴놓고 훈민정음을 연구했던 세종이 무슨 생각으로 그렇게 했는지 우리 국민이라면 생각해보아야 한다. 세계문자학회로부터 가장 과학적인 문자로 인정받은 한글의 탄생은 결코 우연이 아니었다. 인명은 재천이라고 한다. 그러나 한글 창제를 위해 수년 동안 자신을 혹사한 세종은 스스로 명을 재촉했다.

세종은 국가와 민족의 정체성을 지켜나가는 문화민족으로서의 자주독립국가를 희구하였다. 당시 중국에 대한 예속, 한자 문화, 사대주의가 지배하던 상황에서 누구도 생각할 수 없었고, 누구도 보지 못한 우리 민족이 가야 할 먼 지평을 내다보면서 이룩한 위대한 업적이다.

지도자의 자리는 영화의 자리가 아니라 고난의 자리다. 나라의 지도자가 되는 과정도 어렵겠지만, 지도자가 되고 난 후가 더 어렵다. 그래서 국가와 국민을 위해 봉사하고 희생하겠다는 수신과 각오가 서지 않는 사람이 맡아서는 안 될 자리다. 모든 생각과 판단이 나라의 미래와 국민의 유익이라는 대의 위에서 이루어져야 한다는 신념을 지닌 사람이 참다운 지도자라 할 수 있다. 바로 세종이 모델이다.

또한 세종처럼 국가의 지도자는 국가의 미래를 멀리까지 내다 볼 줄 아는 안목이 있어야 한다. 기업을 경영하는 기업주도 마찬가지다. 장기적인 안목으로 정책을 발굴하고, 먼 안목으로 정책을 펼 줄 알아야 한다. 눈앞에 닥친 문제에만 매달리는 것은 소아적이다. 단기간에 무언가 이루어서 자신의 업적으로 남기고자 하는 근시안적 욕심으로 나라나 기업을 이끈다면 정말 딱한 지도자다.

세종의 훈민정음 창제나 4군 6진의 설치를 생각해보라. 당시 대다수 신하가 무용 무익한 일에 매달린다거나 군사력과 백성들의 노역을 동원한다고 시비하면서 반대를 했다. 세종 이후의 왕들이 그런 시비에 시달리다 세종이 그토록 심혈을 기울여 다져놓은 국경을 포기하고 뒤로 후퇴시킨 것만 보아도 아무나 나라를 이끌 수 있는 것은 아니다.

세종은 재위 32년 동안 훌륭한 치적을 수없이 남겼다. 찬란한 문화문명의 금자탑을 세운 것이다. 세종 자신의 탁월한 경륜과 비전, 창의가 있었기에 가능했던 일이다. 세종은 식을 줄 모르는 열정을 지니고 있었다. 다른 군주들처럼 날마다 올라오는 사안이나 처리하면서 적당히 즐기며 지낸다는 것은 생각조차 할 수 없었다. 세종이 그처럼 많은 일에 매달린 까닭을 우리 국민은 알아야 하고 감사해야 한다. 해마다 찾아오는 가뭄이나 장마, 그에 따른 흉년과 백성을 살리기 위한 구휼만 해도 큰 걱정이고 버거운 짐이었다. 그럼에도 많은 일에 매달린 그 열정은 도대체 무엇을 향한 것이었는지 우리는 분명히 알아야 한다.

문화대국 대한민국의 본바탕

'언문'의 힘은 바로 과학성과 편의성에 있다. 자음과 모음의 조합에 의해 표현하지 못할 소리와 말이 없다. 정인지 표현대로 머리가 좀 있는 사람은 반나절이면 이해할 수 있고, 아무리 머리가 나쁜 사람일지라도 터득하고 배우는데 열흘을 넘기지 않는다.

언문의 생명력은 이런 과학성과 편의성에 있다. 훈민정음을 창제한 후, 교지나 과거시험을 통해 언문을 익히도록 뿌린 씨앗이 머지않아 들불처럼 크게 번지리라고 세종은 알고 있었다.

문종 1년 11월 17일 천하의 난봉꾼 양녕대군 이제가 언문으로 쓴 편지를 문종에게 보낸 기록이 나온다. 그리고 단종 1년 4월 실록에는 혜빈 양씨가 언문으로 시녀들의 사통 문제를 승정원에 전달한 기록이 나온다. 궁녀들도 언문을 익혀 사용했다. 이미 언문을 왕족, 신료, 궁녀 등등 알 만한 사람들은 다 알고 사용했다는 얘기다.

아무리 많이 배운 사람이라도 자신이 생각하는 것이나 뜻한 바를 한자로 정확하게 표현하기가 어려웠다. 반대로 한자로 쓴 글을 쓴 사람의 의중대로 정확하게 해석하기도 쉬운 일이 아니었다. 사고나 표현 방식이 우리는 중국과 다르기 때문이다. 언문은 달랐다. 정확히 표현할 수 있었다. 사대부들도 언문이라고 비하하면서도 배우고 사용했던 까닭이다. 사람의 본성은 어려운 것보다 쉽고 편한 것을 좋아하는 법이다. 세종은 이렇게 언문이 뿌리를 내리게 될 것을 이미 내다보고 있었다.

세조 7년 8월 27일에는 한자 서책이 최초로 언문으로 번역된다. 세조가 서거정과 임원준을 시켜 『명황계감』을 언문으로 번역했다. 이 책은 세종 시절 집현전 학사들에게 명하여 당나라의 현종과 양귀비의 고사를 적게 하고 이에 대한 선비들의 글, 그리고 세종이 지은 가사, 즉 노랫말 168개를 수록한 책이다. 당 현종이 양귀비의 미색에 빠져 국정을 어지럽게 하고 나라를 위태롭게 했던 일을 기억하게 하여 왕과 신하들이 경계로 삼아야 한다는 취지였다. 이렇게 최초의 언문 번역서가 나온 것이다.

성종 12년 3월 24일 『삼강행실열녀도』를 언문으로 번역해서 발간했다. 성종은 이 책을 인쇄해서 사대부 부녀들은 물론 양민이나 천민들까지 읽도록 했다. 당시 사대부 집안의 부녀들이 간통 등 여러 음행으로 문제가 된 것이 배경이었다.

이외에도 성종은 14년 7월에 시를 짓는 작시법에 관한 『연주시격』, 중국 송나라 시인 황정견의 시집인 『황산곡시집』, 그리고 19년 9월에는 세종이 편찬한 의료, 의약, 약재 등을 집대성한 『향약집성방』을 언문으로 번역했다. 언문으로 번역된 책들은 책명 끝에 '언해'라는 표기를 붙였다. 언문으로 번역하고 해석했다는 의미다.

이런 언해서가 나왔던 시절에는 이미 거의 모든 계층의 사람들이 언문을 익혀 알고 있었음을 기록을 통해 확인할 수 있다. 중인과 양민은 물론이고 천민의 일부도 우리 글을 읽고 쓸 줄 알았다는 얘기다.

연산조에 와서 언문은 잠시 수난을 겪는다. 연산 10년 7월에 일어난 일이다. 연산군의 광포함을 비난하는 언문 투서들이 돌았기 때문이다. '신하 죽이는 것을 파리 머리 자르듯이 한다', '여색에 구별하는 바가 없다', '임금이 무도하다', '언제쯤 이런 왕을 바꿀까?' 등 연산을 비난하는 언문으로 쓴 벽서나 투서였다.

이런 일로 화가 난 연산은 언문을 가르치거나 배우는 것을 금했다. 그리고 언문으로 쓰인 서책들을 수거해서 모두 불살랐다. 이른바 '언문금란'이다.

그러나 일년 후인 11년 9월에는 죽은 궁인의 제문을 언문으로 써서 읽게 했고, 11월에는 기녀인 흥청들이 부를 노래를 언문으로 인쇄하여 사용하게 했다. 이는 모든 계층이 이미 사용하고 있는 언문을 연산군이 사용할 수 없게 한다는 것은 사실상 불가능했기 때문이다.

중종은 그때까지 유명무실하게 존속했던 언문청을 없앴다. 그 이유는 정확하게 실록에 나오지 않는다. 기능적으로 별로 할 것이 없었기 때문이라고 여겨진다. 세종이 정음청, 즉 언문청을 집현전에 설치했던 까닭은 훈민정음을 연구하기 위함이었다. 세종 이후, 그런 기능은 안타깝게도 지속해서 유지되지 못했다.

중종은 백성을 교화하기 위해 언문에 관심을 비교적 많이 가졌던 왕이다. 그래서인지 죽을 때, 언문으로 유교를 남긴 최초의 왕이다. 중종은 사치를 경계하고 검소함을 생활에서 실천해야 한다는 취지로『검박』을 언문으로 번역해서 인쇄하도록 했다. 이 책은 검소와 청빈함을 내용으로 한 글을 모은 것이다. 『검박』의 언문본을 사대부 집안은 물론이고 시골의 백성들에게도 배포하여 어른이나 어린애까지 검소함을 익히도록 했다.

명종 때에는 『소학』, 『구황촬요』 등이 언문으로 번역되었다. 그리고 시간이 흐르면서 한자로 적혀 백성들이 읽을 수 없었고 사대부들의 전유물이었던 서책들이 줄줄이 언문으로 번역된다. 왕족에서부터 천민에 이르기까지 언문을 읽고 쓰게 되었다. 과학성과 편의성을 토대로 배우기 쉬운 한글의 자생 번식력 때문이다.

언문은 날이 갈수록 계층을 가리지 않고 번져나갔다. 그리고 마침내 우리 문학사에서 주옥같은 가사와 소설들이 등장하게 된다. 그것도 뛰어난 문신들에 의해서다. 그들은 모두 한문에도 정통한 대가들이었다. 그렇지만 우리 글로 써야만 서정적 느낌을 제대로 살릴 수 있다는 점을 그들은 알고 있었다. 사대부들의 언문 작품들이 줄을 잇게 되는 까닭이다. 언문에 대한 사대부들의 인식 변화가 크게 일고 있었다.

가사문학으로는 송강 정철을 들 수 있다. 정철은 조선 중기 명종과 선조 시대에 활약했던 문신이다. 서인 쪽의 중추적 인물이던 그는 소신 있는 문신이었다. 그는 또한 풍류와 가사문학의 대가였다. 언문으로 쓰인 '관동별곡'과 '사미인곡', 그리고 '속미인곡'과 '성산별곡'은 그의 대표작이다. 정철은 이외에도 많은 언문 시조를 남기고 있다.

언문과 관련해서 빼놓을 수 없는 인물이 허균이다. 장원급제를 두 차례나 한 조선의 천재이자 비운의 정치가, 사상가였다. 그는 최초의 언문 소설『홍길동전』을 썼다. 신분 차별이나 탐관오리의 부패 등 당시의 시대적 모순을 통절하게 그의 소설을 통해 비판했다. 유감스럽게도 홍길동전의 원본은 전해지지 않고 있다. 내용과 표현, 등장인물 등에서 차이가 있는 후대의 여러 홍길동전이 전해오고 있을 뿐이다. 허균이 저자라는 점에 대해서도 학계 일각에서 의문이 제기되고 있지만, 다수의 학자는 이를 받아들이지 않는다.

언문의 예술적 표현과 가치를 발현시킨 인물도 있다. 그가 바로 윤선도다. 당쟁의 소용돌이에서 굽힐 줄 모르는 소신 때문에 그는 '벼슬길이 유배길'이라는 얘기가 있을 정도로 25년의 오랜 유배 생활을 보냈다. 그의 자연 친화적 언문 시조들은 한자로는 표현할 수 없는 서정성을 담고 있다. 그래서 그는 송강 정철과 함께 조선 시대의 언문 가사문학에서 쌍벽으로 평가받는다. 그의 대표작으로는 '수, 석, 송, 죽, 월'을 벗으로 표현한 '오우가', 일년 춘하추동의 4계절에 각 10수씩 40수의 가사를 엮은『어부사시사』를 들 수 있다.

서포 김만중 또한 언문 문학사에 큰 업적을 남긴 인물이다. 그 역시 문과 장원급제를 한 인물로 실력과 소신의 문신이었다. 그는 숙종 14년인 1688년, 장희빈의 아들 세자 책봉에 반대하여 남해로 귀양을 떠났다. 힘든 귀양살이의 어려운 처지에서 자신의 소신을 담은 소설이나 늙은 모친을 위로하기 위한 소설을 씀으로써 언문 창달과 보급에 크게 기여했다. 그의 대표작은『사씨남정기』와『구운몽』이다.

'남정기'라고도 불리는 『사씨남정기』는 숙종과 인현왕후, 그리고 장희빈의 관계를 그리면서 인현왕후를 폐비시키고 장희빈을 왕비로 맞이한 것은 잘못된 것이라는 점을 지적한 소설이다. 안타깝게도 언문본은 현재전해지지 않는다. 다만 그의 종손인 김춘택이 한문으로 번역한 것을 다시 한글로 재번역한 것이 전해지고 있다.

조선 중기를 거쳐 후기로 접어들면서 언문의 위력은 점차 더해갔다. 한자와 한문은 사대부들이 자신들의 신분을 과시하는 수단으로 머물러 있었지만, 언문은 꾸준히 자기 변신을 시도하면서 점차 백성들로부터 사랑받는 글로 변모했기 때문이다.

언문으로 쓰인 수많은 이야기책과 소설들이 나오고 시조들이 나왔다. 저자들도 사대부들은 물론이고 중인이나 양민, 심지어는 천민에 이르기까지 이런저런 글들을 썼다. 중인 이하의 사람들이 쓴 것은 야담이나 민담, 설화, 음란성 얘기, 사건, 풍자 등을 소재로 쓴 것들이 주를 이루었다. 글의 형식은 산문 형식을 빌려 쓴 것이 대부분이었다. 저잣거리에는 이런 글들 가운데 인기를 끌 만한 것들을 모아 파는 사람도 등장했다.

언문으로 된 소설, 시조, 번역 서적이 나오기 시작하자 요즘으로 치면 도시대여점이라고 할 수 있는 '세책점'이 등장하여 인기를 끌었다. 책값이 비쌌기 때문에 대여비를 받고 책을 빌려주기도 했고, 싸구려 이야기책들을 팔기도 했다. 사대부 양반들의 전유물이다시피 했던 책을 중인 이하의 민초들도 자연스럽게 이용할 수 있게 된 것이다. 언문에 의한 문화의 창달과 보급, 백성들의 지적 수준이 개선된 것은 물론이었다. 세종이 바랐던 대로 백성들이 깨어나기 시작한 것이다.

'전기수'라는 직업도 등장했다. 책을 읽어주는 사람이다. 소설이나 이야기책을 사람이 많이 다니는 길목이나 저잣거리에서 구수하고 실감 나게 읽어주면서 돈을 받았다. 노모를 모시고 있는 자식들은 전기수를 집으로 불러 돈을 주고 노모를 위해 책을 읽어주기도 했다. 양가집 부인들도 계 모임이나 잔치 때 전기수를 불러 재미있는 책을 읽도록 했다. 밑천 들이지 않고 제법 쏠쏠하게 돈을 벌 수 있는 직업이었다.

이런 과정을 거치면서 언문은 꾸준히 자기 변신을 시도하고 개선의 길을 걸었다. 그렇게 널리 읽히고 쓰이면서 백성의 글이 되었지만, 나랏글의 지위는 1894년 갑오개혁에 이르러서야 인정받을 수 있었다. 그때부터 언문을 '국문' 즉 나랏글로 하고 공문서에 사용하도록 조치했기 때문이다.

세종 25년, 1443년에 만들어지고 3년여 동안 다듬어진 끝에 세종 28년 1446년에 훈민정음이란 이름으로 반포된 언문이 450년의 긴 세월 동안 먼 길을 돌고 돌아 제 자리인 나랏글의 자리를 공식으로 인정받은 것이다.

언문은 독립운동가이자 어문학자인 주시경에 의헤 한글이란 이름을 새로 얻게 된다. 1908년 그의 주도로 만들어진 국어연구학회에서 '배달말'이란 이름을 얻었다가, 5년 후인 1913년 4월에 '한글모'란 이름을 얻었다. 그 이후부터 '한글'이란 이름이 널리 통용되었다. 한글의 '한'은 '하나'와 '크다'라는 의미를 지니고 있다.

주시경은 국문 전용론자로서 한글을 통해 민중을 계몽하고 민족의식을 고쳐야 한다고 생각했다. 한글이 민족 정체성의 토대이자 핵심이라는 그의 주장에 서재필이 의기투합했다. 1896년 4월 7일 서재필이 독립신문을 창간한 배경에는 두 사람의 그와 같은 의기투합이 있었다.

"나라를 보존하며 일으키기 위해서는 나라의 바탕을 굳건하게 하여야 하며, 나라의 바탕을 굳건하게 하기 위해서는 나라의 말과 글을 존중하여 써야 한다. 모든 문명 강국들이 자기 나라의 문자를 존중하고 사용하는 것도 그 까닭이다."

주시경의 지론이다. 주시경의 이 지론은 이미 5백 년 전에 온갖 고심을 다 하면서 언문을 창제했던 세종이 내다본 먼 지평, '독립된 자주 문화 문명국'의 그림 안에 이미 있던 것이다.

제6장

넘볼 수 없는 나라

국방력 없이는 나라도 없다

　세종은 훈민정음 창제 외에도 교육과 학문, 법령과 제도 등에서 다른 군주와 견줄 수 없는 훌륭한 치세를 했다. 이 때문에 세종을 문치의 업적만 평가하는 경향이 있는데 군사 문제와 국방력 강화에서도 세종만큼 크게 관심을 기울인 왕이 없다. 국방력은 세종이 꿈에도 그린 자주국가의 큰 지평에서 빼놓을 수 없는 핵심 과제 가운데 하나였다.

　당시의 한반도 주변 정세는 조선이 외침을 걱정해야 하는 상황이 아니었다. 국경을 마주한 명나라와는 조선이 사대를 앞세우고 머리를 숙이는 한 명나라가 침략할 어떤 이유도 없었다. 왜구들이 좀도둑처럼 간혹 귀찮게는 했지만, 바다 건너 일본도 우리를 침략할 상황이 아니었다.

　국방과 관련하여 별 위협이 없던 시절에 왕이 된 세종이 국경 문제를 비롯해서 군사력 증강에 큰 관심을 둔 이유는 얼른 이해하기 힘들다. 세종은 마치 전쟁이라도 할 것처럼 군사력에 매우 집착했다. 재위 내내 그랬다. 왜 그랬을까? 무관 양성과 병법 교육, 군사훈련인 강무, 화포와 전함 개발, 국방 회의, 4군 6진의 개척 등은 세종의 일관된 집념의 산물이다. 국방력 강화에 보인 세종의 이런 집념을 대부분의 신하들은 이해하지 못했다.

세종은 국방력을 길러 어떤 나라의 간섭이나 침략을 물리칠 수 있는 자주독립의 조선을 그리고 있었다. 이런 해석 외에는 세종이 국방과 군사력 증강에 매달린 노력을 달리 설명할 길이 없다. 훈민정음 창제를 위해 고심하면서 그렸던 백성과 나라의 모습도 바로 자주 조선이었다.

세종 1년 5월 5일 명나라를 향해 가던 50여 척의 일본 함선들이 서해안, 지금의 충청남도 서천인 비인현 도두음곶에 이르렀다. 식량을 구하기 위해 우리 병선을 에워싸고 불살랐다. 12일에는 황해도 해주 연평곶에 왜선 7척이 나타나 노략질을 했다.

조선의 수군들은 전함이 낡고 수가 적어 육지로 침입하기 전에 바다에서 왜구들을 격퇴하지 못했다. 이때 세종의 해군에 대한 이해도와 관련하여 재미있는 일화가 실록에 나온다. 대마도 정벌을 불과 며칠 남겨 놓은 세종 1년 5월 14일의 일이다. 세종이 몇몇 신하들과 마주 앉아 왜구에 관한 얘기를 하고 있었다. 이때 세종은 해군과 관련하여 매우 충격적인 발언을 한다.

"각 도와 포구에 병선이 있지만, 그 수가 많지 못하고 낡아 적들에게 변을 당하는 경우가 많으니 차라리 전함을 두는 것을 폐지하고 육지의 방비를 더 튼튼하게 하면 어떻겠는가?"

왜구의 함선들은 몰려다니기 때문에 수가 많고 조선의 각 포구에 배치되어있던 병선의 수는 적고 낡기까지 했으니 제대로 대항하기 힘든 상황이었다. 차라리 병선에 쓸 군사력을 육지에 배치하고 육지에서 왜구를 막으면 더 효과적이지 않겠느냐는 취지였다. 그렇지만 매우 위험한 발상이었다.

판부사 이종무와 찬성사 정역, 호조참판 이지강이 화들짝 놀라 이구동성으로 말했다.

"우리나라는 바다에 접해 있으니 전함이 없어서는 안 될 일입니다. 고려 말년에 왜적이 자주 침노하여 경기까지 이르러 큰 혼란이 있었으나, 전함을 배치한 후에야 안정되었고 백성이 안도하였나이다."

세종이 왜 이런 발상을 했는지는 알 수가 없다. 더군다나 해군이 주축이 된 대마도 정벌을 불과 며칠 앞둔 시점에서 한 발언이다. 뒤에 적는 바와 같이 국방과 국경 문제에 대한 세종의 신념은 확고했다. 그래서 병법서까지 자력으로 연구했다. 그런 세종이지만 즉위 초에는 전술과 전략에 대한 전문성이 부족하지 않았는가 하는 생각이 든다.

당시 상왕인 태종이 세종에게 양위를 한 상태였으나 국방과 외교에 관한 모든 권한은 태종이 계속 쥐고 있었다. 세종으로서는 국방 문제에 접근할 여지가 아예 봉쇄된 시기였다.

대마도 일대에는 해적단이라고 할 수 있는 왜구 조직들이 많았다. 그들 가운데는 대마도 출신도 있었지만, 일본 각처에서 떠돌이 생활을 하던 낭인들도 많았다. 이들은 패거리 조직을 만들어서 육지의 식량을 약탈하고 상선을 공격하여 해적질을 일삼았다.

조신 초에 북쪽으로는 여진, 남쪽으로는 왜구로 자주 시달림을 당했다. 고려 말부터 왜구들의 출몰이 잦았기 때문에 적잖은 골칫거리였다. 이에 태종은 세종 1년에 왜구의 본거지를 소탕하기 위해 이종무를 삼군도체찰사로 삼아 대마도를 정벌했다. 이종무는 대마도 정벌에서 큰 공을 세웠다. 그는 대단한 무인이었다.

왜구보다 더 골치 아픈 문제는 함길도와 평안도의 북방 변경지대를 자주 침범한 여진족이었다. 그들은 수시로 출몰해서 민가의 의류나 이불, 식량을 약탈하고 방화를 일삼았다. 그렇지만 여진족들도 조선에 큰 위협을 가할 정도의 세력은 아니었다.

전쟁의 위협이 없었기 때문에 무장 출신인 태조나 태종 때에도 크게 군사력을 키우지 않았다. 잠시 명나라와의 갈등으로 정도전이 요동정벌론을 주장했지만, 현실로 이어지지는 않았다. 명나라와는 치욕적인 사대의 관계를 맺었기 때문이었다.

세종 4년 5월 10일 상왕인 태종이 세상을 떴다. 세종이 국방과 외교에 관한 권한을 넘겨받은 시점이다. 그동안 상왕의 그늘이 워낙 커서 국정에서 세종이 자유롭게 운신할 수 있는 여지는 매우 좁았다. 국방과 외교 문제는 더욱 그랬다. 상왕이 세상을 뜬 후에야 비로소 세종이 국방 문제에 관여할 수 있었다.

병권을 넘겨받으면서 세종은 병서를 공부했다. 당시에 유명한 병서인 무경칠서를 숙독하면서 병법을 연구했다. 무경칠서는 단순 병법만이 아니라 치도까지 다룬 『육도삼략』, 적을 유인하고 속이는 『손자병법』, 이순신 장군이 애독했다는 정공법 중심의 『오자병법』등이다. 이순신 장군의 상징적 휘호인 '필사즉생 필생즉사'는 바로 이 병서에서 나온 말이다.

그 외 춘추시대 제나라를 지키기 위해 사마양저 혹은 전양저가 쓴 부국강병책인 『사마법』, 진나라 때의 황석공이 써서 장량에게 주고, 장량은 이 병서를 토대로 유방을 도와 항우를 꺾고 승리케 했다는 병법서 『태공병법』 혹은 『황석공삼략』, 춘추전국시대에 위료자가 쓴 위장과 속임수 중심의 병법서인 『위료자』, 그리고 당나라의 이정 혹은 이위공이 태종 이세민과의 대화 형태로 병법을 구성한 『이위공문대』 등의 병법서를 자력으로 공부했다. 한반도에서 유사 이래, 이처럼 병법서를 공부한 왕은 세종이 유일하다. 시대를 초월한 걸출한 군주였음은 이런 사실에서도 확인된다.

세종 4년 윤12월 1일의 기록을 보면, 당시 무관의 임용 과거는 계절마다 실시되었다. 일 년에 네 번이나 시행된 것이다. 주로 앞에서 설명한 무경칠서를 중심으로 병법과 역사서인 춘추, 그리고 춘추전국 시대부터 손무를 비롯한 명장들의 전략을 분석한 『장감박의』를 중심으로 출제되었다.

세종은 자주국방의 조선을 위해 무엇이 필요한가를 꿰뚫어 보고 있었다. 그래서 의정부 육조의 문관 중심 체계에서 홀대받는 무관의 사기진작을 원했다. 그러려면 무관들의 자질과 실력을 개선하는 것이 중요하다고 판단했다. 그래서 무과 과거제의 개선을 시도한 것이다.

무과의 수준을 높이기 위해 무과시험에도 사서와 오경을 첨가했다. 필수가 아니라 선택이었다. 무과 응시생들 가운데 희망할 경우, 사서와 오경에 대한 시험을 별도로 치게 하고 그에 따라 가산점을 주었다. 무과를 준비하는 사람들이 자연 병서 외에도 경서를 읽을 수밖에 없었다. 이런 조치는 문과에만 관심을 갖던 사대부 자제나 유생들이 무과에도 관심을 갖는 배경이 되었다.

무과의 사기진작을 위해 문과와 마찬가지로 지역을 중심으로 실시되는 초시와 초시에 합격한 자들을 대상으로 한양에서 실시하는 복시 또는 회시를 보게 했다. 복시에 합격한 자들은 최종적으로 임금의 참관 아래 실시되는 전시를 보게 함으로써 무과에 대한 차별을 없앴다. 문과의 시험과 동일하게 만든 것이다.

당시 병조의 핵심기관으로 훈련관이 있었다. 훈련관은 군사의 무예와 무기, 병법과 전투의 진용을 연구하고 훈련시키는 기관이다. 무과 과거를 시행하는 것도 소관 업무 중 하나다.

세종은 4년 윤12월에 훈련관에 무경습독관제를 도입했다. 병서습독관제라고도 불린다. 세종은 무경칠서를 숙독한 후, 병법의 중요성을 깊이 인식하고 있었다. 무경습독관은 전술과 전략에 관한 병서를 집중적으로 연구하고 무관이나 군사들에게 병법 강의를 담당하는 교관들이다. 정원을 20명이나 두었다. 한 기관에 같은 품계의 관직을 그처럼 많이 두는 것은 당시에 다른 부서에서 찾아볼 수 없는 매우 파격적인 조치였다.

병법 없는 전투는 승패를 모르고 싸우는 전투다. 『손자병법』에 '승병선승이후구전, 패병선전이후구승'이라는 문구가 나온다. 이기는 장수는 먼저 이길 수 있는 구도와 전략을 마련해놓고 싸우는 것이고, 패장은 일단 싸우면서 이겨보려고 한다는 것이다. 승장과 패장의 차이다. 병법에 따라 이기는 전략을 세워 싸워야 함을 강조한 것이다. 세종은 어떻게 전략을 세워야 이기는가를 병서를 통해 스스로 연구했다.

세종은 간혹 병서습독관들과 병법에 대해 토론하기도 했다. 세종 6년 8월 30일 실록을 보면, 세종이 훈련관의 병서습독관들을 편전에 모이게 하고 직접 강의하는 기록이 나온다. 병서에 능통한 병서습독관을 상대로 병서를 강의했다는 것은 매우 놀랄만한 일이다. 세종의 병법에 대한 관심과 이해도가 어느 정도였는지를 짐작할 수 있는 대목이다.

문관 출신으로 함길도 도절제사를 맡아 6진을 개척하고 있던 김종서에게 수시로 친서를 통해 병법을 훈수했던 것도 바로 그런 실력이 뒷받침됐기 때문에 가능한 일이었다.

조선이 사직 5백 년 동안 약체를 면하지 못한 데는 몇 가지 이유가 있다.
첫째는 자주국방이라는 개념이 존재하지 않았다. 세종을 제외한 어떤 왕도 자주국방이라는 개념조차 인식하지 못했다. 제2의 도읍 화성을 건설한 정조가 그런 면에서는 어느 정도 평가받을 만한 군주다. 나라를 자력으로 지킬 수 있는 군비 증강을 포기하고 사대주의에 젖은 현실 안주가 조선을 병약하게 만들었다.

둘째는 문관 중심의 국정 운영이다. 문관은 선비나 학자로 우대받고 무관은 경시되곤 했다. 그도 그럴 수밖에 없었던 것은 자주국방이란 개념 자체가 존재하지 않은 상황에서 무관이 제대로 된 역할이 있을 수 없었기 때문이다.

셋째는 세종과 같은 독창적이거나 진취적 기상을 다른 왕들에게 찾을 수 없다는 점이다. 사대라는 틀을 벗어나지 못한 군신들은 실질을 외면하고 명분에 매달린 형식논리로 국정을 논하며 조선을 유약하게 만들었다. 이는 유교적 문화와 환경의 영향도 있었지만, 사대라는 큰 틀에 갇힌 채, 시대의 흐름을 읽고 대처할 능력이 없던 탓이다.

넷째는 농공상을 천시함으로써 실용주의가 성장할 수 없었기 때문이다. 실질적으로 국리민복을 취할 수 있는 길이 원천 봉쇄되어 있었다고 해도 과언이 아닌 풍토였다. 따라서 세종 이후 조선의 역사는 세종이 내다보고 가고자 했던 길과는 방향이 크게 달랐다. 넓은 길을 보지 못하고 작은 샛길로 들어선 것이다.

세종은 문과와 무과를 차별하지 않고 인재를 등용했다. 심지어 문과에 합격하고 무과에 응시하는 사람도 있었다. 이조에서 두 과의 구분이 없어지고 직제에 혼선을 초래한다고 반대했다. 그러나 세종은 문과에 합격하고 무과에 응시하거나 무과에 합격하고 문과에 응시하는 것을 허용했다. 그리고 문무 두 과에 합격한 사람들을 더 우대했다.

문신들을 대상으로 중월부시라는 제도가 있었다. 고려 때 있다가 사라진 것을 태종이 다시 도입한 것이다. 문신들에게 지속적으로 학문을 권장하기 위한 취지를 지니고 있다. 봄과 가을, 혹은 4계절의 가운데 달에 3품 이하 6품 이상의 문신들을 의정부에 불러서 시문을 짓게 한 것이다. 과거는 아니었지만, 1등을 한 사람에게는 승진의 특전을 주었다.

세종은 중월부시의 취지를 무과에도 응용했다. 무과에 합격한 자들이 무관에 임용된 후에도 정기적으로 무예를 시험하도록 했다. 여기서도 1등을 하는 자에게는 승진의 기회를 주었다. 무관들이 병서와 무예를 꾸준히 연마할 수 있는 장치였고, 유능한 무관들을 강군의 근간으로 삼기 위함이었다.

세종은 무과에 합격한 이들을 궁궐이나 한양의 기관에서 근무하는 경관직을 경험하게 했다. 경관직은 내직이라고도 불린다. 그리고 경관직을 마치면 변경이나 지방으로 보내 전투에 대한 적응력을 기르게 했다.

　군 인사도 다른 인사와 마찬가지로 공정성이 핵심이다. 실력을 갖추고 군인정신에 투철한 자들이 승진하고, 주요 보직에 배치되어야 함은 상식이고 원칙이다. 이는 군의 사기진작으로 이어진다. 무과 시험, 병서와 병법에 대한 이해도, 내직의 경험, 변방에서의 기여도 등을 토대로 웬만한 무관들의 실력을 잘 알고 있던 세종의 인사는 공정할 수밖에 없었다. 대신들의 정실에 의한 인사는 생각할 수도 없었다.

화포 개발, 28년의 집념

    세종이 강한 군대와 국방력을 위해 얼마나 큰 관심과 열정을 보였는지는 군기감에 대한 기록을 보면 알 수 있다. 군기감은 태조 원년 7월에 설치된 기관으로 군의 무기와 전투복인 융장, 기치, 그리고 군대에서 사용하는 각종 용품을 제조하고 관리하는 일을 담당했다. 해군을 위해서는 따로 사수감을 두고 전함을 만들거나 수리하고 군량을 운반하는 임무를 맡겼다. 군기감은 세조 12년 1월에 군기시로 명칭을 바꿔 고종 때까지 유지된다.

    군기감에 관한 실록의 기록을 보면, 역대 왕들과 비교할 수 없는 세종의 관심이 나타난다. 세종이 강한 군대와 국방력에 얼마나 큰 관심을 두었는가를 극명하게 보여준다. 군기감에서 활이나 창검 등 재래식 무기를 만들기도 했지만, 세종의 관심은 첨단무기인 화기나 화포 개발에 있었다.

    세종은 군사훈련도 정기적으로 실시했다. 당시의 대표적 군사훈련 가운데 하나가 '강무'였다. 강무는 사냥의 형식을 빌려 군을 배치하고 훈련하는 군사훈련이었다. 세종은 강무에 직접 참여했다. 『국조오례의』에 자세히 소개된 것을 보면 의식과 훈련 절차는 매우 엄격했다.

병조에서 군사를 동원하고 산이나 들판에서 군사 배치와 훈련, 사열과 진법 등을 훈련하면서 사냥에 적용했다. 서울에서는 계절마다 강무를 실시했고, 지방에서는 봄과 가을에 두 차례 실시했다. 세종은 거의 매번 강무에 참여했다. 기록에 의하면 가장 많은 강무를 실시하고 참여했던 왕이 세종이다.

화포에 관한 기록도 세종 때의 실록에 단연 많이 등장한다. 세종 때, 116번의 기록이 나오고, 임진왜란과 정유재란을 치른 선조 때 75번, 그리고 북벌론을 얘기했던 효종 때 겨우 5번의 기록이 나온다. 그리고 정조 때 17번의 화포에 관한 기록이 있다.

세종 때의 기록은 주로 화포개발, 화포시험에 관한 지시이다. 선조의 경우는 임진왜란과 정유재란을 겪으면서 전투에서 사용했던 기록이 중심이다. 무능했던 선조가 화포개발과 실험에 관심을 가졌을 까닭이 없다.

조선 왕 가운데 재위 기간이 가장 길었던 왕은 52년의 영조다. 영조 때, 화포에 관한 기록이 겨우 2번 나온다. 그것도 신하들의 상소에 나온 내용이고, 영조는 단 한 번도 화포 개발을 얘기한 적이 없다. 이런 군주가 52년의 세월을 우물 안 개구리 안목으로 왕좌에 있었던 것은 조선을 넘어 한민족 전체의 큰 불행이었다. 서구 열강들이 새로운 과학기술과 문물로 세계사의 변곡점을 찍던 시기에 조선은 미몽에서 깨어나지 못하고 있었다.

세종이 훈민정음에 매달리면서도, 28년 동안이나 그토록 화포에 매달린 까닭은 과연 무엇이었을까? 최무선의 아들과 손자를 군기감에 두고 종신토록 화약과 화포개발에 전념케 한 것은 무엇을 위함이었을까? 자주국방을 위한 세종의 웅지를 듣지 않고는 달리 설명할 길이 없다. 자주국방이 갖춰지지 않은 자주국은 없다. 세종의 신념이었다.

세종은 매년 광연루, 한강 상류, 근정문 등에서 화포 발사를 직접 참관하면서 그 기능을 점검했다. 세종은 수시로 화포 발사 시험장에 세자를 데리고 갔다. 맨 처음이 세종 7년 11월 27일이었다. 세자 나이 12살이었다. 한 달이 채 지나지 않은 12월 17일에는 두무포 강변에서 화포 발사 시험이 있었다. 세종이 세자에게 물었다.

"화포가 왜 필요한지 아느냐?

"네. 적을 물리치기 위함이옵니다."

"적이 누구더냐?"

"북방을 어지럽히는 야인이나 왜구들이옵니다."

"큰 적을 보지 못하는구나."

"큰 적이라니 어디에 있사옵니까?"

"아직 네 눈에는 보이지 않겠지."

세종은 답답했다. 야인이나 왜구는 작은 적에 불과했다. 세종이 얘기하는 큰 적은 어느 나라 어느 족속인가! 조선을 윽박지르고 이것저것 요구하고 간섭하는 중국 명나라가 바로 큰 적이었다. 세종은 명나라가 적이라고 말해주지는 않았다. 세자가 이해하기 어려운 얘기였을 것이다. 좀더 성장하면 스스로 깨닫게 되리라 여기고 말문을 닫은 것이다.

세종실록 27년 3월 30일 화포에 대한 세종의 집념을 알 수 있는 술회다.

"내가 왕위에 있은 지 28년 동안 화포에 큰 관심을 두었다."

이날의 기록은 화포 개발에 대한 세종의 회고와 생각을 길게 적고 있다. 핵심을 정리하면 다음과 같다.

첫째는 화포에 대한 세종의 관심과 집념이다. 재위 28년 동안 계속해서 화포 개발에 관심을 크게 가졌음을 적고 있다. 오직 부강한 나라와 잘사는 백성에 관한 것 외에 다른 어떤 문제에 대해서도 28년이란 긴 세월 동안 지속적으로 세종이 관심을 기울인 문제는 사실 없다. 훈민정음 창제에도 그토록 오랜 시간이 걸린 것은 아니었다.

둘째는 이천이 말한 내용이다.

"현자화포는 수가 많아서 경내에 퍼져 있는 것이 1만가량이나 되니, 이제부터는 더 만들지 않으면 그만입니다. 이미 만들어 놓은 것을 깨뜨려 버리는 것은 불가합니다."

현자화포는 길이가 약 80센티미터로 몸체는 대나무 마디를 본뜬 모양이다. 세종 시절, 이 화포가 무려 1만 개나 되었다고 하니 그 수가 참으로 놀랄만하다. 세종의 화포에 대한 집념과 지원, 대규모 실전 배치를 읽을 수 있는 숫자다.

최무선이 화포를 만든 이후, 세종 초기까지 잡다한 화포가 있었다. 규격이 가장 큰 대장군포를 비롯하여 이장군포, 삼장군포, 육화석포 등 이십 종류의 화포와 화기가 있었다.

세종은 잡다한 화포들을 정리하고 개량했다. 주전 화포로는 4가지가 있었다. 제일 큰 것부터 천자화포, 지자화포, 현자화포, 황자화포다. 화포나 총통이나 같은 의미의 명칭이다. 세종이 주도해서 만든 화포들은 별로 개량됨이 없이 150년 후인 임진왜란 때에도 사용되었다. 세종 다음의 왕들이 이런 화포들을 꾸준히 개발했다면, 임진왜란이 과연 일어날 수 있었을까? 왜적이 침범한 이후 전투는 어떻게 전개되었을까? 참으로 안타까운 조선의 역사였다.

셋째는 세종의 화포에 대한 이해와 설명이다.

"말탄 군사가 활을 잡고 화살을 띠고 달리면서 내리쏘기를 비가 퍼붓듯 하면, 활과 살의 이용 가치가 극치에 달하는 것인데, 화전은 한 사람이 가지는 것이 열 개에 지나지 못하며, 한 번 쏘면 맞붙어 싸울 때는 다시 쓸 수가 없으니, 만일 다시 쓰려면 먼저 화약을 재고 다음에 방아쇠를 걸고, 그다음에 받침목을 넣고 마지막으로 화살을 꽂아야 쏠 수가 있게 되어서 그 쓰기가 매우 어렵다. 그러나 화살의 힘이 맹렬하여서 만일 여러 군사들 속으로 쏘면 화살 하나가 3, 4인을 죽일 수 있으므로 적군이 무서워하니, 공격하는 싸움에 유리하기는 천하에 화전과 같은 것이 없다."

화전은 화포에 장착하여 발사하는 포탄식 화살을 말한다. 세종은 화포의 취약성과 강점에 대해 충분히 이해하고 있었다. 근접 사격에서 지니는 취약점을 보완하기 위해 세종은 군기감에 그 개선책을 찾도록 지시했다.

"내가 군기감에 명하여 대장간을 행궁 옆에다 설치하고 화포를 다시 만들어서 멀리 쏘는 기술을 연구하게 하였더니, 이전의 천자화포는 4~5백 보를 넘지 못하였는데, 이번에 만든 것은 화약이 극히 적게 들고도 화살은 1천3백여 보를 가고, 한번에 화살 4개를 쏘매 다 1천 보까지 가며, 이전의 지자화포는 5백 보를 넘지 못했는데, 이번 것은 화약은 같이 들어도 화살이 8~9백 보를 가고, 한 번에 화살 4개를 쏘매 다 6~7백 보를 갔다. 이전의 황자화포는 5백 보를 넘지 못했는데, 이번 것은 같은 양의 화약으로 화살이 8백 보를 가고, 한번에 화살 4개를 쏘매 다 5백 보에 이르렀으며, 전의 가자화포는 2~3백 보도 가지 못했는데, 이번 것은 역시 같은 양의 화약으로 화살이 6백 보를 가고, 한번에 화살 4개를 쏘매 다 4백 보를 갔다. 이전의 세화포는 2백 보를 넘지 못했는데, 이번 것은 화약은 같이 들어도 화살이 5백 보에 미치게 되었다. 또 이전의 여러 화포들은 화살이 빗나가서 수십 보 안에서 떨어지는 것이 태반이었는데, 이번 것들은 화살 하나도 빗나가는 것이 없다."

대단한 진전이다. 일보를 70cm로 환산하면, 사거리가 천자화포는 거의 1km나 된다. 황자화포의 사거리는 600m 정도 되니 적들이 다가서더라도 충분히 재충전 발사할 수 있게 개량했다. 그리고 목표물을 맞히는 탄도의 정확성까지 갖추게 된 것이다.

세종의 화포 개발에 대한 집념은 멈출 줄을 몰랐다. 개량된 화포들에 만족할 만도 했지만, 세종은 거기서 멈추지 않았다. 세종의 지시는 계속된다.

"이번 것들이 비록 개선되었지마는 더욱 정밀한 것을 구하기에 바빠서 아직 제도를 정하지 못하였다. 내 이제 왕위에 있은 지 28년 동안에 화포에 관심을 두고 자주자주 강론하고 연구하여 제도를 많이 고쳤더니, 여러 신하들이 볼 때마다 잘된 양으로 칭찬한다. 오늘날 새로 만든 것에 비하면 이전의 화포들은 모두 못 쓸 것이 되니 곧 깨뜨려 버림이 마땅하다. 이전에는 이렇게 개량할 바를 모르고서 만든 것을 가장 잘된 것으로 여겼으나, 이제는 그것이 우스운 일임을 알게 되었다. 따라서 뒷날에 오늘 것을 볼 때 오늘날에 전날 것을 보는 것과 같게 될 것이다."

지극히 옳은 말이다. 비록 성능이 개량된 화포가 나왔지만, 뒷날에 새로 나올 것을 생각하면 오늘 개량 화포에 만족해서는 안 된다는 얘기다. 그래서 세종은 군기감의 제도를 바꾸고 화포 개발에 전념할 인재를 새로 발굴했다.

"그래서 화포 개발을 위해 제도를 많이 고쳤다. 정3품이나 종3품 중에서 나이 40세 미만인 자로 한 사람을 구해서 군기감 제조로 임명하여 외직으로 내보내지 말고 그 자리에 종신하게 하라. 그러면 군기감 일을 계획하는 것이 반드시 다른 사람과 같지 않고 크게 유익이 될 것이다. 최공손은 그 조부 최무선의 업을 이어서 화약이나 화포에 마음 쓰는 것이 필시 남보다 나을 것이다. 역시 그 벼슬을 올려 군기감에 종신하도록 하면 반드시 유익함이 될 것이다."

의정부에서 대호군 박강을 천거했다. 세종은 그를 종신직 군기감정으로 임명하면서 정3품 동훈대부로 한 계급 올려 임명했다. 당시로서는 파격이었다.

세종이 28년 동안이나 화약무기 개발을 위해 지속적인 관심을 가지고 뒷받침한 사실을 실록은 정확히 기록하고 있다. 국방에 아무런 문제가 없던 당시의 상황이다. 역시 같은 질문이다. 세종은 왜 그렇게 화포의 성능개발에 매달렸던 것일까?

군기감의 책임자로 40세 미만인 젊은 사람을 임명해서 종신직으로 했다. 종신토록 화포 제작 책임을 맡고 전념하게 한 것이다. 최무선의 손자인 공손을 종신토록 군기감에서 화약과 화포 제작에 기여하도록 조치한 것도 역시 같은 취지다. 세종 이후에도 이런 노력이 계속되었다면, 조선은 어떤 역사의 길을 걸었을지 궁금하다.

세종이 멀리 내다본 지평을 안타깝게도 뒤를 이은 아들과 손자인 문종이나 단종, 세조 등 그 누구도 보지 못했다. 세종실록 이후 최무선의 손자, 최공손에 대한 기록이 단종실록에 나온다. 세종이 군기감에서 종신토록 화약과 화포 개발에 전념토록 지시했던 최공손은 군기감을 떠나 공조에서 일하고 있었다.

단종 1년 7월 8일 실록에 의하면, 최공손은 공조좌랑으로 왕실 묘역의 석공 공사장에 있었다. 기한 안에 일을 마치지 못하자 의금부에서 조사받는 기록이 나온다. 그가 공조좌랑으로 제대로 역할을 못 한다는 지적도 기록에 나온다. 화포 개발하는 일, 세종이 종신토록 화포를 개발하도록 그에게 임무를 부여한 군기감을 떠난 것이다.

세종이 그렸던 자주국방과 자주독립 조선의 꿈은 세종과 더불어 영면으로 빠지고 말았다. 천고일제의 영군은 조선에 두 번 찾아오지 않았다. 밥값조차 못한 왕들이 즐비했을 뿐이다. 슬픈 운명의 조선이었다.

세종 때 조선의 화약과 화포 제작기술은 이미 중국을 능가한 것으로 보인다. 세종 11년 1월 1일과 15일, 다음 해인 12년 1월 12일 기록을 비롯해서 관련 기록이 여러 차례 나온다.

세종은 중국 사신이 올 때마다 그들과 함께 화포 발사를 참관했다. 중국 사신들이 화포의 위력을 보고 놀라서 경탄한 기록이 나온다. 대포 앞에서 소총의 위력을 과시할 수는 없는 일이다. 그만큼 화포 제작술에서 중국을 앞섰고 자신이 있으니까 중국 사신들에게 보여줄 수 있었다. 세종이 굳이 화포 발사를 명나라 사신들에게 보여준 속내는 무엇이었는지 궁금하다. 이 말이 아니었을까?

　'네놈들이 대국이라고 함부로 까불지 마라. 몇 년 후에는 알게 될 것이다!'

국경선을 세우고 지키다

지금 중국의 동북 3성인 흑룡강성과 길림성, 요녕성 일대에 살고 있던 여진족은 당시 명나라의 통치권 밖에 있었다. 만주족이라고도 일컬어지는 이들은 부족 별로 흩어져 살고 있었다. 올량합, 올적합, 오도리, 건주 부족들이 압록강과 두만강 가까운 지역에 살면서 자주 조선을 침탈했다.

세종 4년 9월과 10월 초에 경원부에 이들이 침입해서 약탈을 했다. 경원부는 지금의 함경북도 경성에서 두만강 하류에 이르는 넓은 지역을 관할하고 있었다. 세종은 의정부 삼정승과 육조의 참판급 이상이 참여하는 대규모 대책회의를 소집했다. 부왕인 태종이 승하한 이후 세종이 군권을 실질적으로 관장하고 소집한 최초의 국방 회의였다. 침입한 야인들의 수는 수백여 명으로 큰 규모는 아니었기 때문에 함길도 도절제사, 경원부 절제사와 부사 등에게 잘 대처하리고 어병을 내리는 것으로 족했을 수도 있다.

여진의 침략에 대한 세종의 인식은 달랐다. 대신들은 여진의 침략을 단순히 전투의 문제로 보았으나 세종은 전투 차원을 넘어 국경의 문제로 생각했다. 당시 조선의 국경선은 불분명했다. 두만강과 압록강 주변을 두고 여진과 전투를 하곤 했다. 조선이 점령하면 조선 땅이고, 여진이 점령하면 여진 땅이었다. 주인이 따로 있는 것이 아니고 점령하는 쪽이 주인이었다.

이를 아는 세종은 당면한 침탈의 문제를 해결하기 위해서 회의를 소집한 것이 아니었다. 회의를 통해 장기적 차원의 국경에 관한 대책을 찾고자 했다. 세종이 말문을 열었다.

"오늘 경들을 부른 것은 야인 침입에 대한 대책과 국경에 대한 문제를 의논하기 위함이오. 경들의 기탄없는 의견을 기대하오."

공조판서를 맡고 있던 명장 최윤덕이 맨 먼저 입을 열었다. 강경론이었다.

"마땅히 군사를 상시 배치하고 성을 쌓고 군량을 비축하여 대비케 하시옵소서."

예조참판 이맹균이 말을 이었다. 유화론이었다.

"군사로만 대처하실 일이 아니옵니다. 필요한 물자를 교역하게 하고 회유하는 것이 필요하옵니다."

후퇴론도 있었다. 이조참판 원숙이 말했다.

"선왕 때도 있었던 일입니다만, 잠시 피하는 것도 한 방책입니다. 척박한 땅이고 지세마저 험준한 곳에 군사와 민가를 두고 지키는 것보다는 뒤로 물리고 때를 보는 것이 필요할 것이옵니다."

강경론과 유화론, 후퇴론을 두고 논의가 계속되었다. 세종이 다시 문제를 제기했다.

"조선의 국경은 어디까지요?"

최윤덕이 다시 나섰다. 역시 명장이었다.

"조선의 국경은 불분명하옵니다. 차제에 국경선을 분명히 할 필요가 있사옵니다."

세종이 말을 받았다.

"바로 그 점이오. 조선의 국경을 분명히 해야 하오. 국경을 넘어 침범하면 지키기 위해 반드시 싸워야 하오. 국경을 분명히 하고 대비를 갖춘다면 저 야인들도 함부로 넘보지 못할 것이오. 지금처럼 네 땅 내 땅 구분이 분명하지 않으면 저들은 계속 올 것이오. 앞으로 두만강과 압록강을 국경으로 삼아 주변을 개척해야 할 것이오. 그리고 국경을 넘으면 마땅히 응징해야 하오."

북방의 국경 문제와 관련해서 세종은 늘 적극적이었다. 압록강 상류와 두만강 하류 지역은 험준하고 척박한 산간벽지로 주민의 생활이 어렵고 교통 또한 편리하지 못한 곳이다. 그런 곳에 야인이 자주 침범하니 그곳을 포기하자는 신하들도 있었다. 태종은 그런 주장을 받아들여 거류민을 이주시키고 군사를 철수한 적도 있었다. 그러나 세종은 달랐다. 땅에 대한 일시적 점유의 문제로 보지 않았다. 국경을 분명히 하는 것이 얼마나 중요한가를 미래의 관점에서 본 것이다.

세종은 해가 바뀐 5년 1월 25일 명장 최윤덕을 평안도 도절제사로, 그리고 안순을 함길도 관찰사로 임명하고 임지로 보냈다. 두 사람 모두 세종의 신임이 두터운 사람이다. 안순에게는 함길도를 지키고 있던 도절제사 이춘생을 뒷받침해서 철저한 방비책을 갖추도록 지시했다. 필요한 무기나 전투복을 충분히 공급할 수 있도록 군기감에도 대비를 지시했다.

조선 개국공신 안경공의 아들 안순은 어려서부터 천재로 소문이 났던 인물로 함길도 관찰사로 부임하여 국방과 구휼로 변방 안정에 큰 공을 세운다.

세종 5년 8월의 일이다. 수천 명의 여진족이 압록강과 두만강 변으로 대거 이주해왔다. 그들은 어린이와 여자를 빼고는 모두 군사들이었다. 보고한 글에 나타난 이춘생의 '잡종'이란 표현이 나온다.

"이 잡종들은 갑옷이나 투구도 쓰지 않고 열도 이루지 아니하고 싸웁니다만, 활을 잘 쏘기 때문에 상대하기가 쉽지 아니하옵니다."

세종은 변경의 장수들로부터 수시로 보고를 받았다. 그리고 노고를 치하하는 친서도 꾸준히 보냈다. 세종처럼 전방의 장수들과 수시로 친서를 내리고 보고를 받은 군주는 조선에 없다. 세종은 술과 옷을 내리기도 했고, 군량을 더 보내 사기를 진작시키기도 했다.

세종 6년 12월 9일 평안도절제사 최윤덕에게 보낸 친서다.

"경이 변방에 간 것이 거의 두 돌이 되었으니, 당연히 교대하여야 할 것이오. 그러나 적임의 장수를 얻기란 진실로 어려운 일이오. 지금 북쪽 국경에 사변이 있으니, 경을 더 그곳에 머물게 하여 변방의 안정을 기하려 하니, 나의 뜻을 이해해 주시오."

군주의 자상함이 밴 용인술이다. 최윤덕에게 거기서 더 고생해달라는 따뜻한 부탁이다. 함길도는 이춘생의 뒤를 이어 하경복이 함길도 도절제사를 맡고 있었다. 하경복이 명을 받고 함길도로 떠나면서 진주에 있는 노모를 보지 못하고 갔다. 세종은 이것이 늘 마음에 걸렸다.

세종 6년 11월 2일, 세종은 하경복의 노모에게 선물을 보내도록 했다.

"함길도 도절제사 하경복이 나라를 위해 변방에 진을 치고 승전한 공로가 크다. 그 노모가 멀리 경상도 진주에 있고 또 집이 가난하니, 어머님을 모시지 못하는 그 마음이 어떠하랴. 임금으로 신하를 부리는데 그들의 마음을 알아야 도리라고 할 것이다. 노모에게 비단 1필과 쌀 30석을 내리도록 하라."

세종의 깊은 마음이다. 변방에 나가 고생하는 신하의 집안 걱정까지 헤아려 살펴주면서 임무에 전념토록 배려한 것이다. 아래 사람의 마음과 처지를 헤아리는 것은 지도자의 덕목이다. 그러나 요즘에는 그런 덕목을 실천하는 지도자가 많지 않다. 상하 관계가 갈수록 삭막해지는 이유 가운데 하나다.

세종 6년 11월 29일 내시 한홍을 시켜 하경복에게 친서를 보냈다.

"야전 생활에 수고가 많으오. 경이 변방의 사정이 급하여 노모에게 인사할 겨를도 없이 급히 떠났으니 내 실로 민망히 여기오. 경이 그곳에 있은 지 두 돌이 되어 가니, 규례로는 당연히 내직으로 들어와야 할 것이오. 그러나 장수의 임무를 어찌 아무에게나 경솔히 맡길 수 있겠소. 더구나 지금 군사들은 경의 위엄과 은혜에 익숙하고 적도 경의 용감한 병략을 무서워하니 어찌 경을 바꿀 수 있겠는가! 아무리 장수 될 만한 사람을 살펴도 경과 바꿀 만한 사람이 없으니 경은 더 머물러 북쪽을 염려하는 나의 근심을 이해해 주기 바라오. 날이 추우니 건강에 유의하길 바라오. 할 말이 많지만, 여기에 더하지 않겠소."

따뜻함이 넘치는 글이다. 아무리 고생이 심하다고 해도 군주가 이렇게 평가해주면 힘이 나지 않을 장수가 없다. 사람을 쓰는 용인술에도 진정이 담겨 있어야 한다. 그런 면에서 세종의 용인술은 완벽했다.

세종 6년 12월 19일, 함길도 도절제사 하경복이 세종께 사은의 글을 올렸다.

"성상의 글을 대하니 감격에 넘쳐 눈물이 나옵니다. 분수에 넘친 은혜를 뼈에 새겨 보답하겠사옵니다. 용렬한 자품(타고난 자질이나 성품)으로 일찍부터 성상의 큰 은혜를 받은 신이 외적을 방어하는데 어찌 감히 어려운 시기에 전선을 떠날 수 있겠사옵니까? 오직 소신의 계책이 부족하여 중책을 맡기신 뜻에 부응하지 못할까 두려울 뿐이옵니다. 성상의 은혜를 받고 모친도 신에게 글을 보내 국경을 튼튼하게 하여 나라의 기초를 영구히 굳건하게 하시려는 성상의 뜻에 어긋남이 없어야 함을 말했사옵니다. 성상의 덕과 위엄을 오랑캐들에게 보이고, 변방 백성들에게는 농업을 권장하여 길이 생업을 즐기도록 신의 모든 것을 바칠 것이옵니다."

세종은 하경복이 노모를 걱정하지 않도록 그 동생 하경리를 지곤남군사로 보냈다. 진주 외곽에 근무하면서 노모를 살피라는 뜻이다. 얼마나 자상한 배려인가. 이후로도 세종은 꾸준히 하경복의 노모에게 여러 선물을 보내곤 했다. 하경복은 세종 14년 1월 16일에 성달생이 후임으로 오기까지 두만강 유역을 완벽하게 지켰다.

이후로도 여진족의 출몰은 계속되었다. 세종은 그때마다 강공이었다. 대표적으로 세종 15년 5월 최윤덕으로 하여금 여진을 토벌케 했다. 그리고 세종 19년 9월 이천을 평안도 도절제사로 삼아 압록강을 건너 여진의 본거지를 소탕토록 했다. 압록강 상류에 4군 설치의 토대를 마련한 것이다.

세종은 압록강 상류에서 4군 설치를 책임진 최윤덕과 두만강 유역에서 6진 설치를 책임진 김종서와 편지를 통해 수시로 의견을 주고받았다. 그곳 지리나 여진족의 내부 사정에 밝은 사람을 불러 얘기도 들었다. 세종은 최윤덕과 김종서에게 친서 외에도 그들의 애로를 파악해서 여러 지원을 했다.

안순의 강직함

안순은 1383년 14살에 진사시, 19살에 사마시, 그리고 20살에 식년문과에 급제한 출중한 실력의 소지자였다. 그는 청렴하고 강직하기로도 유명하다.

1392년 태조 1년 조선이 개국하자 태조는 21살이던 그를 사재감 주부로 발탁했다. 사재감은 궁중에서 쓰는 모든 물품을 관리하는 기관이었고, 주부는 종6품직이었다. 그가 사헌부 종5품인 잡단직에 있을 때의 일화다. '잡단'은 후에 '지평'으로 직명이 변경되는 간관의 품직을 말한다.

궁녀가 궁에서 사용하는 물품을 몰래 사가로 빼돌렸다가 들통이 났다. 사헌부의 보고를 받은 태조는 화를 내고 엄벌로 다스려 처형토록 지시했다. 대사헌 조박은 이의 시행을 안순에게 명했다. 안순이 사헌부는 형을 집행하는 기관이 아닐 뿐만 아니라, 신분이 낮은 궁녀라고 제대로 조사도 하지 않은 채 처형할 수는 없는 일이라고 지시를 따르지 않았다. 조박이 거듭 왕의 지엄한 명이라고 해도 안순이 법에 어긋나는 왕명은 옳지 않다며 따르지 않았다. 화가 난 조박이 태조에게 이를 고했다. 태조가 깊이 생각해보니 안순의 말에 틀림이 없었다. 결국 안순의 말을 수용했다.

안순이 워낙 강직하고 실력이 출중해서 젊은 나이에 비해 벼슬의 품계도 높았다. 그로 인해 자연 주위의 시기 또한 클 수밖에 없었다. 그가 사헌부에 부임했을 때, 다른 감찰들이 시기하여 인사조차 하지 않았다는 기록이 있다.

정종 1년 5월 1일 안순은 여자 문제로 탄핵을 받아 잠시 파직된다. 안순이 종을 측실로 삼고 본처를 소박했다는 이유였다. 종과 사랑에 빠진 것은 사실이었지만, 본처를 소박했다는 것은 비난을 위해 과장된 것이었다.

김종서에 보내는 세종의 신의

　김종서는 이조정랑과 좌대언, 좌부승지로 있으면서 세종의 신임을 받았다. 작은 체구였으나 지모가 뛰어나 일을 맡기면 앞뒤의 처리가 분명했다. 그래서 세종이 자주 불러 여러 문제를 상의하곤 했다. 그가 세종 15년 12월 함길도 관찰사를, 그리고 17년 3월 함길도 병마도절제사를 제수받은 것이 무장으로 변신하는 계기가 되었다. 세종 22년 12월 형조판서로 보임되기까지 약 7년여의 세월을 북방 변경에서 야인들과 전투를 벌이고 6진을 개척한 공을 세웠다.

　김종서는 학식이 뛰어나서 집현전 학자들을 데리고 『고려사』와 『고려사절요』를 편찬하는 책임을 맡기도 했다. 당대의 최고 학자들을 데리고 책임자로 일했다는 것은 그가 지닌 학식의 깊이를 짐작하게 해준다. 1452년 단종 즉위년에는 세종실록의 편찬과 감수를 책임 맡기도 했다.

　세종이 김종서와 최윤덕에게 보낸 친서를 비교해 보면 차이가 있다. 최윤덕은 20대부터 무관으로 여진과 왜구 토벌에 나선 장수이기 때문에 작전이나 전투에 유의할 사항을 적지 않았다. 그러나 문관 출신인 김종서에게 보낸 친서에는 병법과 작전, 지형과 지리의 특이점, 군졸의 지휘와 배치 등에 관한 내용이 많이 포함되어 있다. 병서에 밝은 세종이 주위의 얘기를 종합해서 나름의 훈수를 보탠 것이다.

세종은 김종서나 최윤덕이 잠시 공무나 사적인 일로 귀경할 때는 반드시 승지를 홍제원까지 보내 영접했다. 그리고 사정전으로 불러 마주 앉았다. 최전선에서 고생한 두 신하에 대한 각별한 배려였다. 홍제원은 지금의 서대문구 홍제동에 있었다. 중국 사신이 한양으로 들어올 때, 쉬거나 묵었던 공관이다. 그리고 세종은 잔치를 베풀어 두 장수의 노고를 위로했다. 임지로 다시 떠날 때도 마찬가지였다.

세종 17년 4월 김종서가 병환 중인 노모를 보기 위해 귀경했을 때, 세종은 사정전으로 불렀다. 둘이서 국경에 관한 얘기를 주고받은 후, 입고 있던 홍단의를 벗어 김종서에게 주었다. 한반도의 최북단 두만강 주변은 겨울이면 혹한이고 4월에도 추운 날이 많았다. 자신이 입고 있던 옷을 벗어 신하에게 주었을 때, 그 신하는 어떤 마음이었을지 모른다. 세종은 신하의 충성심이 뼛속까지 파고들게 하는 용인술의 달인이었다. 그 용인술에는 늘 따뜻한 진정이 담겨 있었다.

당시 김종서는 6진을 개척하느라 전방에 있었고 부인은 공주에서 살고 있었다. 오랜 질환으로 친정에 내려가 요양하던 터였다. 세종은 김종서의 부인에게 충청도 관찰사를 시켜 고기와 생선, 약재를 지속적으로 보내고 살펴주었다.

세종 19년 8월 3일 함길도 도절제사를 맞고 있는 김종서에게 보낸 친서의 한 부분이다. 김종서는 세종 16년 3월 22일에 함길도감사, 그리고 세종 17년 3월 27일 함길도 병마도절제사를 제수받아 당시 두만강 유역의 국경을 책임지고 있었다.

"올적합이 금년에 침입하면 그 수가 필시 전년의 배가 될 것이오. 우리가 군사를 정비하여 적을 기다리고 있다가, 적이 이르면 기병과 복병이 함께 나가 선제 협공하는 것이 계책으로서 가장 좋은 방법이오. 적의 수가 너무 많다면 미리 들판을 깨끗이 치우고 성을 견고히 지키면 적이 오더라도 소득이 하나도 없을 것이니 이 계책도 좋은 것이오. 중과를 헤아려서 우리가 꼭 이길 형편이 못되면, 널리 대오를 갖추고 기치와 화포, 북을 많이 벌리어 소리로 산과 들을 진동시키면, 저들이 관병이 많을 것이라 여겨 쉽게 범하지 못하고 돌아갈 것이오. 우리 군사가 많고 또 정예하여 꼭 이길 형편이 있으면, 그 정예한 것은 숨기고 약한 세를 보여 적을 유인하고 적이 달려들어올 때 복병으로 친다면 적을 가히 멸할 수 있을 것이오. 이것이 대략이니 경이 자세하게 마음을 다하여 포치하길 바라오."

이 친서에는 세종이 김종서에게 병서의 전술 전략을 훈수하고 있다. 상책, 중책, 하책으로 세분해서 적고 있다. 이렇게 자상하게 적은 것을 보면 세종의 전투와 국경 문제에 대한 노파심을 읽을 수 있다. 세종은 김종서가 용의주도하게 일 처리를 잘한다는 것을 알고 있었다. 그러나 김종서가 문관 출신이었기 때문에 여러 정보를 취합하여 자상하게 훈수를 보탠 것이다.

김종서가 6진을 개척하고 큰 공을 세웠기 때문에 무장으로 아는 사람들이 많다. 그러나 김종서는 문관 출신이다. 태종 5년에 실시된 식년 문과에 급제한 후, 문관의 길을 걸었다. 그러나 어려서부터 병서나 전투에 관한 얘기를 들을 기회가 많았다. 무신의 집에서 나고 성장했기 때문이다. 아버지가 도총제를 지낸 김추다.

그가 공직에 있으면서 전투에 관심을 갖게 된 것은 세종 8년 3월에 왜구가 전라도 군산과 부안 일대를 침략했을 때였다. 당시 김종서는 매우 요직이라고 할 수 있는 이조정랑직에 있었다. 인사를 담당하는 자리였기 때문에 엘리트 문관이 거치는 최고의 자리였다.

왜구가 격퇴된 4월 22일 세종이 병조가 아닌 이조에 소속한 김종서를 전라도 왜구침입 지역에 왜 보냈는지 모른다. 왜구침입에 따른 전황과 피해 상황을 파악하고 전후 사정을 조사하여 상벌에 따른 등급을 정하는 것이 임무였다. 비록 소규모 전투였지만, 이때 김종서는 전투에 관련된 것들을 공부할 수 있는 좋은 기회를 가졌다.

세종이 앞의 친서를 보낸 후, 사흘이 지난 8월 6일 세종은 다시 김종서에게 친서를 보낸다.

"용성의 남쪽은 쳐들어올 수 있는 길이 한두 곳이 아니오. 용성으로 한계를 삼는다 하더라도 한곳에서 관문을 감당할 수 없고 사방으로 싸워야 하는 곳이오. 적이 다시 온다면 필시 수천이나 민 명으로 떼를 지어 올 것이오. 우리가 만약에 성채만 지키고 싸우지 않는다면 더욱 도둑의 마음만 키우게 되어 뒷날의 화가 커질 것이니, 반드시 응징하여 후일 다시 도발할 마음을 먹지 못하게 하는 것이 상책이오. 당초 새로운 읍을 설치할 때에는 여러 이견이 있었으나, 지금은 그렇지 아니하여 대신들이 모두 말하기를, '서북의 압록강과 동북의 두만강이 어찌 경중의 구분이 있겠습니까? 군사가 주둔할 진을 건립하여 영토의 경계를 견고하게 하는 것이 마땅한 일입니다'라고 하오. 내가 깊이 염려하는 것은 성 쌓는 것을 늦출 수 없고, 다른 한편으로는 백성들이 입을 폐단을 생각하지 않을 수 없다는 것이오. 경은 이와 같은 일에 대하여 익히 생각해 본 지가 오래일 터이니, 4진을 설치한 것이 장차 공효가 있겠는가? 백성의 재력이 모두 소진될 것인가? 백성의 원망이 날로 더할 것인가? 4진의 민심이 장차 안정될 것인가? 야인의 변이 장차 종식될 것인가? 경은 자세히 파악하여 밀계해주기 바라오."

이 친서는 세종이 구술하고, 세자가 받아 적은 것이다. 세자에게 구술을 받아 쓰게 한 것은 세자에게 북방 국경의 문제와 그에 대한 대책을 가르치기 위한 세종의 의도였다.

그 분량이 무려 A4 용지 6장에 해당된다. 이 내용은 친서의 핵심 사항을 이해하기 쉽게 정리한 것이다. 친서에는 과거 여진의 침략과 태조와 태종의 대응 사례, 중국의 고사, 현지의 지리와 지형, 중국과의 외교적 관계, 병법의 사례 등을 들어 국경선에 이미 구축하고 있던 4진의 필요성을 설명하고 있다. 그리고 그에 대한 장기적 효과와 이주시킨 민심의 이반 가능성 등에 대해 김종서의 판단을 구하는 친서였다.

장문의 친서에 드러난 세종의 식견과 상황 판단은 치밀했다. 나라의 어떤 지도자가 국방의 주요 사안에 대해 이처럼 분석적이고 치밀하게 파악하고 있을 것인가. 세종을 문치에만 성공한 왕으로 평가하는 편향된 시각이 크게 존재한다. 매우 잘못된 평가다.

함길도의 벽지인 용성에 가본 적이 없음에도 세종은 그 지역의 지형까지 훤히 꿰고 있었다. 세종은 국경 문제가 나라 장래와 직결되는 매우 중요한 문제임을 충분히 인식하고 있었다. 그래서 변방에 근무한 경험이 있는 신료들을 수시로 불러 묻기도 하고 토론도 했다.

나라의 지도자라면 주요 사안을 소상히 파악하고 분명한 지침이나 목표를 제시할 수 있어야 한다. 상황도 제대로 파악하지 못한 채, 추상적 지침이나 내리는 지도자라면 국가를 제대로 이끌 수가 없다. '철저히 대비하라', '준비에 만전을 기하라', 이런 정도의 형식적 지시로 어떻게 묘책을 구할 수 있겠는가. 세종의 장원한 목표인 국경선 확보와 그 목표를 위한 용인술, 그리고 치밀한 전략은 지도자로서 갖추어야 할 많은 점을 시사하고 있다.

역사는 반복된다고 한다. 세종처럼 역사에서 교훈을 얻고 상황을 엄정하게 관리하지 않는다면, 불행하고 슬픈 역사는 반드시 다시 찾아온다. 오랜 속국 시절도 있었고, 나라를 송두리째 뺏긴 시절도 있었다. 나라를 이끈 군주들의 자질이 해야 할 역할에 미치지 못했기 때문이다.

김종서의 충심

김종서가 세종께 올리는 장문의 계고문은 그 표현이 실로 절절하게 가
슴을 울렁이게 한다. 세종의 친서에 버금가는 분량이다. 신하로서의 충직
함과 사명감이 물씬 담겨 있다. 변방 근무의 어려움 속에서도 잃지 않는
의연한 진취적 기상과 전략적 사고 등이 참으로 놀랍다. 여기에 중요한
곳을 골라 부분적으로 소개한다.

"신이 엎드려 어찰을 뵈옵고, 낮이면 읽고 밤이면 생각한 지가 여러 날
이 되었습니다. 성상께서 백성 사랑하시기를 지극히 인자하게 하시고, 나
라 걱정하시기를 장원하게 하시는 것을 깊이 알고 감격함을 이길 수 없사
옵니다. 그러하오나, 신은 재주가 미천하고 용렬하여 성상의 염려에 부응
하지 못할까 심히 염려되옵니다."

"고려의 태조가 힘은 능히 삼한을 통합하였으나, 철령으로 경계를 삼
았사옵니다. 또한 지키는 신하들이 방어를 잘못하여 경성 이북이 도둑의
소굴로 되었으므로, 그 오랑캐를 물리치고 강토를 회복하는 것이 곧 성
상께서 이어받으실 일이옵니다."

'강토를 회복하는 것'이 바로 세종과 김종서의 의지가 만나는 지점이다.
그 의지는 조선의 먼 앞날까지 염려하고 대비하는 장원한 것이었다. 통일

신라와 고려 때부터 국경 문제는 크게 잘못된 것이었다.

"지난날 여러 신하들이 말하기를, '경원을 용성으로 물리면 방어 계책이 편리하고, 백성의 폐단이 다 없어지리라' 하였으나 성상께서는 '땅은 비록 척지 촌토라도 결코 버릴 수 없다' 하시었습니다. 이에 부족한 신에게 명하시어 영북진을 더 설치하여 국가의 경계를 정하게 하셨으니 실로 놀라운 계책이었사옵니다."

고려 때는 아예 포기했고, 조선 초부터 두만강과 압록강 일대의 땅을 놓고 갑론을박이 있었다. 척박한 무익의 땅을 지키려고 많은 군사와 백성의 피를 흘리는 것은 무모한 일이라는 주장이 있었다. 그러나 세종은 아무리 척박한 곳의 작은 땅이라도 결코 포기할 수 없다는 신념의 소유자였다. 김종서는 세종의 그 신념에 공감하고 충실히 받들었다.

"우리 전하께서 꾸준히 마음을 다하신 덕으로 많은 백성이 모여 와서 이미 회령성과 경원성을 쌓았으되, 그 시기를 넘기지 아니하고 일을 마치게 되었사옵니다. 더구나, 갑산과 경흥은 스스로 수축하여 모두 견고한 성이 되었으니 북방의 걱정이 거의 없어졌다고 보아야 할 것이옵니다. 갑인년 봄부터 병진년 가을에 이르기까지 4진을 실치한 이후로 홍원 이남은 평화를 회복하였습니다. 다만 지난해 겨울에 야인들의 형세가 요동할 것 같아서 먼저 무력 시위하지 않을 수가 없었사옵니다."

"신은 또 생각하오건대, 읍을 옮기는 것은 매우 어렵고 큰일이었습니다. 안정되게 사는 백성들을 저 험한 지역으로 이주시키는 일에 어찌 원망하고 싫어하지 않을 자가 없겠사옵니까? 그러하오나 다만 성상의 방책이 신묘하시어 한 사람의 아전을 매질하지 아니하고, 한 사람의 백성도 형벌하지 아니하고도 수만 명이나 되는 군중이 겨우 한 달이 지나자마자 새 땅에 다 모이어, 대사가 쉽게 성취되고 새 고을이 영구하게 세워졌사옵니다."

장수로서, 그리고 목민관으로서 김종서의 역량을 읽을 수 있다. 험한 지역에 새로 읍을 건설하고 수만 명의 군사와 백성을 이주시키는 일은 보통 어려운 일이 아니었을 것이다. 자칫하면, 민란이라도 일어날 수 있는 일이었다. 그러나 김종서는 누구도 벌하지 않고 백성을 설득해서 무사히 이주를 마쳤다.

"성상의 밝은 용단에 힘입어 뜬말이 사라지고, 민심이 안정되었사옵니다. 성상의 지극한 인자하심이 널리 미쳐서 추위에 떠는 자는 옷을 입을 수 있고, 굶주리는 자는 먹을 수 있게 되었사옵니다. 백성들이 노역에 피곤하여도 그 노고를 잊어버리고, 군졸들은 적의 침입을 막기에 고생스러워도 그 괴로움을 잊고 있사옵니다."

국경을 만드는 대역사에서 공은 오로지 성상의 몫으로 돌렸다. 자신의 수고와 공을 조금도 내세우지 않았다. 김종서의 충의다.

"작금에 4진을 설치하는 것은 오로지 우리 국경을 만들고 수호하려는 것이며, 우리 백성을 편하게 하려는 것입니다. 그런즉, 오늘 하지 아니하여도 될 일인데도 경솔하게 백성의 노역을 사용하는 것이 아니며, 대사와 공훈을 좋아하여 병력을 남용하는 것도 아닙니다. 무릇 백성은 지극히 여리면서도 신명하니 어찌 이 뜻을 모르고 경솔하게 원망을 일으키겠습니까? 백성들이 신과 더불어 말하기를, '회령과 경원은 지금 이미 성을 쌓았으니, 이제 마땅히 쌓아야 할 곳은 종성과 용성입니다. 이 두 성이 다 쌓아지면 우리들은 걱정이 없을 것입니다'라고 하였사옵니다. 이 말을 믿으신다면 그 밖의 여러 백성의 마음도 가히 알 수 있을 것이옵니다."

국경을 만드는 일은 결국 나라와 백성을 편안하게 하기 위함이라는 것을 성을 쌓는 노역으로 고된 백성들도 이해하고 있었다는 얘기다. '무릇 백성은 지극히 여리면서도 신명하다'는 김종서의 표현에서 백성에 대한 그의 인식을 읽을 수 있다. '백성은 어리석고 오직 다스림의 대상일 뿐'이라는 당시의 통념에 정면으로 배치되는 인식이다. 민본사상과도 뿌리를 같이 하는 인식이다. 세종도 즉위년부터 '백성이 나라의 근본'임을 분명하게 밝히면서 백성의 삶을 보호하는 것이 정치의 요체임을 누차 천명했다.

"신이 성곽을 쌓고, 갑옷과 군기를 수선하고, 군사를 훈련하며, 군량을 비축하려고 애쓰는 것은 실로 이 까닭입니다. 만약에 성곽이 견고하고, 갑옷과 병기가 단단하고 날카로우며, 군사가 훈련되면, 4진의 백성들이 족히 스스로 지키고 스스로 싸울 수 있을 것이오니, 어찌 다른 군사의 도움을 기다리겠습니까?"

"백성은 저축하여 둔 것이 없고, 관에도 비축하여 놓은 것이 없었으나, 기근에서도 굶주림을 면하였사옵니다. 하물며 이제는 해마다 풍년이 들어 백성은 남은 곡식이 있고, 관에는 비축한 것이 있으니, 어찌 식량을 걱정하겠습니까? 종성만 다 쌓게 되면 군사와 백성들의 노역은 자연히 쉽게 될 것이옵니다. 용성 같으면 형편이 그리 급하지 않으니 서두를 필요가 없을 것이옵니다. 엎드려 바라옵건대, 성상께서는 빨리 이루는 것을 구하지 마시고, 작은 것들을 염려하지 않으시오면 새 읍이 영원히 견고하게 될 것이옵니다."

"그러하오나, 신의 말한 바를 믿지 않고 말하는 자들이 있을 것이옵니다. 첫해는 눈이 많이 와서 가축이 다 죽었다 하오나, 신은 그렇지 않다고 하고, 이듬해의 역질에 대하여 말하는 자들은 백성들이 거의 다 죽었다고 하오나, 신은 그렇지 않다고 하였사옵니다. 말하는 자들은 자기들은 바르고 신은 그르다고 하며, 자기들은 충직하고 신은 간사하다고 하니, 신은 마음 아프기가 한이 없었습니다. 예로부터 외방에서 일을 하는 신하들은 반드시 참소와 비방을 만나, 화를 벗어나지 못한 자가 많았사옵니다. 신은 미미한 작은 공도 없고, 하는 바가 잘못이 많으니 어찌 한심하지 않겠사옵니까? 신이 절실함을 이기지 못하여 삼가 죽기를 무릅쓰고 말씀드리나이다."

김종서의 편지 전체가 온통 충정으로 가득 넘친다. 마지막 부분에서는 적을 마주하고 있는 외방의 장수로서 외로움도 읽힌다. 왕의 주변에서 사실을 왜곡하면서 공을 시기하고 비방하는 세태에 대한 걱정도 있다. 김종서에 대한 비방과 참소도 있었다. 그러나 세종의 김종서에 대한 신뢰를 흔들 수는 없었다.

선조는 임진왜란이 목전에 있었음에도 당파의 와중에서 중심을 잡지 못했다. 왜침이 있자 나라를 버리고 의주를 넘어 명나라로 도망까지 하려던 왕이다. 그는 최전선을 지키는 충무공 이순신을 어떻게 대했던가.

죽기 살기로 나라를 지키고 있는 충신을 전쟁 중에 압송하여 고문을 가하고 죽이려고 하지 않았던가. 율곡 이이를 소인배라고 했던 선조의 안목이었다.

세종이 김종서의 글을 다 읽고 나서 즉시 중관 내시 엄자치를 불렀다. 엄자치에게 간략한 친서를 써주고 두꺼운 어의 한 벌을 준비해서 김종서에게 다녀오라고 명했다. 친서의 내용은 이렇다. 간단했지만, 세종의 마음을 모두 담은 글이다.

"내가 북방의 일에 대하여 밤낮으로 염려하기를 그치지 아니하였는데, 이제 경의 글월을 보니 가히 걱정이 사라졌소. 경이 추위라도 덜기를 바라는 마음으로 어의 한 벌을 보내오. 고생하는 경을 생각하오."

엄자치가 친서와 어의를 받들어 김종서를 찾았다. 엄자치는 왕명 전달을 담당하는 종6품의 내시부사직에 있었다. 세종의 친서를 전달하고 김종서의 계고문을 받아 세종께 전달했다. 이렇게 몇 차례 만나는 사이 두 사람은 친분이 쌓였다. 엄자치는 북방에서 홀로 고생하는 김종서를 딱하게 여겨 첩이라도 한 명 두라고 권하기도 했다. 김종서는 먼 길을 왕래하는 엄자치를 자신의 방에서 머물도록 배려하고 갈 때는 변방의 토산물도 몇 가지씩 챙겨주곤 했다. 이때, 두 사람은 서로 다른 정치적 운명의 길이 앞날에 기다리고 있으리라고는 꿈에도 몰랐으리라.

김종서는 세종의 뜻을 알았고 자신에게 책무를 맡긴 세종에게 충정을 다했다. 세종 역시 김종서의 충의와 실력을 알고 흔들림 없는 신뢰를 보냈다. 실로 아름다운 군신 관계였다.

세종은 김종서뿐만 아니라 어느 신하든 집안일까지 세세히 살피는 자상함을 보였다. 추상같이 엄하게 할 때와 솜처럼 포근하고 따뜻해야 할 때를 아는 왕이었다. 벼슬자리로 충성을 사는 왕이 아니었다. 사육신과 생육신을 비롯해서 많은 충성스런 신하가 배출될 수 있었던 이유다.

사람 마음을 얻는다는 것이 쉬운 일이 아니다. 천하를 얻는 일보다 사람의 마음을 얻기가 더 어렵다. 인간관계에서 제일 중요한 것은 신의다. 군신 사이에 놀라울 정도의 혼연일체를 보인 세종의 용인술은 그 신의에 토대를 두고 있다.

김종서와 엄자치의 엇갈린 운명

단종 1년 1453년 10월 10일, 왕위 찬탈의 의도를 가진 수양대군에 의해 계유정난이 일어난다. 사병을 거느리고 집을 찾아온 수양대군에 의해 김종서는 두 아들과 함께 참혹하게 살해된다. 안방에서 수양대군이 찾아왔다는 얘기를 들은 김종서가 나가 맞으려 하자 큰아들이 만류했다. 호위무사를 부른 후에 맞으라는 것이었다. 그러나 수양대군이 집에까지 찾아와 무리하겠느냐며 김종서는 방을 나갔다.

조선의 역사를 바뀌게 하는 오판이었다. 때로는 큰 생각이 잔머리에 당하는 경우가 있다. 세종과 문종의 유지를 받들어 단종을 지키던 큰 울타리가 쓰러진 것이다. 김종서는 문종의 유훈을 받은 고명대신이었다. 당시 단종 보호의 유지를 받든 좌의정으로 실세였을 수밖에 없었다. 어린 단종을 대신해서 김종서가 매사를 처결했기 때문이다.

김종서의 독주에 신하들의 질시도 있었다. 한명회와 불만을 가진 사람들이 주도해서 살생부가 만들어졌다. 계유정난이 성공한 이후, 공신록에 성삼문 등 젊은 신료들이 정난공신 3등으로 책록되었다. 이런 사실을 토대로 성삼문과 젊은 신진들 역시 김종서의 독주를 좋게 보지 않았다는 해석이 있다.

그 진실은 알 길이 없다. 계유정난이 일어난 날 밤, 성삼문은 집현전에서 숙위를 했다. 성삼문 등을 정난공신으로 정한 것은 수양대군이 세종이 키운 신진들을 끌어들여 계유정난의 정당성을 높이려고 한 의도가 숨겨져 있다는 야사의 기록들도 있다.

당시 엄자치는 수양대군의 편에 섰다. 수양대군을 도와 살생부에 오른 대신들에게 입궐하라는 단종의 가짜 명을 전했다. 가짜 명을 받고 입궐한 대신은 궐문 안쪽에서 한명회가 거느린 무사들에게 주살되고 만다.

그 공으로 엄자치는 정난공신 2등, 영성군으로 봉해져 영화를 누린다. 모든 내시들의 최고 수장인 종2품의 판내시부사로 승차하여 단종을 곁에서 감시하며 위세를 부렸다. 벼락출세한 엄자치가 거드름을 피우며 신료들을 멸시했다. 결국 2년 후에 탄핵을 받고 제주도 관노로 강등되어 가는 도중에 죽었다. 분수를 지키지 못한 결과였다.

김종서와 황보인 등 계유정난으로 주살된 32인은 영조 22년 12월 27일에 이르러서야 신원이 회복되었다. 충신으로 인정되고 벼슬이 복원되거나 추증되었다.

김종서와 엄자치가 다시 만나는 것은 정조 15년 2월 21일이다. 계유정난으로 죽은 충신 32인과 연좌해서 죽은 사람 198인을 위한 합동 배향이 있었다. 거기에 엄자치의 이름이 오른 것이다. 1791년의 일이니까 338년 만에 다시 만난 셈이다. 엄자치는 수양대군의 편에 섰고 계유정난의 2등 공신에 올랐으니까 사실 거기에 해당하는 인사가 아니었다. 독립유공자 명단에 매국인사의 이름이 끼는 경우와 같이, 역사에는 늘 왜곡과 오류가 개입한다. 그래서 사실 그대로의 역사는 존재하지 않는지도 모른다.

최윤덕과의 아름다운 군신관계

세종이 조선의 국경선을 만들고 지키는 데 공을 세운 장수로는 김종서와 최윤덕이 있다. 세종은 김종서를 아끼는 만큼 최윤덕을 아꼈고 최윤덕 역시 김종서만큼 세종에게 충심을 다했다.

두 장수는 지략에 뛰어났고, 훌륭한 지휘력을 발휘했다. 매우 청빈하고 검소했다. 성을 쌓는데 동원된 백성들이나 군졸들과 함께 일하고 숙식을 같이했다. 매우 힘든 고통의 노역이었지만, 백성과 군사의 원성이 없었던 것은 두 장수가 그들과 고통을 분담하는 노력을 했기 때문이다. 두 사람은 장군으로서만이 아니라 목민관으로도 귀감이었다고 기록은 전한다.

최윤덕은 전형적인 무관 출신이고 김종서는 문관 출신이다. 최윤덕의 집안은 고려 때부터 대대로 무관 집안이었다. 최윤덕의 아버지 최운해는 이성계의 휘하 장수로 위화도에서 회군할 때 거사에 참여했다. 따라서 공신에 올랐고, 그 이후에도 여진족과 왜구 토벌에 전공이 매우 컸다. 최윤덕은 무관을 뽑는 초시와 회시에 합격하고 26세 때부터 아버지를 따라 이성과 강계 등 서북면의 야인 토벌에 참여했다.

최윤덕은 태종 2년 4월부터 세종 16년 2월까지 30년 넘는 세월 동안 전선을 누볐다. 대마도 정벌을 위시해서 왜구나 여진족 토벌을 위해 헌신했다. 세종 4년에 공조판서와 세종 10년에 병조판서를 잠시 맡았다. 그는 무장답게 내직보다는 변방 근무를 자청하곤 했다. 세종 15년 4월에는 여진족의 본거지인 파저강 일대를 소탕하여 큰 전공을 세웠다. 파저강은 지금의 퉁자강이다. 랴오닝성에서 발원하여 남쪽으로 흘러 압록강에 합류하는 강이다. 이 강 유역은 주몽이 고구려를 세웠던 곳으로 우리와 끈끈한 역사적 연고를 가지고 있다.

파저강 일대가 평정되고 한 달 뒤인 세종 15년 5월 최윤덕에게 우의정을 제수했다. 그의 공을 높이 산 것이다. 그러나 최윤덕은 불과 한 달 후에 다시 전선으로 떠나게 된다. 평안도 변경에 야인의 출몰이 있자 평안도 도안무찰리사를 겸직시켜 최윤덕을 급히 파견했다. 최윤덕은 야인을 토벌하고 나서 계속 전선에 머무르기를 원했다. 무인인 자신은 우의정 자리에 맞지 않는다고 생각했다. 자신이 있을 곳은 전선이라고 믿었다. 그래서 우의정 직을 사임하는 상소를 올렸다. 그의 상소문과 이를 허락하지 않은 세종의 비답은 참으로 가슴을 울린다. 세종 16년 2월 5일의 일이다.

"신은 초야의 한 쓸모없는 사람으로 다행히 밝으신 성상을 만나 큰 은혜를 입어 벼슬이 높은 품계에 이르렀습니다. 진실로 신이 충의를 다할 때라 여기옵니다. 그러하오나, 신은 무신의 집에서 생장하여 손과 오의 병서를 간략히 익혔을 뿐, 고금의 변혁과 치란의 기틀도 모르옵니다. 하물며 천지의 가르치심을 어찌 알아서 국사를 경위하면서 백관 앞에 벼슬하기를 바라겠습니까? 신이 전년에 성상의 명을 받들고 야인을 토벌하매, 적도들이 멀리서 관망하다가 흩어져 달아나고 감히 항거하지 못하였습니다. 이는 모두가 높으신 주상의 성덕과 빛나는 신위의 도움이거늘, 도리어 그 공을 소신에게 돌리시어 과중한 작위를 특별히 더하셨습니다."

'손과 오'의 병서는 손자병법과 오자병법을 의미한다. 최윤덕이 자신이 알고 있는 것은 오직 병법일 뿐이라고 자신을 낮추었다. 겸손과 충의가 넘친다. 그리고 자신이 세운 모든 전공을 왕에게 돌렸다.

"신은 이를 사면하고, 어진 사람에게 길을 열어주어야 한다고 생각하옵니다. 얼마 후, 적도의 잔당이 다시 변경을 침범해 오니 즉시 명하사 신으로 도안무사를 겸하게 하시고 그 무리를 징벌케 하셨사옵니다. 정승의 직책은 본시 자질이 부족한 사람이 맡아서 할 바 아니며, 국사를 경위하고 음양을 조화시키는 일은 무신이 관여할 바 아니라고 생각하나이다."

자리라면 자신의 능력과 상관없이 덥석 받는 것이 옛날이나 지금의 변하지 않는 세태다. 자질도 부족하고 경륜도 없어서 우의정에 자신이 맞지 않는다고 최윤덕은 말했다. 그는 많은 전공을 세웠기에 그 공을 자랑할 만도 했다. 그가 아니면 압록강 변경의 침략을 막아낼 수 없다는 것이 당시 문신이나 무신을 가리지 않고 있었던 평가였다. 그럼에도 그는 겸손함과 분수를 지켰다. 수신의 경지를 보인 최윤덕의 진면목이다.

"신은 본래 병이 있어 밥을 먹지 못하고 단술로 이를 대신하고 있으니 이 또한 재상의 자리에 있어야 할 바가 아니옵니다. 신이 재상의 직에 있다면, 사람들로부터 웃음을 사고 후세에 비웃음을 남길 뿐이라고 여기옵니다. 그러하오나 외적을 막아서 북방을 안정시키는 일이라면, 신은 마땅히 몸이 다할 때까지 전심전력할 것이옵니다. 바라옵건대, 성상께옵서 신의 작위를 해면해 주시고 어질고 능한 사람으로 대신하여 주시면 이보다 더 다행한 일이 없겠나이다."

참으로 감동적이다. 수많은 전공을 세운 장수다운 큰 도량이다. 건강도 좋지 않으니 거친 전선을 피해 내직으로 옮기기를 원할 만도 했다. 그러나 최윤덕은 달랐다.

다음은 최윤덕의 사임상소에 대한 세종의 비답이다.

"올린 전문을 보고 우의정을 사양하겠다는 생각을 알았소. 한나라의 제갈량과 당나라의 배진공은 모두 승상의 관직에 있으면서 각지 전투의 책임을 맡았던 것이니, 지난날에 이미 이루어진 전례가 있음을 알 수 있는 바요. 경은 훌륭한 장수의 기풍을 전해 받았고, 대대로 충의롭고 정고한 절의를 지켜 왔으며, 번번이 변경을 진압하매 위명이 크게 드러난 바요. 지난번에 오랑캐의 무리들이 우리 북방을 침범하거늘, 온 조정의 천거에 따라 정벌의 노고를 경은 아끼지 않았소. 삼군의 예기를 분발시키고, 백전백승의 계책을 결단하여, 곧 완벽한 승리를 거두었소. 이는 모두가 경의 현명한 계책에서 나온 것으로서, 어찌 부족한 과인의 덕에 기인했다 하리오."

장수는 군주에게 군주는 장수에게 공을 돌렸다. 신의주까지 줄행랑을

친 선조는 왜군을 크게 물리친 이순신에게 민심이 쏠리는 것을 질투했다. 옹졸한 군주였다. 조선에서 옹졸한 군주가 어디 선조뿐이랴! 장남인 소현세자와 세자의 처자식들까지 몰살한 잔인한 인조, 하나뿐인 자식을 뒤주에 넣어 죽인 영조, 옹졸하기는 마찬가지다.

"경은 비록 전공을 자랑하지 않지만, 누가 그 공을 다투겠소. 자리를 피하여 어진 이에게 양보한다는 것은 나라에 몸을 바치는 충성이 아닐 것이오. 무신이라 하여 그 직위를 고사하나 무예는 한 지엽에 불과하고, 경세제민이 곧 경의 탁월한 바이니 의약의 조리를 다해 몸을 추스르고 과인의 깊은 부탁을 받아야 할 것이오. 이미 죽음을 각오하고 외적의 방어를 맹세하였으니, 치도를 논하고 국사를 경륜하여 마땅히 나의 부족한 점을 보필해야 하지 않겠소? 사양한 바는 의당 윤허하지 못할 일이오."

매우 아름답고 이상적 군신 관계다. 왕과 신하가 신의와 배려로 일체적임을 보여주는 군신 관계의 정수다. 우의정을 맡을 만한 자질이 없으니 무관으로 변경의 전선에서 근무하게 해달라는 최윤덕, 거기에 옛날의 고사까지 인용하면서 자리를 맡아야 한다는 세종의 권유가 요즘에는 보기 어려운 미덕이고 미담이다.

공은 자기가 차지하려고 하고, 책임은 떠넘기려고 하는 것이 국정에 참여하는 고위 공직자들의 변하지 않는 예나 지금의 세태다. 군신 관계에서도 그런 예는 얼마든지 있다. 높은 자리라고 하면, 자신의 역량은 아랑곳하지 않고 욕심내는 것도 흔한 경우다. 자신의 주제 파악도 하지 못한 사람이 높은 자리를 탐했다가 화를 자초했던 경우를 역사에서 허다하게 볼 수 있다.

세종이 끝내 윤허하지 않자 최윤덕은 우의정으로 귀경했다. 세종은 동부승지 황치신을 보내 홍제원에서 영접하게 했다. 황치신은 황희의 아들이다. 『성호사설』에 나온 기록을 보면, 이때 세종은 최윤덕을 친히 출영해서 맞이하려고 했다. 최윤덕의 전공이 크고 건강이 좋지 않은 신하에 대한 예우를 생각해서였다. 그러나 황희가 이를 말렸다. 신하들의 시선을 의식한 것이었다.

세종은 입궐한 최윤덕을 사정전에서 친견하고 다음 날 잔치를 베풀었다. 그 자리에는 세자와 종친, 여섯 승지, 그리고 최윤덕의 종사관으로 있었던 최치운 등이 참석했다. 세종의 배려가 듬뿍 담긴 매우 따뜻한 분위기였다.

몇 달이 지나지 않아 평안도 변방에 다시 야인들의 침탈이 있었다. 세종 16년 10월 18일, 세종은 평안도 병마도절제사를 겸임하고 있던 최윤덕을 전방으로 다시 급파해야 했다. 사정전에서 최윤덕을 만난 세종은 매우 미안했다.

"경이 이곳에 온 지 불과 몇 달이 되지 않았는데 다시 보내야 한다니 내 마음이 매우 심란하고 무겁구려. 신병으로 시달리는 경을…."

"전하, 심려하지 마옵소서. 마땅히 신이 가야 할 곳이고 해야 할 바이옵니다. 속히 진압하여 전하의 심려를 덜도록 하겠사옵니다."

"날씨가 추워지고 있어 여기 털옷을 준비했으니 가지고 가시오."

세종이 최윤덕의 두 손을 잡았다. 세종과 최윤덕의 두 눈에 이슬이 맺혔다.

"전하! 이 은혜를 어찌 제가 생전에 다 갚을 수 있사오리까? 성은을 감당할 수 없사옵니다."

"참으로 고맙고 미안하오."

세종은 도승지 안숭선을 불렀다. 비서실장인 도승지를 시켜 배웅토록 한 것은 군주로서 베풀 수 있는 최선의 배려였다.

"도승지는 홍제원까지 나가 우의정을 배웅토록 하오!"

12월 들어 날씨가 급격히 추워졌다. 세종은 건강도 좋은 않은 상태에서 변방에 나가 고생하고 있는 최윤덕을 생각했다. 뒤척이다 잠자리에서 일어나 붓을 들어 최윤덕에게 보내는 친서를 썼다. 세종 16년 12월 13일의 일이다.

"풍찬노숙에 얼마나 고생이 심하오. 경은 나라 받들기에 충성을 다하고 수고로움을 아끼지 않고 있소. 묘당의 중신으로 출전하여 적에게 위엄을 떨치고 변경을 진압하여 나의 근심을 펴게 하니 깊이 고맙게 여기오. 몹시 추운 때를 당하여 기거에 무리가 없도록 각별히 조심하시오. 내관 엄자치를 보내 음식 몇 가지와 옷 한 벌을 내려 위로하고자 하니 받길 바라오. 하고 싶은 많은 말을 여기에 다 적지 못하오."

글을 써놓고도 한참 동안 최윤덕 생각에 잠을 이루지 못했다. 건강이 좋지 않아 식사 대신 단술로 지내는 신하를 전투가 끊이지 않는 추운 변방으로 보내놓은 미안함이 가슴을 채웠다. 세종은 참으로 따뜻한 균왕이었다. 비록 멀리 떨어져 있었지만, 세종의 이런 따뜻함을 최윤덕은 고스란히 느낄 수 있었다. 그는 감읍했다. 몸을 던져 나라와 군왕에 충성하지 않을 수 없었다.

세종은 최윤덕을 위해 영중추원사라는 새로운 벼슬자리를 만들었다.

세종 18년 7월 4일 최윤덕을 정1품 영중추원사에 임명했다. 최윤덕은 죽을 때까지 그 직에 있었다. 최윤덕이 죽자 그 자리를 조말생이 이어받았고, 조말생이 죽자 다시 이순몽이 명예스러운 그 자리에 임명되었다.

세종과 하경복, 성달생, 김종서, 최윤덕의 노력으로 4군과 6진의 설치가 완료되었다. 그러자 여진 부족들의 힘이 현저하게 약해졌다. 침략해 보았자 소득이 없고 피해만 컸기 때문이다. 여진 사이에 내분이 일어나 분열되고 국경을 침범하는 일이 급격히 줄어들었다. 이로부터 조선의 국경선이 두만강과 압록강으로 확실하게 자리매김하게 되었다. 지금의 한반도를 우리의 영토로 남기게 된 것이다. 자주국 조선을 위해 멀리 내다본 세종의 위대한 업적이다.

세종은 비록 당장은 현실적 어려움이 있을지라도 늘 나라의 기틀을 바로 할 수 있는 미래지향적 방책을 모색했다. 4군과 6진의 설치에 다수의 신하가 초기에는 회의적이었고 반대도 했다. 척박한 땅이고 방어하기도 어려울 뿐만 아니라, 그에 따른 희생과 비용이 크다는 이유로 두만강 하류를 끼고 있는 경원 지역을 포기하자는 의견도 많았다.

그런 주장은 조선 초부터 있었다. 그래서 태종도 용성까지 군사와 백성을 철수시켰다. 세종의 뒤를 이은 문종과 세조 때 다시 그런 주장이 나오자 4군을 폐지했다. 매우 졸렬하고 근시안적인 판단이었다. 세종과 최윤덕이 피땀으로 개척하고 지켰던 것을 바로 아들 대에 와서 포기한 것이다. 문종은 병약해서 재위 2년을 겨우 넘기고 죽었다. 세조는 어린 조카의 왕위를 찬탈했기에 내정을 수습하고 왕권을 지키기에 바빴다.

국경선을 만들고 지킨다는 것은 아무나 할 수 있는 일이 아니다. 세종이 내다본 지평을 아쉽게도 그 아들들조차 보지 못했다. 세종의 휘하 장수들은 달랐다. 무슨 일이 있어도 반드시 지켜야 한다는 세종의 뜻을 이해하고 몸을 던졌다. 세종은 반대하는 신하들에게도 설득을 반복했다. 결국 그들도 세종의 뜻을 이해했다. 그렇게 조선의 국경이 확정되고 자주국의 기초가 만들어진 것이다.

제7장

인간 세종

검약의 철학

인간에게 물욕이란 성욕이나 식욕과 같이 본능이다. 그런 인간이 절제하기란 누구나 쉽지 않다. 물욕을 절제하기 위해서는 큰 수양이 필요하다. 나라를 경영하는 지도자가 물욕이 가득하다면 이는 자신이나 국가를 위해 매우 불행한 일이다.

동서고금의 역사에서 물욕으로 문제를 일으킨 왕들은 많고도 많다. 그들은 왕실의 사치나 호화로운 궁궐, 신하들의 충성을 담보하거나 전쟁 등을 위해 끝없는 탐욕을 부렸다. 국고와 분리해서 엄청난 사유재산을 소유했을 뿐만 아니라 왕의 권력을 이용해서 재산을 더 늘려가기 일쑤였다. 심지어 국고를 마치 자신의 사금고처럼 여겼던 왕들도 얼마든지 있다.

세종은 물욕에서도 여느 왕들과 달랐다.

즉위 사흘째인 8월 14일, 중궁의 호칭에 대한 논의가 있었다. 여러 제안이 나왔고 제안을 듣고 난 세종이 입을 열었다.

"앞으로 중궁의 시호를 '검비'로 하고자 하오. 중전은 마땅히 검약과 검소를 앞장서 실천하여 궁관들의 모범이 되어야 할 것이기 때문이오."

중궁의 호칭을 '검소한 왕비', 검비로 하자고 한 것을 보면, 세종이 낭비와 사치를 얼마나 경계했는지 알 수 있다. 왕비인 소헌왕후도 세종의 그런 신념에 깊이 공감하고 늘 왕실이 솔선수범하도록 늘 앞장섰다.

중궁의 호칭을 '검비'로 결정했지만, 이 명칭은 상왕인 태종에 의해 바뀐다. 부르는 음이 좋지 않다고 '공비'(공손한 왕비)로 바꾸도록 했기 때문이다. 소헌왕후를 생전에 공비로 부르게 된 연유다.

세종 3년 10월 27일, 인정전에서 원자인 이향을 왕세자로 책봉하는 날이다. 그가 바로 세종의 뒤를 이은 문종이다. 책봉식에서 세종이 세자에게 당부했다.

"하늘은 친한 데가 없고 오직 덕이 있는 자를 도울 뿐이다. 너는 현명하게 성장하여 백성을 보살피고 편하게 할 대권을 받았으니 검소하고 관대하여 이 나라의 경사를 길이 뻗어 나가게 해야 할 것이다."

세종의 통치 철학이 드러나는 말이다. 하늘의 도움은 오직 덕으로 가능하고, 그 덕을 받치는 두 기둥은 검소와 관대함이라는 것이다. 큰아들을 왕세자로 책봉하면서 당부하고 싶은 것이 어디 한두 가지뿐이었겠는가! 그러나 세종은 가장 중요한 덕목으로 검소함을 강조했다.

태종은 충녕을 세자로 책봉하면서 매사에 신중함을 당부했다. 태종 18년 6월 17일이다.

"지워진 짐이 어렵고도 큰 것임을 항상 생각하라. 그리하여 깊은 못에 임하여도 얇은 얼음을 밟은 듯이 하라."

문종은 즉위년 7월 20일 비극의 길을 걷게 될 단종을 세자로 책봉하면서 교시했다.

"총명(왕의 명령)에 복종하여 길이 도모할 것을 생각하라. 오직 성한 덕을 공경하고, 오직 바른 사람을 가까이하며, 조종의 아름다운 공렬(뛰어난 공적)을 생각하여, 방가(나라)의 영구한 계획을 도우라."

길이 도모할 것을 생각하라고 했지만, 수양대군을 두고 길이 도모하는 것은 단종에게 역부족이었다.

세조는 1년 7월 26일 후에 덕종으로 추존되는 원자를 세자로 책봉하면서 당부했다.

"힘써 배우고 태만하지 말라. 바른 사람을 가까이하고 공경하는 덕을 갖추라."

성종은 14년 2월 6일 연산군이 되는 원자를 우여곡절 끝에 세자로 책봉하면서 한 당부는 다음과 같다.

"이에 총명을 받았으니, 더욱 영구한 계책을 생각하라. 간사함을 멀리하고 어진 이를 친근히 하여 힘써 스승의 아름다운 가르침을 지키고, 깊은 못에 임하여도 얇은 얼음을 밟는 듯 조심하여 조종의 빛나는 발자취를 뒤따르면, 이 어찌 아름답지 아니하랴?"

세종의 교시를 제외하고는 거의 비슷비슷하다. 세종은 하늘의 도움을 받기 위해 덕치를 해야 하고 덕치는 오직 검소와 관대함으로 이룰 수 있다고 자신의 신념을 똑 부러지게 정리해서 강조했다.

세종 4년 10월 세종은 궁궐과 왕실에서 사치를 경계할 것을 지시했다. 그리고 내자시와 내섬시에서 짜오던 능라 작업을 중단시켰다. 그 인원들은 상의원으로 보내 다른 옷을 만들도록 했다. '내자시'는 대궐에서 사용하는 식자재와 옷감을 조달하는 기관이고, '내섬시'는 여러 궁에 음식을 올리고 포목 등의 일을 맡아 보는 기관이다. 태종 때는 두 기관을 내부시와 덕천고라고 불렀다. '능라'는 화려한 무늬를 넣은 비단을 말한다.

세종은 검약했고, 물욕을 경계했다. 왕자 시절부터 검소하고 호사를 경계했다. 새 옷을 찾지 않고 몸에 익어 편하다고 낡고 해진 옷을 좋아했다. 단지 식사 때 고기반찬을 좋아했을 뿐이다. 고기가 싸고 흔하던 시절은 아니었다. 대신들이 병중에 있을 때, 왕이 약재와 더불어 고기를 보내 준 사실을 보더라도 고기는 흔치 않았음을 알 수 있다. 지방관들도 왕에게 진상할 때 토산물을 바쳤지만, 생선과 고기도 주요 품목이었다.

세종이 고기를 어느 정도 좋아했는지 알 수 있는 기록이 있다. 바로 태종의 유언장에 세종이 고기를 들도록 적어 놓은 것이다.

"주상이 고기가 없으면 식사하기가 어렵다. 내가 수를 다하고 죽으면 상을 의례대로만 하지 말라."

태종이 세종의 효심을 알고 미리 배려한 유언이었다. 의례에 정한 대로라면 부모의 상중에 자식은 고기를 들 수 없었기 때문이다. 그렇다고 부모 상중에 고기를 찾을 세종이 아니란 것을 알면서도 유언에 이런 내용을 담은 것은 어떤 의미인지 헤아리기 어렵다.

세종은 태종이 죽자 고기는커녕 아예 며칠을 금식했다. 금식 후의 식사도 나물이나 채소를 조금 곁들인 묽은 죽이었다. 죽은 태종에 대한 효심이요 예의였다.

세종 4년 11월 1일의 기록을 보면, 세종은 몇 달째 허손병으로 시달리고 있었다. 허손병은 몸에서 기가 빠진 허약 증세로 체중이 줄면서 현기

증과 수전증을 동반한다. 고기를 좋아하던 세종이 다섯 달째 고기를 먹지 못하고 식사가 부실하니 나타날 수밖에 없는 증상이었다. 고기를 좋아한 것 외에 세종이 검약하지 않았다고 지적할 만한 것은 달리 없다. 사실 임금이 식사 중에 고기를 먹었다고 이를 들어 호사했다고 할 수는 없을 것이다.

왕으로 즉위한 이후, 세종은 자신의 생일을 그냥 넘겼다. 당시 왕의 생일이라면 국가적 경사였다. 잔치를 크게 베풀고 풍악을 요란하게 울렸다. 그러나 세종은 대소 신료들의 하례까지 금지했다. 상왕인 태종의 생존 시에는 상왕이 잔치를 열었다. 태종은 왕실 종친들과 의정부, 육조의 대소 신료들을 불러 축하연을 열었다. 부왕이 하는 일이라 이에 대해 세종이 어찌할 수는 없었다.

왕과 왕실의 재산은 대부분 백성들의 피와 땀에서 나온 것이거나 아니면 국가의 자원에서 나온 것들이다. 유럽 왕실의 경우는 외국을 침략해서 약탈한 것들이 대부분이고, 중동의 경우는 석유 자원이 왕실 재산이었다. 전제 군주 시절은 '왕이 곧 국가'였기 때문에 나라의 부가 사실상 왕의 소유에 속했다.

조선 왕실도 사유재산을 소유하고 관리했다. 태조 이성계는 고려 시절 대호족으로 함길도 일대에 많은 전답을 가지고 있었다. 조선을 개국하면서 고려왕실의 재산과 자신의 사유지를 합하여 이를 관리할 '본궁'이라는 관서를 설치했다. 책임자로 정5품의 직책인 내수별좌를 두었고, 그 밑으로 내관들을 배치했다. 관리 대상은 주로 농사로 지은 미곡과 포목, 잡화와 노비였다. 이를 세종은 '내수소'로 축소시켰고, 세조는 '내수사'로 확대

격상시켰다.

세종은 왕실의 재산에 별 관심이 없었다. 왕실을 위해서 필요 이상의 재력을 사용한 적도 없었다. 검약은 덕치를 떠받드는 두 기둥 가운데 하나임을 세종은 확신했기 때문이다. 세종에게 왕실의 재산은 청빈하고 어려운 신료를 배려하는 재원일 뿐이었다.

배려와 수범

　세종은 자신이나 왕실에는 매우 인색했다. 그러나 신하들이 가난으로 혹은 병마로 시달리면 내수소를 통해 미곡과 포목, 약재 등을 후하게 보냈다.

　세종 12년 3월 21일의 실록을 보면, 문과 출신으로 향교에 파견 나갔던 종6품의 교수관인 임서균이 죽었다. 지역 향교로 내려가는 것을 문과 출신들은 매우 꺼렸다. 한직이었기 때문이다. 모두 육조나 삼사의 보직을 원했다. 그러나 임서균은 지역 교육의 중요성을 강조한 세종의 뜻을 이해하고 자원했다.

　세종은 임서균의 학식이 뛰어남을 알고 있었다. 평소 생활이 곤궁함도 알고 있었다. 그의 이름이 실록에 오를 수 있는 배경이다. 세종은 내수소에 명해 그의 부인 배씨에게 쌀 80석을 보내게 했다. 부의로는 매우 많은 양이다. 유족으로 남은 처자식에 대한 세종의 배려였다. 세종 때, 이런 일은 자주 있었다.

　세종은 내수소에서 관리하는 재산을 왕실을 위해 사용하는 것을 최소화했다. 왕자나 공주의 결혼도 매우 검소하게 치렀다. 그리고 내수소의

물자를 대부분 생활이 어려운 청빈한 신하들에게 미곡을 주거나 병든 신하들에게 약재나 고기 등을 보내는 데 사용했다. 특히, 추운 겨울철에 궁궐이나 관서를 수비하는 군졸들에게도 음식을 내리고, 변방의 군사와 장수들에게는 자주 술과 음식, 옷가지를 보냈다.

세종이 왕실 재산을 어떻게 사용했는지에 관한 흥미로운 통계가 있다. 부의에 관한 기록이다. 국가에 공이 있거나 혹은 원로 신하가 죽었을 때, 왕이 부의를 내리는 것은 당시 관행이었다. 벼슬은 하지 않았을지라도 학식이 높고 청빈하게 살다간 선비에 관한 죽음도 알려지면 부의를 내리기도 했다.

조선 왕 가운데서 세종은 가장 많은 부의를 한 왕이다. 횟수를 기준으로 볼 때, 세조와 성종보다 2배, 영조보다 7배, 그리고 정조보다 3배 이상의 부의를 했다. 이것은 재위 기간을 감안해서 산출한 통계다. 재위 52년의 기록을 지닌 영조가 부의에 왜 그렇게 인색했는지는 모를 일이다. 영조는 원래 의심이 많고 인색한 성품이었다.

세종이 자신이나 왕족을 위해 쓰지 않고 얼마나 많이 베풀었는지를 알 수 있는 통계다. 세종은 신하들의 실력도 파악하고 있었지만, 그들의 생활이 어떤 수준인지도 알고 있었다. 청빈한 삶을 사는 어려운 신하들에 대한 따뜻한 배려를 잊지 않았다.

세종은 장마나 가뭄이 들어 흉작일 때, 근검절약을 솔선수범하는 것도 잊지 않았다. 세종 3년 6월 장마가 심했다. 세종의 근심이 클 수밖에 없었다. 먼저 궁중의 모든 씀씀이를 줄이도록 했다. 모든 연회를 중단시켰고, 왕의 수라도 소박하게 올리게 했다. 평소 앞서서 모범을 보여온 중궁전에도 재차 검약을 당부했다. 그리고 각도에서 올라오는 진상품을 중단시켰다.

백성들에게도 호소했다. 세종 3년 6월 26일, 백성들에게 내린 교지의 내용이다.

"지금 비가 재앙이 될 정도로 많이 내려 장차 흉년을 당하게 될 것 같으니 모든 신민은 각기 스스로 씀씀이를 절약하고 헛되이 쓰지 말라."

세종은 각도의 관찰사들이 지역 특산물 가운데 좋은 것으로 올려보내는 진상품도 자신과 왕실에서 사용하는 것을 삼갔다. 연로한 신하들의 병중에 위문으로 보내거나 청빈한 신하들이 제사를 지낼 때 제수용으로 사용하도록 진상된 물품을 보내곤 했다.

세종 3년 9월에 있었던 일이다.

세종이 즉위한 이후, 말 등 조공의 대가로 명나라 임금이 선물을 보냈다. 선물에는 이런저런 것들이 있었지만, 주 품목은 명나라가 자랑하던 비단이었다. 태상왕인 태종에게 조금 바친 후에, 세종은 의정부 정승과 육조의 참판 이상, 도진무, 육대언, 병조참의, 지사에게 비단 1필씩을 내렸다.

당시 공비 소헌왕후의 친정집은 멸문지화를 당한 후였다. 친정아버지 심온이 상왕인 태종에게 죽임을 당했고 모친과 형제자매는 귀양이나 관노의 신세로 전락했다. 온 집안이 쑥대밭이 된 상태였다. 공비 소헌왕후는 날마다 눈물로 슬픔 속에 살았다. 이때부터 건강이 나빠지기 시작했다. 그런 왕비에게도 위로 삼아 비단 몇 필쯤 줄 만도 했다.

그러나 세종은 주지 않았다. 공비를 사랑하지 않아서가 아니다. 말 없고 자상한 공비를 세종은 사랑했다. 그래서 금실도 매우 좋았다. 공비의 처지를 누구보다도 가슴 아프게 여기고 안타까워했던 세종이다. 그렇지만, 아내인 공비에게 준다는 것은 결국 세종 자신도 갖는다는 의미가 되기 때문인지 주지 않았다.

세종이 호사품인 비단에 관심을 가졌을 리가 없다. 책 이외에 어떤 것에도 마음을 뺏겨 본 적이 없는 세종이었다. 비단을 받고 나서 세종의 마음이 편했을 리도 없다.

세종 17년 1월 25일의 기록이다.

정종의 서녀인 숙신옹주가 시집을 가게 되었다. 값비싼 비단 옷감과 이불 등으로 혼수가 호사스러웠다.

이때 중전이 세종에게 한 말이다.

"대저 사대부 집의 혼인에 능금(무늬가 있는 아름답고 호화로운 비단 이불)이나 채백(매우 고운 비단 옷감)의 사용을 금하고 있는데, 이제 채백을 쓰는 것은 왕실이 검약을 먼저 실천하는 길이 아닙니다. 마땅히 면주(목화에서 짠 무명천)를 사용하여 검소를 솔선 인도하게 해주십시오."

세종이 중전의 말을 옳다고 여겨 그대로 시행토록 했다. 왕비가 된 지 17년째 되던 해의 일이니, 그간 왕비가 검약을 어떻게 솔선수범했는지 가히 짐작할 수 있게 해주는 일화다.

지극한 효심과 정표문려

'효'는 인간만이 행하는 동서고금을 초월한 만고불변의 가치다. '효'는 부모에 대한 바른 정신을 의미하고, 이를 실천하는 방법을 '효도'라고 한다. 효도의 형태는 시대와 문화에 따라 다르다. 그러나 그 근본인 '효심'에는 차이가 있을 수 없다.

유교의 모든 가르침은 그 뿌리를 2개의 핵심 가치, 충과 효에 두고 있다. 유교를 숭상한 조선에서 충과 효는 모든 주의나 주장, 의식을 지배한 절대 가치였다. 따라서 아무리 학식이 높다고 할지라도 충과 효에 어긋남이 있다면, 무의미하고 무가치한 학식일 뿐이었다.

어려서부터 모든 교육은 충과 효에서부터 시작했다. 충과 효는 가장 중요한 실천 덕목일 수밖에 없었다. 충의 대상인 군주 또한 효에 어긋남이 없어야 했다. 효에 어긋남이 있는 군주는 충을 상실하는 매우 비싼 대가를 치를 수도 있었다. 인조반정의 명분도 광해군이 인목대비를 폐서인하여 효를 버리고 폐륜을 저질렀다는 데에 두고 있다.

그러나 충과 효가 모든 사람에게 동질의 것은 아니었다. 타고난 성품이나 혹은 성장 과정에서 부모와의 관계나 가정환경에 따라 영향을 받기 때문이다. 따라서 충과 효를 받아들이고 실천히는 데는 사람마다 차이가 있을 수밖에 없다.

양녕의 경우, 효심과는 거리가 먼 사람이다. 타고난 성격에 거친 면이 있었지만, 성장 과정에서도 효를 배우지 못했다. 양녕은 태종과 원경왕후가 세 아들을 잃고 난 후에 얻은 아들이다. 그래서 애지중지할 수밖에 없었다. 태종과 원경왕후가 유년기에는 양녕을 거의 엎거나 안고 키우다시피 했으니 자기중심적 사고의 소유자로 성장할 수밖에 없었다. 이런저런 비행을 스스럼없이 저지르고 부모의 속을 태우게 한 것도 그런 자기중심적 사고 때문이었다. 효도와는 거리가 먼 행태였다. 충과 효에서 벗어난 그는 결국 세자에서 폐위되는 비싼 대가를 치렀다.

효녕은 온순하고 소극적 성격이었기 때문에 부왕이나 모후가 싫어하는 것을 하지는 않았다. 어느 한쪽 구석에도 출중한 면이 없는 것이 장점이라고 할 정도로 모난 구석이 없는 성격이었다. 부정적으로 보면 소극적이고, 긍정적으로 보면 느긋한 도량이다.

효녕대군의 성품에 대해 태종 18년 6월 3일의 기록이다. 이날의 기록은 양녕을 폐하고 세종을 세자로 세우기까지의 과정을 소상히 적고 있다. 효녕이 세자로서 부적합하다는 태종의 설명이다.

"효녕대군은 자질이 미약하고, 또 성질이 심히 곧아서 개좌(일을 살펴 분명하게 처리함) 하는 것이 없다. 내 말을 들으면 그저 빙긋이 웃기만 할 뿐이므로, 나와 중전은 효녕이 항상 웃는 것만을 보았다."

효녕은 그래도 크게 부모의 속을 상하게 하는 일은 하지 않았으니 착한 아들로 효도를 한 셈이다. 느긋한 성격 덕분인지 아니면 불심 덕인지 몰라도 그는 부왕 태종 때부터 성종에 이르기까지 당시로서는 기록이라고 할 만큼 장수했다. 91세까지 살았고, 죽을 때까지 왕실의 어른으로 온갖 대접을 받았다.

충녕의 효심은 두 형과 달랐다. 어려서부터 자기 일은 부모에게 의지하지 않았다. 형들의 일까지 미리 챙겨 부모의 걱정을 덜어주는 성격이었다. 한 마디로 모범생이었다. 어떤 기록에도 충녕이 잘못을 저질러 태종이나 원경왕후의 근심을 사게 했다는 사실을 찾아볼 수 없다.

세종에게 양위하고 태종이 상왕으로 물러난 뒤, 수강궁으로 거처를 옮겼다. 수강궁은 태종 부부를 위해 창덕궁 동편에 지은 건물로 세종 즉위년인 1418년 11월 3일에 완공된 건물이다. 성종 15년에 중건하여 이름을 창경궁으로 바꿨다. 세종은 수강궁으로 옮긴 부모를 위해 정말로 각별하게 매사를 챙겼다.

모후인 원경왕후가 죽기 전후를 살펴보면 세종이 얼마나 깊은 효심을 지녔는지를 알 수 있다. 부왕인 태종이 죽은 후에도 마찬가지였다. 상을 당했을 때, 조선의 역대 군주들이 보인 애도의 내용과는 여러 면에서 차이를 보였다.

원경왕후는 세종 2년 7월 10일에 56세를 일기로 세상을 떴다. 원경왕후가 죽기 전, 50일 동안을 세종은 병상의 어머니를 위해 시탕, 즉 약 시중을 직접 들었다는 기록이 나온다. 의녀나 상궁들도 있는데 왕이 그처럼 직접 하기도 사실 쉽지 않은 일이었다.

모후가 죽은 후, 세종의 슬픔은 유별났다. 삼베옷을 입고 맨발로 머리를 풀고 거적 위에서 부르짖어 슬피 통곡했다. 어찌나 슬프게 울던지 듣는 이마다 울지 않는 이가 없었다. 며칠씩 식음을 전폐하기도 했다. 오죽하면 상왕인 태종이 울면서 세종에게 미음이라도 들 것을 수차 권유했고, 신하들이 눈물로 식사를 권했다는 기록도 있다.

날씨도 매우 덥고 습했다. 그런데도 세종은 슬픔을 가누지 못하고 거적자리 위에서 밤낮으로 통곡을 했다. 세종이 잠시 자리를 비운 틈을 타서 궁인들이 거적자리 밑에 유둔(비 올 때, 우산 대신으로 쓰는 기름 종이)을 넣어 다소 딱딱함을 없애려 했다. 자리에 돌아온 세종이 이를 알고 치우도록 했다. 세종의 효심은 모친의 상을 입은 자식이 조금이라도 편해지는 것을 허용할 수 없었다.

세종은 불교를 믿거나 좋아하지도 않았다. 어머니인 원경왕후는 불교에 마음을 의탁했다. 태종에 의해 친정에 피바람이 불었을 때도 상처받은 슬픈 마음을 불교에 두고 위로를 얻었다. 원경왕후의 병세가 위중해지자, 세종은 어머니에 대한 효심으로 대자암의 승려 21인을 불러 광연루에서 특별기도를 드리게 했다. 그리고 태종이 말려서 결국 짓지는 못했지만, 어머니의 묘 옆에 사찰을 지어 생전의 불심을 위로하려고도 했었다.

원경왕후는 살아있을 때, 막내아들 성녕대군이 죽자 그를 위해 승당을 짓고자 했다. 세종은 왕실에서 승당을 짓는 일은 할 수 없음을 들어 어머니를 설득했다. 그러나 원경왕후가 죽자, 생시에 어머니가 간절히 원했던 것을 생각해서 작은 규모의 승당을 지었다. 지극한 효심의 발로였다.

당시 장례에 관한 절차는 『효경』과 『예경』에 토대를 두고 있었다. 세종의 경우, 아버지보다 어머니가 먼저 죽었기 때문에 기년복을 입어야 했다. 기년복은 1년 동안 상복을 입는 것을 의미한다.

그러나 군주의 경우는 '역월지제'라는 것을 적용했다. 나라와 국사를 책임지고 있는 지존이기 때문에 일 년을 다 채울 수 없다는 논리다. 따라서 한 달을 하루로 환산해서 상복을 입는다. 날을 달로 바꾼다는 의미로 '이일역월제'라고도 한다. 한나라의 5대 황제였던 효문제가 만들어 적용했다는 내용이 『사기』에 나온다.

그러니 세종의 상복을 입는 기간은 12일이다. 장례 절차와 의식에 관해서는 신하들이 상의한 후, 상왕인 태종의 승낙을 받아 시행하고 있었다. 세종의 상복 기간도 그랬다.

신하들의 보고를 들은 세종이 말했다.

"날로 달을 바꾼다는 제도는 내 일찍이 『사기』를 읽다가 알았소만, 이 부분을 읽을 때는 매번 얼굴을 붉혀 부끄러워하였소. 그런데 어찌 차마 내가 이 제도를 따르겠소. 상왕께 백의를 입고 문안드리고, 또 정사를 보라 하심은 감히 따르지 않을 수 없지만, 13일째에 복을 벗는 것은 차마 할 수 없는 바요. 삼년상은 비록 다시 청할 수 없지만, 산릉을 마친 뒤에 복을 벗을까 하니 상왕께 잘 아뢰면 들어주시리라 믿으오."

결국 태종도 이를 허락했고, 세종은 원경왕후의 묘릉이 완성되어 시신이 안장되고 난 후에 상복을 벗었다. 세종 1년 9월 18일이다. 그러니까 원경왕후가 죽은 후, 두 달 이상을 상복을 입은 셈이다. 상왕도 꺾지 못한 세종의 고집을 신하들이라고 달리 방도가 있었을 리 없다. 왕이 상복을 입고 있는데 백관들이 상복을 먼저 벗기도 어려웠다. 결국 백관들도 이날 상복을 벗었다.

산릉이 완성될 때까지 세종은 빈소가 차려진 빈전 옆에 여차(빈소나 묘소 옆에 상주가 대기하는 초막)를 짓고 주로 거기에 머물렀다. 7월 13일 밤에 많은 비가 내렸다. 물이 넘쳐서 여차의 바닥까지 흥건했다. 그래도 세종은 거적 위에서 움직일 줄을 몰랐다.

수종을 드는 신하들이 모두 세종께 자리를 옮기도록 청했다.

"바람과 비가 휘몰아치는데, 어찌 지존께서 물과 습함을 피하시지 않고 온밤을 지내려 하십니까? 하늘에 계신 대비의 영혼도 슬퍼하실 일이요, 상왕께서도 들으시면 놀라 염려하실 것이오니, 바라옵건대 광연루 아래로 옮겨 자리하옵소서."

이에 세종이 말했다.

"모후께서 병환이 드시면서부터 내가 주야로 근심하고 두려워하면서 나으시기를 바랐으나 끝내 돌아가시니, 이 몸의 죽고 사는 것은 감히 돌아볼 바가 아니오."

세종의 효심이 어느 정도인지를 가늠할 수 있는 말이다. 세종은 죽을 때까지 내내 태종과 원경왕후의 기일이 있는 달에는 고기와 술 등 좋은 음식을 철저하게 금했다.

세종 자신이 지극히 효심이 넘치기도 했지만 유학이 지배 이념이었던 조선에서 '효'는 누구도 훼손할 수 없는 가히 절대적 가치였다. 개인의 도덕과 윤리적 가치를 넘어 국가적 가치로 자리 잡고 있었다. 따라서 효는 법적 의무였고, 불효는 형벌의 대상이었다.

따라서 효를 권장하기 위해 효자와 열녀를 표창하고 기리는 제도도 세종 때 등장했다. '정표문려제'다. '정표'란 칭송하여 널리 알리는 의미이고, '문려'는 마을 어귀에 세우는 문을 말한다. 지금도 시골 마을 입구에 가면 볼 수 있다. 오랜 세월을 두고 마을의 자랑이요 자부심이었다.

세종이 원경왕후를 묘릉에 안장하고 상복을 벗은 직후의 일이다. 지금의 전라북도 완주군 일원인 고산현에서 아전으로 있던 석진이란 사람의 효행을 듣고 세종은 크게 감탄했다.

석진의 아버지가 간질병이 있어서 간혹 발작하여 기절하곤 했다. 석진은 그럴 때마다 눈물로 아버지를 살폈다. 어느 날, 한 승려로부터 산 사람의 뼈를 갈아 피에 타서 먹게 하면 그 증세에 큰 효험이 있다는 얘기를 들었다. 그는 곧 집으로 와서 손가락을 작두로 잘라 승려가 처방한 대로 해서 아버지를 구했다는 기록이 있다.

그 외에도 기록을 보면, 그는 아버지가 병중이던 4년 동안 자기 옷끈을 한 번도 풀지 않았고 좋은 음식을 먹은 적도 없었다. 아버지의 병을 치료하기 위해 날마다 용하다는 의원과 약방을 수소문하여 돌아다녔다. 그러면서도 부모 앞에서 한 번도 불편한 기색을 내보인 적이 없었고, 누가 그의 지극한 효행을 칭찬하면 자식으로 당연한 일인데 얘기할 섯이 못 된다고 했다.

이 소식을 들은 세종은 그의 효행이 족히 민심을 감동케 할만하다고 칭찬하고, 마을 어귀에 그의 효행을 기록한 정표문려를 세우도록 했다. 정표문려는 마을마다 충효를 두고 서로 경쟁하는 효과도 있었다. 정표문려가 있는 마을은 없는 마을보다 자긍심이 높을 수밖에 없었기 때문이다. 더군다나 조선 시대는 마을이 대부분 씨족으로 구성되어 있었기 때문에, 그런 효과는 특정 씨족이 명문으로 소문나게 만들기도 했다.

그런 분위기에서 노부모를 모시기 위해 벼슬을 사직하는 경우는 당연한 일로 받아들였다. 문무관을 막론하고 봉양을 해야 할 노부모가 있음에도 자리를 사임하지 않는 것을 부끄러움으로 알았다. 일단 사직원을 냈다가 임금이 받아들이지 않으면 그때야 얼굴을 들 수 있었다.

노부모의 봉양을 위해 부모가 있는 곳으로 임지를 바꾸어 달라고 하면 전임을 허락하기도 했다. 정읍현감으로 있던 이천경은 나이가 많고 병든 장모가 경기도에 홀로 있었다. 처가 쪽에서 장모를 돌보아 줄 사람이 아무도 없었다. 그런 사유로 그는 장모가 있는 지역으로 전임되었다. 세종 3년 7월의 일이다.

효도 휴가제도 있었다. 세종 5년 1월의 기록을 보면, 늙은 어버이가 있는 신료들에게 어버이가 있는 곳까지의 거리를 참작하여 휴가 일수를 정해주도록 했다. 먼 곳에 부모가 있을 경우, 오고 가는 데에 걸리는 시일까지 감안한 것이다. 군사들에게도 부모를 찾아볼 수 있는 효도 휴가를 주었다.

성균관에는 유생들의 출석을 독려하는 원점제가 있었다. 성균관에 나와 학문에 전념하라는 취지로 출석을 매일 점검하고, 일정한 출석 점수 이상인 자에게 과거에 응시하는 자격을 주는 제도이다.

그러나 부모를 모셔야 하는 유생들의 경우, 성균관에 나올 수 없는 경우가 많았다. 특히, 지방에 있는 부모를 모시고 있는 경우에는 때로 과거를 포기해야 하기도 했다. 부모에 대한 효도 때문에 손해를 본다는 것은 당시에는 받아들이기 어려웠다. 그래서 세종은 부모를 모시고 있는 유생들의 경우, 원점제와 관계없이 과거에 응시할 자격을 부여했다. 이는 세종 5년부터 시행되었다.

불효에 대한 처벌 또한 당연히 존재했다. 특히, 관직에 있는 자가 불효할 경우, 그에 대한 처벌은 매우 중했다. 불효의 경중에 따라 벌은 달랐다. 경할 경우, 곤장 1백 대 이내에서 형이 결정되고, 중할 경우는 파직이나 도(징역형) 1년, 또는 유배형에 처했다. 효의 가치가 어떠했는지를 알게 해준다. 효의 가치가 땅바닥에 떨어진 지금의 세태는 변해도 매우 못되게 변했다.

예법과 격식보다 실용성

동서고금의 어느 시대에나 예법과 격식은 존재했다. 유교가 지배하던 조선의 예법과 격식은 매우 유별났다. 세종의 눈에는 실용과는 거리가 먼 불필요한 허례허식으로 보였다.

즉위년이 가고 해가 바뀐 세종 1년 1월 1일부터 세종은 변화를 시도했다. 새해 첫날에는 문무백관들이 왕에게 하는 특별 하례가 있었다. 형식이 복잡하고 시간도 한 시간 이상 걸렸다. 앉아서 이를 지켜보는 왕도 피곤한 일이었다. 세종은 평일과 같이 간소한 하례를 하도록 했다. 그 이틀 후인 3일이 입춘이었다. 태종 때까지 절기에 따라 왕에게 백관들이 치세를 칭송하고 만수무강을 비는 하례를 했다. 세종은 입춘 하례식을 하지 않도록 했다. 그로부터 입춘으로 시작해서 대한에서 끝나는 24절기 하례를 모두 폐지했다.

궁궐 내에서 호궤도 금했다. '호궤'란 절을 하거나 읍을 할 때, 두 무릎을 꿇거나 왼쪽 무릎을 세우고 오른쪽 무릎을 꿇는 자세를 말한다. 벼슬이 낮거나 궁에서 일하는 사람들은 하루에도 몇 번씩 해야 하는 매우 번거로운 일이었다.

그로부터 한 달 후인 2월 7일에는 어가가 궁 밖으로 거동할 때, 많은 대신과 관료들이 도열해서 예를 표하는 예식도 허례라고 여겨 폐지했다. 임금이 밖으로 거동할 때마다 하던 일을 미루고 나와서 의식을 행하는 것은 여러모로 소모적이었다. 특히 날이 춥고 더울 때는 신료들에게 적잖은 곤욕이었다.

2월 29일에는 왕이 성문을 나갔다가 환궁할 때, 신하들이 성문 밖에 나와 왕을 영접하는 의례도 폐지했다. 신하들로서는 매우 불편하고 시간을 낭비하는 일이었다. 세종은 이런 허례를 싫어했다.

3월 4일에는 왕실 종친이나 대신을 수행하던 노비들의 수를 줄였다. 당시 각 부서에는 공식 수행을 담당하는 관노들이 있었다. 그 수에 대한 규제가 없었기 때문에 고관대작들이 불필요하게 많은 관노나 개인 노복을 수행하여 거드름을 피우며 행차하는 경우가 많았다. 세종은 품계에 따라 그 수를 조정하고 남은 관노들은 고향으로 돌려보내 농사를 짓게 했다.

세종은 신하들을 접견할 때의 격식도 간소하게 하기를 원했다. 임금 앞에 신하들이 나아와 바닥에 엎드려 예를 표하는 것을 불필요한 격식이라고 생각했다. 세종 5년 7월 3일의 일이다.

"내가 들으니 중국의 사대부들은 황제 앞에 나올 때나 물러가면서 머리만 숙인다고 하오. 바닥에 엎드리는 예절이 없다고 하는데 우리는 너무 번거로운 것이 아니오?"

이에 대해 이조판서 허조가 답했다.

"중국의 일은 천하의 정무가 모두 황제에게서 결정되기 때문이옵니다.

사람은 많고 일은 번거로우니 예절을 차릴 여유가 없는 것입니다. 서경에 이르기를 '원수(왕)가 번거로우면 고굉(신하)이 게으르고 해이해진다'라고 하였으니, 이는 진실로 유익한 말이옵니다."

이조판서 허조의 답이 재미있다. 중국은 황제가 일일이 모든 것을 관여하는 만기친람이기 때문에 결재받기 위해 황제 앞에 줄을 서서 기다려야 하니 예의 차릴 여유가 없다는 얘기다. 그러나 조선은 의정부와 6조에서 많은 일을 처리하고 특별한 것만 왕이 챙기기 때문에 예의를 지킬 여유가 있다는 논리다. 바닥에 엎드리는 것을 예의로 본 것이다.

원래 고굉의 의미는 '팔과 다리'인데, 왕이 이것저것 다 챙기면, 왕의 손과 발인 신하들이 게으르고 느슨해진다는 얘기다.

허조의 얘기를 듣고, 세종이 다시 말했다.

"옳은 말이오. 임금이 만사를 친히 결재하면, 담당 관원이 모두 임금의 결재만 기다리게 되니 반드시 게으른 마음이 생길 것이오. 그러나 바닥에 엎드리는 것은 재고해 보시오."

바른 지적이다. 모든 것을 위에서 결정하는 시스템이라면 하부에서 제대로 기능할 리가 없다. 윗사람이 모든 것을 결정하면, 아래 사람들은 윗사람만 쳐다볼 수밖에 없다. 의사결정에서 매우 바람직스럽지 않다.

세종 1년 1월 11일, 참찬 김점과 예조판서 허조의 논쟁이 있었다. 왕의 정사에 대한 관여가 어느 정도여야 하는가의 문제였다. 김점은 왕의 관여가 크면 클수록 좋다는 논리였다. 허조는 왕과 신하 사이의 적정한 분권을 주장했다. 당시 허조의 주장이다.

"관리와 직제를 두고 직무를 분담함으로써 각기 맡은 바가 있사온데 임금이 친히 매사를 통찰한다면 관리를 두어 무엇하오리까? 임금은 어진이를 구하기 위하여 노력하고 인재를 얻어 편안해야 합니다. 그리고 맡겼으면 의심을 말고, 의심이 있으면 맡기지 말아야 합니다. 전하께서 대신을 선택하여 육조의 장으로 임명하셨으면, 책임을 지워 성과를 내도록 하는 것이 마땅하며, 몸소 자잘한 일에 관여하여 신하의 할 일까지 하시려고 해서는 아니 되옵니다."

요즘 행정학에서 가르치는 조직과 직무관리의 기본이다. 기능과 권한, 그리고 책임이 조화를 이룰 수 있어야 조직이 제대로 돌아가는 것이다. 허조는 제대로 이해하고 있었고, 세종 또한 허조의 주장이 옳다고 여겼다. 조직이나 인사관리에 대한 허조의 이해를 따라가지 못하는 지도자들이 요즘에도 많다.

세종은 늘 신하들의 입장을 고려했다. 자신의 행차와 관련하여 대소신료들이 수행하는 번거로움도 덜어주고자 했다. 세종 6년 8월 21일의 일이다. 세종이 영의정 유정현과 좌의정 이원을 불렀다. 강무(군사 연습)에 나갈 때, 의정부에서 2명, 병조와 대간에서 소수만 수행하도록 지시했다. 그러자 수행 인원이 4분의 1로 줄었다.

영의정 유정현이 임금의 거동을 가볍게 할 수 없는 일이라고 반대했으나 세종은 받아들이지 않았다. 세종의 격식을 배제한 실용적 조치였다. 신료들의 업무에 가능하면 지장을 주지 않으려는 배려였고, 신하들에 대한 예우요, 배려였다.

세종 10년 9월 17일의 기록이다. 세종은 신하들이 절하는 것을 간소하게 하도록 또 지시했다. 이조참판 정초가 세종이 즉위하고 나서 많이 간소화되었는데 더 간략히 한다면, 이는 군신 사이의 예법에 어긋난다고 반대했다.

세종이 말을 받았다.

"임금 앞에서 신하가 절하는 것은 비록 예부터 내려오는 예법이지만, 너무 번잡한 일이 아닌가? 무릇 예법이란 간편한 것을 좇는 것이 바람직하오. 도의에 해롭지 않은 것이라면 세속을 좇는 것이 옳지 않겠소? 예법은 시절을 따라 바뀌었는데 어찌 절하는 것을 옛날 방식대로 행해야 하는지 의문이오."

열린 사고였다. 왕과 신하 사이에 예법이 너무 번거로웠다. 하루에도 몇 번이나 볼 수 있는 일이 있는데 그때마다 절하거나 부복하는 것은 불필요한 것이라고 세종은 생각했다.

세종은 신하들의 정책결정 과정에서도 격식을 배제하고자 했다. 즉위 초인 세종 1년 9월 5일의 일이다. 상참(중신들이 매일 아침 편전에서 임금에게 하는 보고)이 끝나고 의정부와 육조, 그리고 주요 기관의 대신들과 마주했다.

"앞으로 정부나 육조에서 주요 문제를 논의할 때는 관계된 대소 관원은 누구나 참여하고 의견을 개진하는 것이 좋겠다는 생각이오."

"전하! 자고로 상하가 있고 그에 따른 위계가 있는 법이옵니다. 누구나 참여해서 아무 얘기나 할 수 있다면, 그 질서가 무너지게 됨을 감안하소서."

좌의정 박은이 말하자, 우의정 이원도 거들었다.

"가정에는 부자의 질서가 있고, 나라에는 군신의 질서가 있사옵니다. 또한 조정에는 품계의 질서가 있음을 감안하소서. 만약 대소 관원이 위아래의 구분 없이 일을 논의케 된다면, 원로들이 설 자리가 없게 되옵니다."

세종이 답했다.

"그런 질서를 파괴하자는 뜻이 아니오. 군신 사이나 상하 사이에 질서와 예의를 존중하면서 언로가 열리고 소통이 잘 되면 좋지 않겠소? 나는 앞으로 대소 신료들과 격의 없는 논의를 하고자 하오."

정책 토론에서의 격식을 파괴한 것이다. 당시는 품계가 높은 사람들 앞에서 품계가 낮은 사람이 시키지도 않았는데 끼어드는 것은 매우 무례한 일로 있을 수 없는 일이었다. 논의에 배석할지라도 벼슬이 낮은 신료들은 그저 듣고만 있어야 했다.

지금도 그런 분위기는 관료사회나 기업조직 등에서 얼마든지 볼 수 있다. 하물며 당시는 어떠했겠는가! 세종은 왕 앞에서건 해당 부서에서건 관련된 사람들이 의견을 자유롭게 개진할 수 있어야 함을 강조했다. 당시로서는 파격적인 발상이다.

현대 조직이론에서 조직이 개방적이고 활력이 있느냐, 아니면 폐쇄적이고 침체된 조직이냐를 판단하는 기준은 의사소통이다. 상명하복 체계로 일사분란하게 움직인다고 그 조직이 살아있는 것은 아니다. 다양한 의견이 제시되는 토론이 있고 합리적 결론이 도출되는 과정이 있어야 한다. 그리고 상하 간 혹은 수평 간 의사소통에 막힘이 없어야 한다. 하급자가 상급자의 권위에 눌려서 의견을 제대로 개진할 수 없다면 문제가 있는 조직이다. 이런 점을 세종은 알고 있었다.

세종은 각 부서에서 올라온 문제는 해당 부서 신료들과 논의했다. 국방이나 조세와 같이 주요한 문제는 의정부와 육조 등의 참판급 이상을 모아놓고 토론했다. 세종의 주도로 논의가 매우 활발했다. 군신과 상하가 조화를 이루면서 합리적 결론이 도출되는 토론의 장이었다.

영원한 사랑, 소헌왕후

세종이 사랑하고 의지했던 외유내강의 여인이 소헌왕후다. 청천부원군 심온의 딸로 14살 때 충녕대군과 혼례를 올렸다. 충녕보다 2살 연상이었다. 성품이 온화하고 자상했다.

어린 신부 심씨는 학문에 열심인 충녕의 따뜻한 눈길에 마냥 행복했다. 해가 지날수록 충녕은 학문이 출중해지고 의젓한 청년이 되었다. 두 사람의 사랑은 뜨거웠다.

충녕이 세자로 책봉되면서 '경빈'의 첩지를 받았다. 이후 충녕이 왕위에 오르자 '공비'의 첩지를 받고 나중에 '왕비'로 호칭이 바뀐다. 소헌왕후는 죽은 후의 묘호다. 불세출의 군주인 세종을 만나 8남 2녀를 낳았다. 큰아들이 문종이고 둘째가 수양대군 세조다.

듬직한 남편의 자상한 사랑에 마냥 행복했던 어린 신부는 그 행복 속에 커다란 비극과 슬픔이 잉태되고 있는 줄을 알지 못했다. 처남을 줄줄이 작살냈던 태종이 외척을 제거하기 위해 놓은 덫에 친정아버지 심온과 숙부인 심정이 걸렸기 때문이다.

명나라에 사은사로 갔다가 귀국하던 영의정 심온은 국경을 넘자마자 체포 압송되었다. 영문도 몰랐다. 수원으로 압송되고 나서야 올무에 걸린 사유를 알게 되었다. 억울하기 짝이 없었다. 자진하라는 태종의 명을 받고 스스로 목숨을 끊었다. 세종 즉위년 12월 23일의 일이다.

심온을 죽이고 나서 부인인 안씨와 자녀들을 천민으로 강등하고 관노비로 삼았다. 중전의 친족이라는 점을 참작하여 노비로 사역하는 것은 면제해주었다. 유배 생활이나 마찬가지였다.

여인으로서 오를 수 있는 최고의 자리인 왕비의 자리에 있으면서도 부모와 형제들의 처참한 화를 보아야 했다. 사랑하는 부모와 형제자매가 당한 화를 감내해야만 했던 고통이 얼마나 컸을지 헤아리기 어렵다. 7년이 넘는 긴 인고의 세월을 눈물로 보내야 했다.

세종 8년 5월 19일에 이르러서야 어머니와 자매들이 관노비 신세를 벗고 직첩이 회복되었다. 그로부터 보름 뒤인 6월 4일 친정어머니와 동생들을 상면했다. 눈물의 이산가족 상봉이었다.

마음고생이 심한 탓으로 왕비는 자주 병상에 누웠다. 세종 역시 중전을 볼 때마다 마음이 아팠다. 세종은 장인 심온과 처숙부 심정의 죽음이 억울하다는 사실을 알고 있었다. 그래서 중전에 대해 미안하기 짝이 없었다. 중전의 두 손을 잡고 수시로 위로했다. 중전은 그때마다 고개를 숙이고 간혹 눈물을 보였다. 불평도 하소연도 없었다. 중전의 입은 무거웠다.

세종 4년 8월 1일에는 중전의 병이 심했다. 세종은 중전의 손을 잡고 곁을 지켰다. 삭제(왕실에서 매달 초하룻날 조상에게 지내는 제사)를 효녕대군에게 대신 봉행하도록 했다. 세종은 잠든 중전의 곁을 지켰다. 내관들이 취침을 권했지만 눕지 않았다. 중전이 너무 불쌍했다. 세종의 눈에서 눈물이 떨어졌다. 그날 밤 세종은 뜬눈으로 밤을 새우면서 중전의 곁을 지켰다.

소헌왕후는 천성이 착하고 후덕한 여인이었다. 목석이 아닌 이상 투기 없는 여인이 어디 있겠는가. 그러나 투기도 부리지 않았다. 내공의 힘이었다. 세종에게 후궁들을 고루 잘 살펴주도록 얘기할 정도로 품이 넓었다. 후궁이나 궁인들을 함부로 대하지도 않았다. 나눌 수 있는 것이 있으면 무엇이든 나누어 주었다. 자신의 낳은 왕자들도 후궁들에게 맡겨 키웠다. 후궁들을 신뢰했고 한 가족으로 살기를 원했다. 후궁들의 자녀들도 차별하지 않고 친자식처럼 대해준 따뜻한 여인이었다. 그러니 모두 중전을 사랑하고 존경했으며 화목했다.

한 번도 친족과 관련해서 사사로운 부탁을 하지 않았다. 국사에 관여하는 말도 한 적이 없다. 아버지 심온을 죽이는 데 앞장서고 자신의 폐비까지 거론했던 영의정 유정현과 좌의정 박은에 대해서도 한 번도 불평을 말한 적이 없다. 자신이 지켜야 할 선을 엄격히 지켜낸 무서운 내공이었다.

그 남편에 그 아내였다. 세종이 국사에 전념하고 많은 치적을 남길 수 있었던 것도 어찌 보면 소헌왕후의 후덕한 내조가 있었기 때문에 가능한 일이었다. 소헌왕후를 필두로 여덟 명의 후궁들이 세종의 사랑을 받기 위해 투기하고 사술을 부렸다면 세종도 국사에 전념하기 어려웠을 것이다.

소헌왕후는 세종 28년 3월 24일 52세로 생을 마감했다. 세종의 생애에서 가장 슬픈 날이었다. 세종은 자신이 죽었을 때 소헌왕후와의 합장을 미리 유언해 두었다. 중전을 비워둘 수 없다는 논리로 새로 중전을 맞아야 한다는 신료들의 주청이 수차 있었다. 그때마다 세종은 듣지 않았다. 세종에게 중전은 오직 한 사람뿐이었다.

　훗날 세종이 생존 시에 미리 해놓은 유언대로 소헌왕후는 세종의 묘인 영릉에 합장되었다. 소헌왕후는 세종의 첫사랑이자 마지막 사랑이었다.

시대를 초월한 리더 세종

펴낸날 2021년 9월 6일

지은이 양형일
펴낸이 주계수 | **편집책임** 이슬기 | **꾸민이** 전은성

펴낸곳 밥북 | **출판등록** 제 2014-000085 호
주소 서울시 마포구 양화로 59 화승리버스텔 303호
전화 02-6925-0370 | **팩스** 02-6925-0380
홈페이지 www.bobbook.co.kr | **이메일** bobbook@hanmail.net

© 양형일, 2021.
ISBN 979-11-5858-810-6 (03190)

※ 이 책은 저작권법에 따라 보호받는 저작물이므로 무단전재와 복제를 금합니다.